新工科物联网工程专业
新形态精品系列

RFID
原理与实践开发

微｜课｜版

黄晓 张靖◎编著

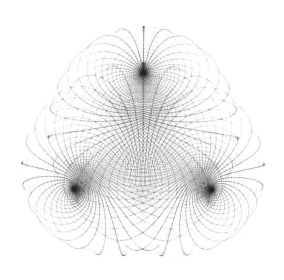

人民邮电出版社

北京

图书在版编目（CIP）数据

RFID 原理与实践开发：微课版 / 黄晓，张靖编著.
北京 ：人民邮电出版社，2025.8. -- （新工科物联网
工程专业新形态精品系列）. -- ISBN 978-7-115-64683
-5

Ⅰ. TN911.23
中国国家版本馆 CIP 数据核字第 2024JA8366 号

内 容 提 要

本书内容全面、逻辑严谨，涵盖了物联网工程专业教学所需的 RFID 相关知识。本书共分 10 章，
内容包括 RFID 概述、RFID 技术基础、RFID 无线通信技术、RFID 射频前端、低频 RFID 技术、高频
RFID 技术、微波 RFID 技术、RFID 与传感技术的结合、RFID 应用开发、RFID 标准体系。

本书可作为物联网工程、电子信息工程、电气工程等专业的教材，也可作为物联网工程研发人员的
参考书。

◆ 编　　著　黄　晓　张　靖
　　责任编辑　李　召
　　责任印制　胡　南

◆ 人民邮电出版社出版发行　　北京市丰台区成寿寺路 11 号
　　邮编　100164　　电子邮件　315@ptpress.com.cn
　　网址　https://www.ptpress.com.cn
　　三河市君旺印务有限公司印刷

◆ 开本：787×1092　1/16
　　印张：13.75　　　　　　　　　　2025 年 8 月第 1 版
　　字数：367 千字　　　　　　　　2025 年 8 月河北第 1 次印刷

定价：59.80 元

读者服务热线：(010)81055256　印装质量热线：(010)81055316
反盗版热线：(010)81055315

前 言

从 2009 年我国提出"感知中国"起，物联网技术飞速发展，被称为继计算机、互联网之后世界信息产业的第三次浪潮。射频识别（Radio Frequency Identification，RFID）技术是物联网感知层中的关键技术。RFID 技术与互联网、移动通信等结合，可以实现全球范围内物体的互联互通，从而实现在任何时刻、任何地点对物体的识别和定位，奠定万物互联的基础。

RFID 是指通过无线电信号识别特定目标并读写相关数据，无须在识别系统与特定目标之间建立机械或光学接触，也不需要人工干预，可用于各种恶劣环境。通过 RFID 技术可识别高速运动的物体并可识别多个标签，操作快捷方便。

本书根据当前应用型物联网工程专业本科教学需求，结合 RFID 技术的发展方向，主要探讨 RFID 技术的基本理论、基本方法及实际应用。全书共 10 章，第 1～4 章介绍了 RFID 技术的工作原理、组成架构和相关理论基础；第 5～7 章介绍了低频、高频、微波 RFID 技术中典型的电子标签、射频芯片和读写器设计等；第 8 章根据目前 RFID 的发展趋势，探讨了 RFID 技术与传感技术的结合方法；第 9 章介绍了 RFID 技术的具体项目应用；第 10 章介绍了 RFID 标准体系概述、ISO/IEC 14443、ISO/IEC 15693、ISO/IEC 18000 的具体标准。

此外本书包含读者必备的电磁学、天线技术等基础知识，内容由浅入深、难度适中。本书配有拓展知识二维码，读者扫码可以深入学习相关理论和实践应用案例，方便教师实现分层教学。本书注重应用，除第 1～4 章介绍基本理论知识外，其他章节均与应用紧密结合，更适合应用型本科的教学。

本书由黄晓、张靖、孔华锋、金振坤、王彦林编写，黄晓统稿。本书由武汉商学院资助出版，在此特别感谢武汉商学院！

由于编者学识有限，书中难免存在疏漏之处，敬请读者批评指正。

编者

2025 年 3 月

目 录

第 4 章
RFID 射频前端

第 5 章
低频 RFID 技术

第 6 章
高频 RFID 技术

第 7 章
微波 RFID 技术

第 8 章
RFID 与传感技术的结合

第 9 章
RFID 应用开发

第 10 章
RFID 标准体系

参考文献

第1章 RFID 概述

1.1 RFID 系统组成

射频识别（Radio Frequency Identification，RFID）是一种自动识别技术，即通过无线电信号来识别特定目标并读写相关数据，且无须在识别系统与特定目标之间建立机械或光学接触。

RFID 是一种简单实用且特别适合自动化控制的识别技术。RFID 无须人工干预，既支持只读工作模式也支持读写工作模式，且无须接触或瞄准。RFID 可以在各种环境下工作：短距离射频产品具有不怕灰尘、油渍的特点；长距离射频产品则多用于交通领域（如电子不停车收费系统），可识别高速运动的物体。RFID 可同时识别多个电子标签，在图书借阅、商品售卖、物流等领域应用广泛。

典型的 RFID 系统由电子标签（Tag）、读写器（Reader）和计算机应用系统组成，如图 1.1 所示。读写器通过天线向外发射无线电波。当贴有电子标签的物品进入读写器作用区域时，电子标签被读写器激活并开始通过无线电波将携带的信息传送给读写器。读写器收到信息后，进行解调、解码等操作，还原数据并通过通信接口将其传输给计算机应用系统。计算机应用系统则根据需求承担相应的信息控制和处理工作。

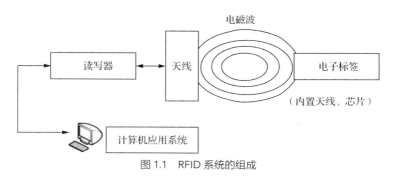

图 1.1　RFID 系统的组成

📑 知识贴士

其他常见自动识别技术

微课视频

（1）一维条码识别技术。一维条码由平行排列的宽窄不同的线条和间隔来表示二进制编码。宽窄不同的线条和间隔的排列次序可以解释成数字或者字母。一维条码可以通过光学扫描来阅读，即根据黑色线条和白色间隔对激光的不同反射来识别。

（2）二维码识别技术。二维码是在一维条码无法满足实际应用需求的前提下产生的。由于受信息容量的限制，一维条码通常不能对物品进行详细的描述。二维码能够在横向和纵向两个方向上同时表达信息，因此能在很小的面积内表达大量的信息。

（3）磁卡识别技术。磁卡记录信息的方法是变化极性，磁条上磁性材料被氧化的区域具有与其他区域相反的极性，识别器能够在磁条内分辨这种磁性变化。识别器识读磁性变化，并将它们转换回字母或数字的形式，以便由计算机来处理。磁卡能够在小范围内存储较大数量的信息，在磁条上的信息可以被重写或更改。

（4）IC 卡识别技术。IC 卡（Integrated Circuit Card，集成电路卡）是继磁卡之后出现的又一种信息载体。IC 卡通过卡里的集成电路存储信息。接触式 IC 卡通过 IC 卡读写设备的触点与 IC 卡的触点接触进行数据的读写。非接触式 IC 卡通过非接触式的读写技术进行读写。

1.1.1 读写器

读写器又称阅读器、读卡器，可设计为手持式读写器或桌面式读写器，如图 1.2 所示。

（a）手持式读写器

（b）桌面式读写器

图 1.2 常见读写器

读写器通常由天线、射频接口、控制单元和应用接口 4 部分组成，如图 1.3 所示。天线用来收发无线电信号。射频接口负责调制并发送信号到天线，并接收和解调天线收到的信号。控制单元一般以嵌入式微控制器为核心，完成与上位机及电子标签之间的通信数据的处理。应用接口是读写器与计算机应用系统交换数据的通道。

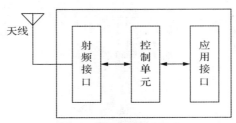

图 1.3 读写器的基本组成

< 2 >

读写器可以通过标准网口、RS-232 串口或 USB 接口同主机相连，通过天线与电子标签通信。有时为了方便，读写器与智能终端设备会集成在一起形成可移动的手持式读写器。如果工作距离较长，则读写器天线也可单独存在。

天线同读写器相连，用于在电子标签和读写器之间传递射频信号，图 1.4 所示为多通道读写器。读写器可以连接一个或多个天线，但每次使用时只能激活一个天线。RFID 系统的工作频率是从低频到微波，这使得天线与电子标签芯片之间的匹配问题变得很复杂。

图 1.4　多通道读写器

1.1.2　电子标签

电子标签又叫应答器、射频卡，是 RFID 系统的数据载体。每个电子标签存有唯一的电子编码，附着在物体上，用来标识目标对象。常见电子标签如图 1.5 所示。

图 1.5　常见电子标签

电子标签一般由天线电路、解调器、解码器、编码器、负载调制电路、控制器、存储器和电源电路等部分组成，如图 1.6 所示。

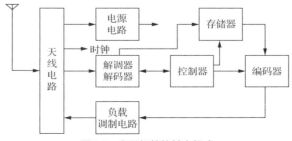

图 1.6　电子标签的基本组成

< 3 >

天线负责与读写器通信，并从读写器获得电子标签工作时所需的能量。天线一般是电子标签中尺寸最大的部分。天线电路对收到的读写器信息进行放大整形，解调器、解码器对收到的信息进行解调、解码。无源电子标签还通过射频前端对天线的感应电压进行整流、滤波、稳压，为电子标签芯片提供稳定的工作电源。存储器用来存储数据。控制器在读操作时读出电子标签数据，在写操作时把读写器发来的数据写入电子标签存储器。对 CPU 型电子标签而言，控制器包含 CPU，通过运行内部操作系统对相关读写过程和状态进行控制。编码器和负载调制电路对要发送的信息进行编码和调制。

1.1.3　计算机应用系统

计算机应用系统是应用层软件，主要是对收集的数据做进一步处理，以便人们使用。计算机应用系统通过逻辑运算识别电子标签的"身份"，针对不同的设定做出相应的处理和控制，最终发出指令信号控制读写器完成不同的读写操作。

1.2　RFID 工作原理

RFID 的基本工作原理：由读写器通过发射天线发送特定频率的射频信号，电子标签进入有效工作区域时产生感应电流，从而获得能量被激活，将自身编码信息通过内置射频天线发送出去；读写器的接收天线收到从电子标签发送来的调制信号后，将其发送到读写器信号处理模块，经解调和解码后，有效信息被送至后台计算机应用系统进行相关处理；计算机应用系统做出相应的处理和控制。

从电子标签和读写器之间的通信及能量感应方式来看，RFID 系统一般可以分成两类，即电感耦合系统和电磁反向散射耦合系统。

1．电感耦合系统

电感耦合系统基于变压器模型，通过空间高频交变电磁场实现信息耦合，依据的是电磁感应定律，如图 1.7 所示。

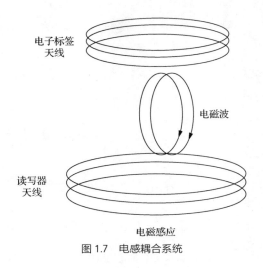

图 1.7　电感耦合系统

< 4 >

电感耦合方式一般适合于近距离 RFID 系统，典型的工作频率为 125kHz 和 13.56MHz，工作距离小于 1m，典型工作距离为 10～20cm。

2．电磁反向散射耦合系统

电磁反向散射耦合系统基于雷达原理模型，发射出去的电磁波遇到目标后反射，同时携带回目标信息，依据的是电磁波的空间传播规律，如图 1.8 所示。

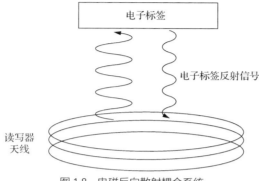

图 1.8　电磁反向散射耦合系统

电磁反向散射耦合方式一般适用于在特高频、超高频工作的远距离 RFID 系统，典型的工作频率有 433MHz、915MHz、2.45GHz、5.8GHz。其工作距离大于 1m，典型的工作距离为 4～6m。

1.3 RFID 系统分类及特点

RFID 系统一般是根据电子标签的类别来分类的。

1.3.1 以电子标签供电方式分类

在实际应用中，电子标签必须获得供电才能工作，尽管它的电能消耗是非常低的（一般是万分之一毫瓦级别）。按照电子标签获取电能方式的不同，可以把电子标签分为有源电子标签、无源电子标签和半有源电子标签，它们对应的 RFID 系统分别称为有源 RFID 系统、无源 RFID 系统和半有源 RFID 系统。

1．有源 RFID 系统

有源电子标签自带电池进行供电，电能充足，工作可靠性高，信号传送远。另外，有源电子标签可以通过设计电池的不同寿命对电子标签的使用时间或使用次数进行限制，也可以用在需要限制数据传输量或者使用数据有限制的地方，比如一年内电子标签只允许读写有限次。有源电子标签的缺点主要是电子标签的使用寿命受到限制，而且随着电子标签内电池电力的消耗，其数据传输的距离会越来越小，从而影响系统的正常工作。

2．无源 RFID 系统

无源电子标签不带电池，要靠外界提供能量来工作。典型的无源电子标签产生电能的装置是天线。当电子标签进入有效工作区域时，天线接收特定的电磁波，产生感应电流，再经过整流电

< 5 >

路给电子标签供电。无源电子标签具有永久的使用期，常常用在信息需要每天读写或频繁读写多次的地方，而且无源电子标签支持长时间的数据传输和永久性的数据存储。无源电子标签的缺点主要是数据传输距离比有源电子标签小。因为无源电子标签依靠外部的电磁感应供电，所以它的电能比较弱，数据传输的距离和信号强度就受到限制，只有信号灵敏度比较高的读写器才能可靠识读。

3. 半有源 RFID 系统

半有源 RFID 系统介于有源 RFID 系统和无源 RFID 系统之间，它虽然带有电池，但是电池的能量只够激活系统。系统激活之后，电池不再为电子标签供电，电子标签进入无源工作模式。

1.3.2 以电子标签工作频率分类

按照电子标签工作频率的不同，可以把电子标签分为低频电子标签、高频电子标签和微波电子标签，它们对应的 RFID 系统分别称为低频 RFID 系统、高频 RFID 系统和微波 RFID 系统。

1. 低频 RFID 系统

低频（Low Frequency，LF）RFID 系统工作频率范围为 30kHz～300kHz，低频电子标签一般为无源电子标签，其工作能量通过电感耦合方式从读写器耦合线圈的辐射无功近场区中获得。低频电子标签与读写器之间传送数据时，低频电子标签需位于读写器天线的辐射无功近场区内。低频电子标签的工作距离一般小于 1m。

低频电子标签的典型应用有动物识别、工具识别、电子闭锁防盗（带有内置应答器的汽车钥匙）等。应用于动物识别的低频电子标签外观有项圈式、脚环式、耳牌式、注射式、药丸式等，典型应用动物有牛、信鸽等，如图 1.9 所示。

图 1.9　应用于动物识别的低频电子标签

低频 RFID 系统的主要优势体现在以下方面。

（1）电子标签芯片一般采用普通的 CMOS（Complementary Metal Oxide Semiconductor，互补金属氧化物半导体）工艺，具有省电、廉价的特点。

（2）工作频率不受无线电频率管制约束。

（3）信号可以穿透水、有机组织、木材等。

（4）电子标签存储信息较少，只适合低速、近距离识别应用（如动物识别等）。

但是，与高频电子标签相比，低频电子标签天线匝数更多，成本更高一些。无法同时进行多个电子标签的读取，信息量较小。

2．高频 RFID 系统

高频（High Frequency，HF）RFID 系统也是采用电感耦合来传递信息和能量的，但和低频 RFID 系统相比传输速度较快。

高频 RFID 系统的主要特点有以下几点。

（1）典型工作频率为 13.56MHz。

（2）基于电感耦合原理，工作距离为 10～100cm。

（3）对环境干扰较为敏感，在有金属或较潮湿的环境下读取率较低。

（4）高频电子标签常应用于门禁系统、高频防伪、患者管理、公交卡、电子钱包、图书管理、产品管理、文件管理、电子机票、行李标签等。

（5）13.56MHz 频率在全球都免许可使用，没有特殊的限制，应用和市场广泛且接受度高。

图 1.10 所示为高频 RFID 系统的应用。

（a）门禁系统　　　　　　　（b）高频防伪　　　　　　　（c）患者管理

图 1.10　高频 RFID 系统的应用

3．微波 RFID 系统

特高频与超高频频段的 RFID 系统可统称为微波 RFID 系统。微波穿透力弱，水、木材和有机组织均会对其传播有影响。但微波 RFID 系统工作距离远，且有很高的数据传输速率，因此应用广泛。

微波 RFID 系统的特点有以下几点。

（1）其典型工作频率有 433MHz、902MHz～928MHz、2.45GHz、5.8GHz。

（2）微波电子标签包括有源电子标签、无源电子标签、半有源电子标签。

（3）工作距离一般大于 1m，典型情况为 4～6m，最大可达 10m 以上。

（4）读写器天线一般为定向天线，只有在读写器天线定向波束范围内的电子标签可被读写。

（5）可实现多标签读取。

（6）可实现高速运动物体的识别。

（7）可用于铁路车辆自动识别、集装箱识别、公路车辆识别，还可用于自动收费系统。

以目前的技术水平，无源电子标签比较成功的应用相对集中在 902MHz～928MHz 工作频段上。2.45GHz 和 5.8GHz RFID 系统多采用半有源电子标签。半有源电子标签一般采用纽扣电池供电，具有较大的识别距离。目前，不同的国家在相同波段使用的频率也不尽相同。欧洲国家使用的特高频是 868MHz，美国则是 915MHz。

图 1.11 所示为电子不停车收费（Electronic Toll Collection，ETC）系统，工作频率可采用 915MHz、2.45GHz 和 5.8GHz。

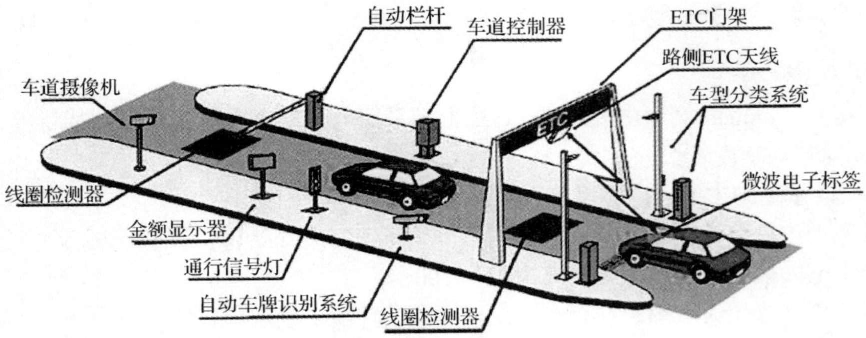

图 1.11　电子不停车收费系统

1.4　基于 EPC 的 RFID 系统

EPCglobal（Electronic Product Code global，全球产品电子编码中心）旨在搭建一个可以自动识别任何地方、任何事物的开放性全球网络，即 EPC（Electronic Product Code，产品电子编码）系统，这是物联网的一种典型架构。EPC 系统对每一件物品都进行编码，这种编码方案仅涉及对物品的标识，而不涉及物品的任何特性，物品的 EPC 在物联网中所起到的作用只相当于一个索引。而 RFID 技术可以非接触地实现自动识别，在此基础上，通过互联网进一步实现物品标识和自动追踪的全局管理，即可构建完整的 EPC 系统。

1.4.1　EPC 系统构成

EPC 系统由全球产品电子编码体系、RFID 系统及信息网络系统三部分构成，见表 1.1。

表 1.1　EPC 系统构成

系统构成	组件	注释
全球产品电子编码体系	EPC	识别目标的特定代码
RFID 系统	EPC 电子标签	电子标签贴在物品上
	EPC 读写器	
信息网络系统	EPC 中间件（Savant）	为 EPC 系统提供信息支撑
	对象名称解析服务（Object Naming Service，ONS）	
	EPC 信息服务（EPC Information Service，EPC IS）	

RFID 系统是实现 EPC 自动采集的功能模块，主要由 EPC 电子标签（简称 EPC 标签）和 EPC 读写器组成，EPC 标签是 EPC 的物理载体，附着于可追踪的物品之上，可以全球流通并被识别和读写。EPC 读写器与信息网络系统相连，读取 EPC 标签中的 EPC 并将其输入信息网络系统。

信息网络系统由本地网络和互联网组成，是实现信息管理和流通的功能模块。

在 EPC 系统中，信息网络系统包含了以下三个组件。

（1）EPC 中间件是具有一系列特定属性的"程序模块"或"服务"，并被用户集成以满足其特定需求。EPC 中间件被称为 Savant，用来加工和处理来自读写器的所有信息和事件流，是连接读写器和企业应用程序的纽带，主要任务是在将数据送往企业应用程序之前进行电子标签数据校对、读写器协调等操作。

< 8 >

（2）ONS 是一个自动网络服务，类似于域名解析服务。ONS 给 EPC 中间件指明存储物品相关信息的服务器，是联系 EPC 中间件和 EPC IS 的网络枢纽，且 ONS 涉及的架构也是以互联网域名解析服务为基础的，因此可以使整个 EPC 系统以互联网为依托，迅速建立并延伸到世界各地。

（3）EPC IS 提供了一个模块化、可扩展的数据服务接口，使得 EPC 的相关数据可以在企业内部或者企业之间共享，它处理与 EPC 相关的各种信息。EPC IS 有两种运行模式：一种是将 EPC 信息直接应用于已经激活的 EPC IS 应用程序；另一种是将 EPC 信息存储在资料档案库中，以备检索。

1.4.2　EPC 编码体系

EPC 编码体系是全球统一标识系统（Global Standards 1，GS1）的重要组成部分，也是 EPC 系统的核心。

EPC 提供给实体对象全球唯一标识，即一个 EPC 只标识一个实体对象。为了确保实体对象的唯一标识的实现，EPCglobal 采取了以下措施。

（1）足够的编码容量。EPC 有足够大的地址空间来标识所有对象。例如，96 位的 EPC，可以为 2.68 亿公司赋码，每个公司可以有 1600 万类产品，每类产品有 680 亿个独立产品编码，形象地说可以为地球上的每一粒大米提供唯一编码。

（2）组织保证。为了保证 EPC 分配的唯一性并寻求解决编码冲突的方法，EPCglobal 通过全球各国编码组织来分配各国的 EPC，并建立相应的管理制度。

（3）使用周期。对一般的实体对象，EPC 使用周期和实体对象的生命周期一致。对特殊的产品，EPC 的使用周期是永久的。

EPC 保留备用空间，具有可扩展性，具有足够的冗余度，这确保了 EPC 系统日后的升级和可持续发展。

EPC 的编码体系与安全和加密技术相结合，具有高度的保密性和安全性。保密性和安全性是高效网络的首要属性，安全地传输、存储和实现是 EPC 能被广泛采用的基础。

EPC 是构成 EPCglobal 网络中所有标准和接口的基本元素，它是由一个标头加上另外三段数据（EPC 管理者代码、对象分类代码、序列号）组成的一组数字，其编码结构见表 1.2，其中标头标识了 EPC 的类型，表示随后的码段具有不同的长度；EPC 管理者代码是与此 EPC 相关的生产厂商的信息；对象分类代码记录物品精确类型；序列号是物品的唯一标识，它会精确地指向一件物品。EPC 在使用现有编码标准的同时保证了通用性、唯一性、简单性和网络寻址的效率。

表 1.2　EPC 编码结构

标头（版本号）	EPC 管理者代码	对象分类代码	序列号
N 位	N 位	N 位	N 位

1．标头

EPC 的标头标识的是 EPC 的版本号。设计者用版本号标识 EPC 的结构，指出 EPC 中编码的总位数和其他 3 部分中每部分的位数。EPC 编码版本见表 1.3。

表 1.3　EPC 编码版本

版本	类型	标头/位	EPC 管理者代码/位	对象分类代码/位	序列号/位
EPC-64	I	2	21	17	24
	II	2	15	13	34
	III	2	26	13	23

版本	类型	标头/位	EPC管理者代码/位	对象分类代码/位	序列号/位
EPC-96	I	8	28	24	36
EPC-256	I	8	32	56	160
	II	8	64	56	128
	III	8	128	56	64

3 个 64 位的 EPC 版本，版本号只有 2 位，即 01、10、11。为了和 64 位的 EPC 相区别，所有长度大于 64 位的 EPC，版本号的最高 2 位须为 00。所有 96 位的 EPC，版本号开始的位序列是 001。所有长度大于 96 位的 EPC，版本号的前 3 位是 000。所有 256 位的 EPC，版本号开始的位序列是 00001。

2．EPC 管理者代码字段

EPC 编码体系的设计原则之一是分布式架构，是通过 EPC 管理者来实现的。EPC 管理者是指得到全球产品电子编码中心授权的组织，这些组织可以在一个或多个编码段内自主地为各类实体指定编码，并负责保证该编码段内编码的唯一性，以及维护对象名称解析系统中的记录。

EPCglobal 向 EPC 管理者授权时，首先为 EPC 管理者分配唯一代码，即 EPC 管理者代码。在 EPC 中，EPC 管理者代码被当作独立的一部分，这样就可以通过 EPC 直接识别出 EPC 管理者的信息，以保证系统的可扩展性。举例来说，一个 ONS 查询可以从概念上理解为在一个大表中查询某个 EPC 所映射到的 EPC IS 地址。但假如有 EPC 管理者代码，就可以由 EPC 管理者负责维护 ONS 服务器中对应编码段的小表，这样就可以提高 ONS 查询的执行效率。

不同版本的 EPC 管理者代码长度不同。EPC-64 II 型编码有最短的 EPC 管理者代码，只有 15 位，因此，只有 EPC 管理者代码小于 $2^{15}=32768$ 的物品才可以由该 EPC 版本表示。

3．对象分类代码字段

对象分类代码字段用于标识物品种类。一般而言，对象分类代码的分配不受限制，但是 0 通常被视为一个特殊的值，可能在某些系统或应用中具有特定的含义或用途，因此 Auto-ID 中心（Auto Identification Center，自动识别中心）建议避免用 0 作为对象分类代码。

4．序列号字段

序列号字段用于标识物品的序列号。一个对象分类代码的拥有者可以随意分配其序列号，但是 Auto-ID 中心同样建议避免用 0 作为序列号。

（1）EPC-64 I 型编码。EPC-64 I 型编码提供 2 位的标头，21 位的 EPC 管理者代码，17 位的对象分类代码和 24 位的序列号，如图 1.12 所示。

标头 2位	EPC管理者代码 21位	对象分类代码 17位	序列号 24位

图 1.12　EPC-64 I 型编码

（2）EPC-64 II 型编码。EPC-64 I 型编码无法适应更大范围的企业、产品以及序列号。Auto-ID 中心提议的 EPC-64 II 型编码如图 1.13 所示，可供价格敏感的消费品生产商使用。

标头 2位	EPC管理者代码 15位	对象分类代码 13位	序列号 34位

图 1.13　EPC-64 II 型编码

< 10 >

那些产品数量超过 2 万亿的企业可以采用 34 位序列号,其最多可标识 17179869184 件不同产品。如果与 13 位对象分类代码相结合(允许多达 8192 个产品种类),每一个企业可以为超过 140 万亿件产品编号,这远远超过了世界上最大的消费品生产商的生产能力。

(3)EPC-64 Ⅲ型编码。除了一些大企业和正在应用 EAN·UCC(欧洲物品编码协会和美国统一代码委员会)编码标准的企业,Auto-ID 中心希望将 EPC 扩展到更广泛的组织和行业。因此,除了像 EPC-64 Ⅱ型编码那样扩展序列号,扩展 EPC 管理者代码也是有必要的。

把 EPC 管理者代码增加到 26 位,如图 1.14 所示,即可为多达 67108864 个企业提供 64 位 EPC。67108864 已经超出世界企业的总数,因此已经足够使用。

标头 2位	EPC管理者代码 26位	对象分类代码 13位	序列号 23位

图 1.14　EPC-64 Ⅲ 型编码

采用 13 位对象分类代码可以为 8192 类物品提供编码空间。23 位序列号可以为超过 800 万($2^{23}=8388608$)件物品提供编码空间。因此 EPC-64 Ⅲ型编码可用于大约 6700 万个企业,每个企业可对超过 680 亿($2^{36}=68719476736$)件产品编码。

(4)EPC-96 Ⅰ型编码。EPC-96 Ⅰ型编码的设计目的是成为公开的物品标识代码,其应用类似于目前的统一产品代码(Universal Product Code,UPC),或 EAN·UCC 的运输集装箱代码。

如图 1.15 所示,EPC 管理者代码有 28 位,允许有大约 2.68 亿个生产商,超出了 UPC-12 的10 万个和 EAN-13 的 100 万个。对象分类代码字段在 EPC-96 Ⅰ型编码中占 24 位,这个字段能容纳当前所有的 UPC 库存单元的编码。

标头 8位	EPC管理者代码 28位	对象分类代码 24位	序列号 36位

图 1.15　EPC-96 Ⅰ 型编码

EPC-96 Ⅰ型编码的序列号对所有的同类对象提供 36 位的唯一编号,其容量为$2^{36}=68719476736$。

EPC-96 和 EPC-64 是针对短期使用而设计的,不能满足长期使用的需求。EPC-256 就在这种情况下应运而生。

(5)EPC-256 型编码。256 位 EPC 是为满足未来的应用需求而设计的,由于未来应用的具体需求目前还无法准确知道,所以 256 位 EPC 必须具备可扩展性。EPC-256 Ⅰ型编码、EPC-256 Ⅱ型编码和 EPC-256 Ⅲ型编码的位分配情况如图 1.16 所示。

EPC-256 Ⅰ 型编码

标头 8位	EPC管理者代码 32位	对象分类代码 56位	序列号 160位

EPC-256 Ⅱ 型编码

标头 8位	EPC管理者代码 64位	对象分类代码 56位	序列号 128位

EPC-256 Ⅲ 型编码

标头 8位	EPC管理者代码 128位	对象分类代码 56位	序列号 64位

图 1.16　EPC-256 型编码

< 11 >

1.4.3 EPC 标签和读写器

1．EPC 标签

EPC 标签可分为 5 类，见表 1.4。

表 1.4　EPC 标签

类别	属性	说明
Class 0	只读性电子标签	<ul><li>必须包含 EPC、自毁代码和循环冗余校验码。</li><li>可以读但不能写。</li><li>可以被重叠读取。</li><li>可以自毁，自毁后电子标签不可被识读</li></ul>
Class 1	无源、反向散射式电子标签	<ul><li>包含 EPC 和一个标签标识符（Tag Identifier，TID）。</li><li>可自毁，自毁可通过 Kill 命令实现。</li><li>可一次写入的用户存储器。</li><li>可选的密码保护访问控制和可选的用户内存</li></ul>
Class 2	无源、反向散射式电子标签	<ul><li>具有 Class 1 的特征。</li><li>扩展的 TID。</li><li>扩展的用户存储器、选择性识读功能。</li><li>在访问控制中加入了身份认证机制。</li><li>其他附加功能</li></ul>
Class 3	半有源、反向散射式电子标签	<ul><li>具有 Class 2 的特征。</li><li>带有电池。</li><li>集成传感器电路</li></ul>
Class 4	有源、主动式电子标签	<ul><li>具有 Class 3 的特征。</li><li>具有电子标签到电子标签的通信功能。</li><li>主动式通信功能和特别组网功能</li></ul>

> **📑 知识贴士**
>
> EPC 的 Class 和 Gen 是两个不同的概念。Class 描述的是电子标签的基本功能，如电子标签里面存储器的情况或有无电池。Gen 是指电子标签规范的主要版本号。通常所说的第二代 EPC，实际上是第二代 EPC Class 1，这表明它采用电子标签规范的第二个主要版本，拥有可一次写入的用户存储器。EPC 标签分类的目的是提供一种模块化结构，涵盖一系列电子标签功能。例如，有源电子标签的通信协议应与无源电子标签的通信协议相同，只是增加了支持电池的必要命令，这就保证了协议的简单化。如果有源电子标签的电池出现故障或者失效，那么该有源电子标签就类似于无源电子标签，对最终用户来说，它仍具有一些实用功能。

2．EPC 读写器

EPC 读写器是 EPC 标签和计算机网络之间的纽带，它将 EPC 标签中的 EPC 通过射频读入后转换成为可在网络中传输的数据。

EPC 读写器的基本组成如图 1.17 所示，它由空中接口电路、天线、网络接口、控制器、存储显示电路、时钟电路和电源电路等组成。

< 12 >

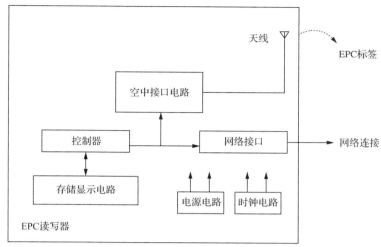

图 1.17　EPC 读写器的基本组成

控制器可以采用微控制器（Micro Control Unit，MCU）或数字信号处理器（Digital Signal Processor，DSP）。由于 DSP 提供了强大的数字信号处理和接口控制功能，应用灵活性强，所以 DSP 是 EPC 读写器中控制器的首选器件。

空中接口电路是 EPC 读写器和 EPC 标签之间交换信息的纽带。为读/写 EPC 标签的数据，EPC 读写器必须具有和所读/写 EPC 标签相同的空中接口协议。在某些情况下，EPC 读写器可能还需要支持多个频段的多种协议。

EPC 读写器必须具有和计算机网络连接的功能。EPC 读写器应该能够像通常的网络设备（如服务器、路由器等）一样，成为网络的一个独立站点，因此 EPC 读写器须包含网络接口电路。网络接口应支持以太网、无线局域网（IEEE 802.11x）等网络连接方式，这也是 EPC 读写器的重要特点。

EPC 系统需要多个读写器，相邻读写器可能会相互干扰，读写器间的干扰称为读写器碰撞。读写器碰撞会引起读/写错误和读/写盲区，因此必须采取防碰撞措施来减小或消除读写器碰撞的影响。

1.4.4　EPC 信息网络系统

EPC 信息网络系统是 EPC 系统的重要组成部分，主要为 EPC 系统提供信息支撑，实现信息管理和信息流通。EPC 系统的信息网络系统在互联网的基础上，通过中间件、ONS 以及 EPC IS 实现全球的实物互联。

微课视频

1．中间件

人们对应用软件所面临的共性问题进行提炼、抽象，在操作系统之上再形成一个可复用的部分，供成千上万的应用软件重复使用。这一技术思想最终构成了中间件的应用。

每件产品附上电子标签之后，在产品的生产、运输和销售过程中，读写器将不断收到 EPC。中间件是连接读写器和企业应用程序的纽带。中间件完成的任务是数据校对、读写器协调、数据传输、数据存储和任务管理等。

2．ONS

EPC 系统是一个开放式的、全球性的物品追踪网络，将产品的 EPC 存储在电子标签中之后，

< 13 >

还需要将产品 EPC 对应到相应的产品信息，这个任务就由 ONS 承担。ONS 是一种全球性的查询服务。

ONS 服务器为用户发起 EPC 检索请求并提供 EPC IS 服务器的地址。从概念上说，ONS 服务器的输入就是一个 EPC 查询请求，输出则是所要查找的 EPC IS 服务器的 URL（Uniform Resouce Locator，统一资源定位符）。在实际运行时，基于可扩展性和管理难度的考虑，ONS 被设计为与域名解析系统（Domain Name System，DNS）类似的分级架构，由 ONS 根服务器和本地 ONS 服务器两部分来实现。

当用户希望在 EPCglobal 网络中定位一个 EPC IS 服务器时，其请求首先发送到 ONS 根服务器上；ONS 根服务器在根数据表中对该 EPC 管理者代码进行解析和识别，并提取该 EPC 管理者所在的本地 ONS 服务器地址，再将请求转发至该本地 ONS 服务器；本地 ONS 服务器收到请求后，进一步在本地数据表中解析 EPC IS 服务器的地址，然后将请求转发至该 EPC IS 服务器；最后 EPC IS 服务器根据请求的内容提供搜索结果，并将结果返回发起请求的位置。

ONS 查询的详细步骤如下。

（1）读写器从产品的电子标签中读取 EPC（二进制字符串）。

（2）将二进制字符串转化成为 EPC URI（Uniform Resource Identifier，统一资源标识符）格式。

（3）解析器从 URI 格式提取出域名。

（4）执行 ONS 查询，获得这个地址的名称权威指针（Naming Authority Pointer，NAPTR）记录，并返回与查询货品相关的 URI。

3．EPC IS

EPC IS 是最终用户与 EPCglobal 网络进行数据交换的主要桥梁，EPC IS 服务器上的数据是由供应链上下游的企业共享的，通过这种共享，企业可以了解产品在整个供应链环节中的信息，而不局限于本企业内部。EPC IS 为定义、存储和管理 EPC 所标识的物理对象的所有数据提供了一个框架。EPC IS 位于整个 EPC 网络架构的最高层，它不仅处理原始 EPC 观测资料的上层数据，还处理过滤和整理后的观测资料的上层数据。如图 1.18 所示，EPC IS 在整个 EPC 网络中的主要作用就是提供存储管理 EPC 信息的接口。

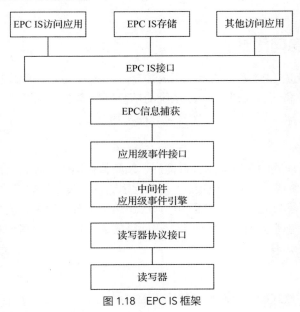

图 1.18　EPC IS 框架

< 14 >

1.4.5 EPC 系统原理

从概念上来说，EPCglobal 网络相当于物联网的一种，EPC 以电子标签作为载体，通过物联网进行电子数据交换。每个物品都有唯一的 EPC，这样可通过物联网查到其档案，一系列的应用问题都会得到解决。

基于 EPC 的物联网 RFID 应用系统工作过程如图 1.19 所示，其中包含 EPC 标签的物体，通过 EPC 读写器采集 EPC 标签里面的信息，EPC 读写器和计算机网络连接起来，再通过中间件将信息输送到互联网中，保存至 EPC IS 服务器中，通过中间件可以实现对一件物品的其他信息的查询。

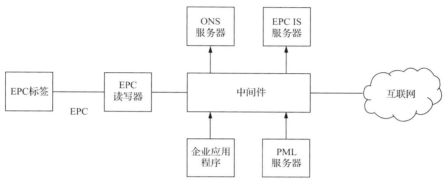

图 1.19　基于 EPC 的物联网 RFID 应用系统工作过程

在由 EPC 标签、EPC 读写器、Savant 服务器、互联网、ONS 服务器、PML（Physical Markup Language，实体描述语言）服务器以及众多数据库组成的网络中，EPC 读写器读取的 EPC 只是一个参考信息，通过这个参考信息可以从互联网找到 IP 地址并获取在该地址存放的相关物品信息。分布式 Savant 软件系统负责处理和管理由 EPC 读写器读取的一连串 EPC。EPC 系统的工作流程如图 1.20 所示。

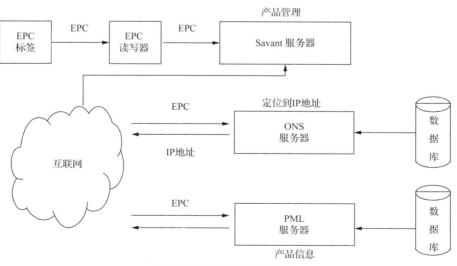

图 1.20　EPC 系统的工作流程

< 15 >

1.5 NFC 技术

近场通信（Near Field Communication，NFC）是一种短距离的高频无线通信技术，使电子设备可以在彼此靠近的情况下进行数据交换。NFC 技术由 RFID 技术及互联互通技术整合演变而来，在单一芯片上结合了感应式读卡器、感应式卡片和点对点的功能。NFC 只有一个工作频率 13.56MHz，传输距离可以达到 10cm，根据天线尺寸和场调制强度不同，其数据传输速率有 106kbit/s、212kbit/s、424kbit/s 三种。

NFC 与 RFID 看似相似，但其实有很多区别，因为 RFID 本质上属于识别技术，而 NFC 属于通信技术。具体区别主要有以下几点。

（1）NFC 的工作频率为 13.56MHz，而 RFID 的工作频率有低频、高频及微波三种。

（2）NFC 的工作距离一般小于 10cm，以更好地保证业务的安全性；而 RFID 因具有不同的工作频率，其工作距离从几厘米到几十米不等。

（3）NFC 同时支持读写模式和卡模式；而在 RFID 中，读写器和电子标签是独立的两个实体，不能切换。

（4）NFC 支持 P2P（Peer to Peer，点对点）模式，RFID 不支持 P2P 模式。

（5）NFC 多数应用在门禁系统、公交卡、手机支付等领域，而 RFID 更多应用在生产、物流、跟踪和资产管理方面。

NFC 的三种工作模式分别是读卡器模式、仿真卡模式和 P2P 模式。

1. 读卡器模式

读卡器模式是一种主动模式，数据在 NFC 芯片中。

支持 NFC 的电子设备向带有 NFC 芯片的标签、贴纸、名片等介质读写信息。当设备向 NFC 读写数据时，它会发送磁场，而这个磁场会自动向 NFC 芯片供电，因此不需要外部供电。

2. 仿真卡模式

相较于读卡器模式，仿真卡模式是一种被动模式，数据在支持 NFC 的手机或其他电子设备中。简单来说，支持 NFC 的手机或其他电子设备被模拟成一张卡，如借记卡、公交卡、门禁卡等。它的基本原理是将相应 IC 卡中的信息凭证封装成数据包存储在支持 NFC 的电子设备中。

仿真卡模式在使用时还需要一个 NFC 读卡器。手机或其他电子设备靠近 NFC 读卡器，就会接收到 NFC 读卡器发来的信号，通过一系列复杂的验证后，IC 卡中的相应信息被传入 NFC 读卡器，最后这些信息会被传入 NFC 读卡器连接的计算机，并得到相应的处理。移动设备主要采用这种模式，可以大幅降低功耗，并延长电池寿命。

3. P2P 模式

这是一种双向模式，通常用于不同 NFC 设备之间的数据交换，相当于两个设备都处于主动模式，其有效距离一般不超过 4cm。

P2P 模式的典型应用是两部支持 NFC 的手机或平板电脑实现数据的点对点传输，例如，交换图片或同步设备联系人。因此，通过 NFC，多个设备如计算机、手机之间可以快速连接，并交换资料或者服务。

NFC 的 P2P 模式类似于红外和蓝牙技术。它的传输建立速度要比红外和蓝牙技术快很多，数据传输速率却不如蓝牙。

< 16 >

习题

1. 简述 RFID 系统的组成和工作原理。
2. RFID 系统有哪些典型工作频率?
3. 为了防伪打假,演唱会的门票应是怎样的?
4. EPC 系统由哪些部分组成?
5. 简要阐述基于 EPC 的物联网 RFID 应用系统的工作过程。

< 17 >

第 *2* 章　RFID 技术基础

电子标签与读写器之间的信息交换是 RFID 技术的核心内容，本章主要介绍与此相关的通信基础知识。

2.1　数字通信基础

根据所传送信号性质的不同，通信可以分为模拟通信和数字通信。RFID 的读写器和电子标签的通信信号都是数字信号，因此 RFID 系统典型的数字通信系统。

2.1.1　信号

信号是数据的载体，在通信系统中，数据以信号的形式从发射端传送到接收端。信号可以分为模拟信号和数字信号。模拟信号是指用连续变化的物理量表示的信息，模拟信号的幅值、频率或相位随时间做连续变化。数字信号是离散的，其值的变化不是连续的。二进制信号就是一种典型的数字信号。

模拟信号和数字信号根据其特点有不同的适用场合，RFID 系统中一般采用数字信号，主要原因有以下 5 点。

（1）信号的完整性。RFID 系统的电子标签和读写器之间使用非接触技术传输数据，容易受到干扰，使传输的数据发生改变。数字信号抗干扰能力强，只要在适当的距离内信号没有恶化到一定程度，就可以采用再生的方法恢复原信号，因此可以实现长距离、高质量数据传输。此外，数字通信容易校验，容易实现多标签的防碰撞操作，从而保持数据的完整性。

（2）信号的安全性。RFID 系统由于采用非接触式通信，容易受到各种主动和被动的危险攻击。与模拟信号相比，数字信号更容易实现加密和认证，保障信号安全传送。

（3）便于存储、处理和交换。电子标签存储的数据一般为二进制数据，数字信号的形式与计算机所用的信号一致，便于与计算机通信，并使用计算机对获得的电子标签信息进行存储、处理和交换。

（4）设备便于集成化和微型化。因为采用数字信号，所以在 RFID 设备中可以使用数字电路。数字电路便于集成，使设备具有体积小、成本低和功耗低的特性。

（5）便于构成物联网。RFID 系统采用数字信号的传输方式，可以实现传输和交换的综合应用，实现业务数字化，更容易与互联网结合组成物联网。

不管是模拟信号还是数字信号，都可以从时域和频域两个角度进行分析。时域分析的自变量（横坐标）是时间，表达的是信号随时间的变化，纵坐标一般是所要观察的信号的幅值或归一化幅值。频域分析的自变量是频率，表达的是信号随频率的变化，通过频域分析可以获取信号中各频率成分及其幅值大小。

在 RFID 系统中，对信号的频域分析比对信号的时域分析更重要。

2.1.2　信道

信道是信号传输的通道。按照传输介质的不同，信道可以分为有线信道和无线信道。前者借助于电缆、光纤等介质，后者借助于自由空间。RFID 系统中读写器与电子标签之间使用无线信道传送信息。信道的特征主要体现在带宽、数据传输速率、波特率与比特率、信道容量等几个方面。

1．带宽

信道能通过的信号的频率范围称为信道的频带宽度，简称为带宽。信道的带宽可表示为

$$BW = f_2 - f_1 \tag{2-1}$$

式（2-1）中，f_1 是信道中能够通过的信号的最低频率，f_2 是信道中能够通过的信号的最高频率。

2．数据传输速率

数据传输速率就是数据在信道中的实际传输速率，在数值上等于每秒传输数据的二进制位数，单位为比特/秒，记作 bit/s。信道的数据传输速率是描述信息传输系统的重要技术指标之一。

3．波特率与比特率

波特率是指信号被调制以后在单位时间内状态的变化次数。在信息传输系统中，携带数据的信号单元称为码元，每秒通过信道传输的码元数称为码元传输速率，简称为波特率。波特率的单位为波特（Baud 或 B）。

比特率是数据的理论传输速率，表示单位时间内可传输的二进制位数。比特率的单位为比特/秒（bit/s）。比特率=波特率×单个调制状态对应的二进制位数。

若码元状态数为 M，则波特率和比特率有以下关系：

$$比特率 = 波特率 \times \log_2 M \tag{2-2}$$

4．信道容量

信道容量是信道的一个参数，反映了信道无错误传送的最大数据传输速率。

信道无错误传送的最大数据传输速率主要取决于信道的带宽、信噪比和编码技术。因此在 RFID 系统中，如果需要提高读写器与电子标签之间的数据传输速率，可以从以下两个方面考虑。

（1）选择较高的载波频率。带宽越大，信道容量越大。微波频段要比低频频段和高频频段拥有更大的带宽。

（2）减小干扰，提高信噪比。信噪比越大，信道容量越大。应尽量减小衰减和失真，提高信噪比。

2.1.3　RFID 系统的通信模型

读写器与电子标签之间的数据交换是通过无线电信号实现的，即双方将要传送的数据附着在

< 19 >

无线电信号的某一参量上，通过解析从收到的无线电信号中获取数据。RFID 系统的通信模型如图 2.1 所示。

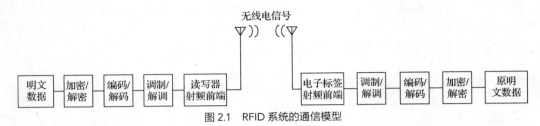

图 2.1　RFID 系统的通信模型

当读写器向电子标签发送数据时，读写器首先对要发送的明文数据进行加密，获得密文数据，之后对数据进行编码并调制在载波上，通过读写器的射频前端电路处理后由读写器天线发射出去。电子标签通过天线接收读写器发送的信号，经过电子标签的射频前端电路处理后，对信号解调、解码、解密，最后得到读写器传送的明文数据。电子标签向读写器发送数据时过程相同，只是方向相反。

在 RFID 系统的通信模型组成中，不一定要有加密/解密模块。一些 RFID 系统的读写器与电子标签之间采用明文传输，则 RFID 系统不包含加密/解密模块。

2.2　数据编码技术

编码是为了达到某种目的而对信号进行的一种变换，其逆变换称为解码或译码。编码技术的选择对 RFID 系统的性能有着非常重要的影响。

2.2.1　编码技术分类

根据编码的目的，编码技术可以分为信源编码、信道编码和保密编码三个分支。

1．信源编码

信源编码是对信源输出的信号进行变换，其目的是提高通信有效性，减少或消除信源冗余。信源编码的实现主要包括以下几方面。

（1）完成模数转换。当信源给出的是模拟信号时，信源编码器将其转化为数字信号，以便实现模拟信号的数字化传输。

（2）数据压缩。在不丢失有用信息的前提下，应缩减数据量以减少码元数目和降低波特率，节省存储空间，提高数据传输、存储和处理效率。

（3）数字信号编码。应将数据编码成更适合传输的数字信号。RFID 系统中电子标签和读写器所要发送的都是数字信号，在发送前都要进行数字信号编码，这是本书介绍的重点。

2．信道编码

信道编码是对信源编码器输出的信号进行再变换，包括为区分通路、适应信号条件、提高通信可靠性而进行的编码。为了对抗信道中的噪声和衰减，可通过增加冗余、校验等，来提高抗干扰能力及检错、纠错能力。

3. 保密编码

保密编码是为了信息在传输的过程中不被窃译而对信号进行的再变换。保密编码的目的是隐藏敏感信息，常通过各种加密算法实现。

2.2.2 RFID 常用编码方式

不同的 RFID 系统选择的编码方式也不一样。RFID 系统中常用的信源编码方式有以下几种。

1. 不归零编码

不归零（Non-Return to Zero，NRZ）编码是一种基本的数字基带编码方式，用高电平表示二进制数据的 1，用低电平表示二进制数据的 0。不归零编码示例如图 2.2 所示。

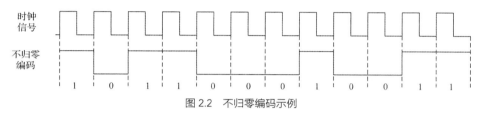

图 2.2　不归零编码示例

不归零编码的主要优点是编码简单，但是当传送连续的数据 0 或连续的数据 1 时，编码会维持长时间的低电平或高电平不变，若接收方没有同步时钟信号，很可能导致接收方识别错误。

2. 曼彻斯特编码

曼彻斯特（Manchester）编码使用电压的跳变来表示二进制数据，通常使用上升沿表示数据 0，使用下降沿表示数据 1，其特点是在数据位的中间始终有跳变。曼彻斯特编码示例如图 2.3 所示。仔细观察图 2.2 和图 2.3，可发现不归零编码与时钟信号异或非后即为曼彻斯特编码。

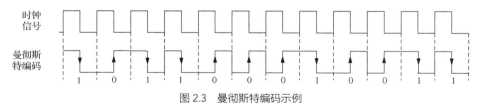

图 2.3　曼彻斯特编码示例

由于曼彻斯特编码在数据位的中间总存在跳变，因此接收方可以根据跳变获得同步时钟信号。若接收方接收到的曼彻斯特编码波形如图 2.4 所示，则可推断出时钟信号和曼彻斯特编码如图 2.5 所示。

图 2.4　接收方接收到的曼彻斯特编码波形

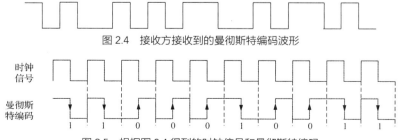

图 2.5　根据图 2.4 得到的时钟信号和曼彻斯特编码

< 21 >

此外，曼彻斯特编码的特性有利于发现数据传输的错误，或可用于多电子标签数据发生碰撞的检测。假设电子标签 1 内信息为 10110010，电子标签 2 内信息为 10101010，则二者对应的不归零编码和曼彻斯特编码如图 2.6 所示。若二者同时向读写器发送信息，读写器进行不归零解码时不能发现有碰撞发生，而进行曼彻斯特解码时由于在多个周期内持续出现高电平（无跳变），因此能发现有碰撞发生。所以，曼彻斯特编码常用于从电子标签到读写器的数据传输。

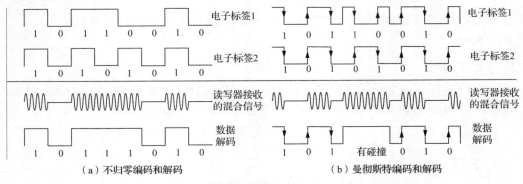

图 2.6 电子标签数据发生碰撞时的不归零编码和曼彻斯特编码

3．差动双相编码

差动双相编码又称为两相码、FM0 编码，其编码规则是在两位相邻数据的交界部分总有跳变，并根据数据位的中间是否有跳变来区分数据 0 和 1，中间有跳变表示数据 0，中间没有跳变表示数据 1。FM0 编码示例如图 2.7 所示。

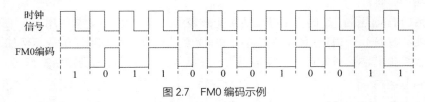

图 2.7 FM0 编码示例

与曼彻斯特编码类似，采用 FM0 编码的接收方可以根据这一跳变获得同步时钟信号。

4．米勒码

米勒（Miller）码以数据位中间是否有跳变来表示二进制的 1 和 0。数据 1 用码元中心点出现跳变如 10 或 01 来表示；数据 0 则用 00 或 11 交替表示，即数据位中间有跳变表示 1，数据位中间无跳变表示 0。当发送连续的 0 时，在两个 0 码的边界处进行跳变，即 00 和 11 交替。米勒码示例如图 2.8 所示。

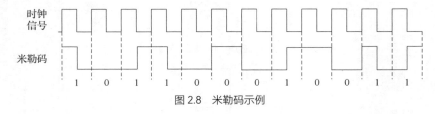

图 2.8 米勒码示例

5．修正的米勒码

修正的米勒码是对米勒码的改进，将米勒码中的跳变改为窄脉冲，米勒码就变成修正的米勒

< 22 >

码。修正的米勒码中传送数据的信号大部分时间都是高电平。数据位中间有窄脉冲表示 1，数据位中间没有窄脉冲表示 0，当发送连续的 0 时，从第 2 个 0 开始在数据的起始处增加一个窄脉冲。由于负脉冲的时间较短，因此可以保证在数据传输过程中能够持续为电子标签提供能量。修正的米勒码示例如图 2.9 所示。

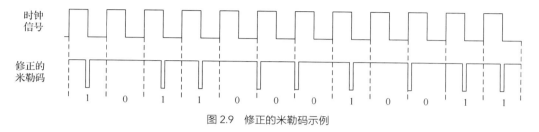

图 2.9　修正的米勒码示例

6．二进制脉冲宽度编码

二进制脉冲宽度编码（Binary Pulse Length Coding，BPLC）使用不同的脉冲宽度表示数据 0 和 1。前面 5 种编码方式中的数据 0 和 1 的位宽都是相同的，而二进制脉冲宽度编码中的数据 0 和 1 的位宽不同，数据 0 的位宽小，数据 1 的位宽大。同时为了区分数据位，每一位数据的起始处都有一个窄脉冲。二进制脉冲宽度编码示例如图 2.10 所示。

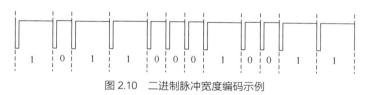

图 2.10　二进制脉冲宽度编码示例

除上述几种编码方式之外，RFID 系统中还常采用脉冲位置编码（Pulse Position Modulation，PPM）、脉冲间隔编码（Pulse Interval Encoding，PIE）等编码方式。

📇 知识贴士
基于 MATLAB 的不归零编码和曼彻斯特编码仿真

```
Ts=2;  %生成单个码元，码元周期
N_sample=128;  %单个码元采样点数
dt=Ts/N_sample;  %抽样时间间隔
N=10;  %码元数
t=0:dt:(N*N_sample-1)*dt;  %序列传输时间
gt1=ones(1,N_sample);  %不归零编码
RAN=[1 0 1 0 0 0 1 1 0 1];  %也可用 round(rand(1,N))生成随机 0 1 序列
%%%  不归零编码
se1=[];
for i=1:N
    if RAN(i)==1;
        se1=[se1 gt1];
    else
        se1=[se1 zeros(1,N_sample)];
    end
end
```

< 23 >

```
subplot(2,1,1)
plot(t,se1);   %绘制不归零结果
title( {[ 'RAN = ',num2str(RAN)],'NRZ'})
%%%  曼彻斯特编码
se2=[];
gt2=ones(1,N_sample/2);
gt3=zeros(1,N_sample/2);
for i=1:N
    if RAN(i)==1;
        se2=[se2 gt2 gt3];
    else
        se2=[se2 gt3 gt2];
    end
end
subplot(2,1,2)
plot(t,se2)
title('Manchester')
grid on
```

2.2.3 RFID 编码方式的选择

1．编码方式的选择要考虑电子标签能量的来源

在无源 RFID 系统中，电子标签的能量来源于读写器的天线磁场。在 100% 调幅的系统中，高电平调制时对应着天线磁场的全开，而低电平调制对应着天线磁场的关闭。当读写器发送连续的低电平信号时，天线磁场的长时间关闭会导致电子标签储能耗尽而停止工作。为保证电子标签能量供应不中断，需选择码型变化丰富的编码方式。跳变频繁的编码方式不仅可以保证在连续出现数据 0 时对电子标签的能量供应，还便于电子标签从收到的信号中提取时钟信息。

2．编码方式的选择要考虑电子标签检错的能力

通常外界的干扰对幅值的影响较大，而对频率和相位的影响较小。用电平的跳变表示数据类似于相位调制，抗干扰能力较强。

读写器与电子标签通信时，对每一位数据的位宽判断是正确解码的第一步。曼彻斯特编码、FM0 编码和二进制脉冲宽度编码均自带同步信号，容易识别数据位宽；米勒码及修正的米勒码也相对容易提取同步信号；而当出现连续的数据 0 或连续的数据 1 时，不归零编码很可能会导致接收方识别错误。

3．编码方式的选择要考虑电子标签时钟的提取

电子标签上的电路工作时也需要时钟信号，获取该时钟信号的一个方法是从读写器产生的射频场中提取。电子标签时钟的提取与载波和编码方式都有很大关系，前述编码方式除了不归零编码，其他编码方式都很容易提取时钟。

2.3 调制技术

原始的电信号通常称为基带信号。有些信道可以直接传输基带信号，但 RFID 系统的读写器

< 24 >

和电子标签之间的数据使用无线传输，基带信号频率太低，无线电波波长太长，用于发射和接收的天线尺寸太大，无法直接传输基带信号。因此，RFID 系统的读写器和电子标签之间进行信息传递之前，就需要把信息"寄托"在某个载波信号的某一参量上，如信号的幅值、频率或相位上，使其便于无线电传输。

在实际生活中，声音无法传播很远，如果用普通的声音去改变（调制）高频电磁信号的幅值或频率，然后把高频电磁信号发射向天空，天空中存在电离层，可以把高频电磁信号反射下来，使用收音机把附着在电磁信号上的声音信号释放（解调）出来，就可以收听了。这就是收音机的调幅（Amplitude Modulation，AM）和调频（Frequency Modulation，FM）原理。此处，这个高频电磁信号就是载波信号。

2.3.1 调制与解调

微课视频

调制的目的是把要传输的模拟信号或数字信号转换成适合信道传输的信号，该信号称为已调信号，而基带信号称为调制信号。

调制是用调制信号去控制载波信号的某个或某几个参量的变化，将信息附着在载波上形成已调信号传输。而解调是调制的反过程，通过具体的方法从已调信号的参量变化中恢复原始的基带信号。

根据不同的标准，调制有许多种分类方法。不同的调制方法有不同的特点和性能。

（1）按调制信号的形式，调制可分为模拟调制和数字调制。调制信号为模拟信号则称为模拟调制，调制信号为数字信号则称为数字调制。RFID 系统中都是数字调制。

（2）按载波的种类，调制可分为脉冲调制、正弦波调制和光波调制等，对应的调制信号分别是脉冲、正弦波和光波。其中正弦波调制又分为调幅、调频和相位调制。RFID 系统中一般使用正弦波调制。正弦波除了是信息的载体，还为无源电子标签提供能量。

（3）按传输特性，调制可分为线性调制和非线性调制。线性调制不改变信号原始频谱结构，而非线性调制则改变了信号原始频谱结构。正弦波的调幅属于线性调制，正弦波的调频和相位调制属于非线性调制。

2.3.2 RFID 调制类型

RFID 系统中使用的是载波信号为正弦波的数字调制。数字调制的方法通常称为键控法，可以利用数字信号改变正弦波的幅值、频率或相位以达到携带有用信号的目的，相应的调制方法分别称为幅移键控（Amplitude Shift Keying，ASK）、频移键控（Frequency Shift Keying，FSK）和相移键控（Phase Shift Keying，PSK）。

1. ASK

ASK 是一种利用载波幅值的变化来表示和传输数字信号的调制方法，在二进制数字调制中，载波的幅值只有两种变化，分别对应二进制的 1 和 0。在 ISO/IEC 14443 标准及 ISO/IEC 15693 标准中，从读写器到电子标签的数据传输采用了 ASK 调制方法。

ASK 调制示例如图 2.11 所示。二进制数字基带信号 $s(t)$ 通过与正弦载波 $\cos(\omega_c t)$ 相乘，实现 ASK。

$$v(t) = s(t)\cos(\omega_c t) \tag{2-3}$$

< 25 >

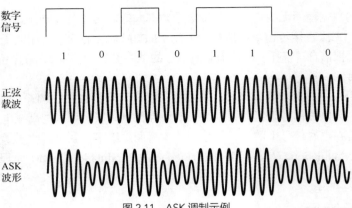

图 2.11　ASK 调制示例

键控度常用于表示调幅的程度。如果用 a_0 表示 ASK 波形中数据 1 对应的幅值,用 a_1 表示 ASK 波形中数据 0 对应的幅值,则已调信号的键控度 m 表示为

$$m = (a_0 - a_1)/(a_0 + a_1) \tag{2-4}$$

由式（2-4）可知,当 $a_0 = a_1$ 时,键控度为 0,即载波没有被调制;当 $a_1 = 0$ 时,键控度为 100%, 载波幅值在 a_0 和 0 之间切换,载波幅值为 0 时对应 RFID 系统中的天线磁场关闭。

ASK 是运用最早的无线数字调制方法,但这种方法在传输时受噪声影响较大,噪声有可能导致信号传输错误。

2. FSK

FSK 是一种利用载波频率的变化来表示和传输数字信号的调制方法,二进制 FSK 载波的频率有两种,分别对应二进制的 1 和 0。FSK 调制信号可表示为

$$v(t) = \begin{cases} A\cos(2\pi f_1 t + \varphi_1) & \text{发送 “1” 时} \\ A\cos(2\pi f_2 t + \varphi_2) & \text{发送 “0” 时} \end{cases} \tag{2-5}$$

式（2-5）中, f_1、φ_1 分别为发送数据 “1” 时的载波频率和相位, f_2、φ_2 分别为发送数据 “0” 时的载波频率和相位, A 为载波幅值。可以看出,在发送 “1” 和发送 “0” 时,信号的幅值不变, 频率变化。FSK 调制示例如图 2.12 所示。

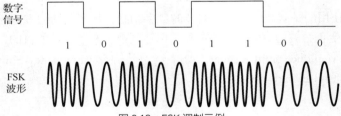

图 2.12　FSK 调制示例

3. PSK

PSK 是一种利用载波相位的变化来表示和传输数字信号的调制方法,二进制 PSK 载波的初始相位有两种值,通常取 0 和 $180°$,分别对应二进制的 1 和 0。

$$v(t) = A\cos(\omega_c t + \varphi_n) \tag{2-6}$$

式（2-6）中, φ_n 是第 n 个数据的绝对相位。

< 26 >

$$\varphi_n = \begin{cases} 0 & \text{发送 "1" 时} \\ \pi & \text{发送 "0" 时} \end{cases} \qquad (2\text{-}7)$$

PSK 调制示例如图 2.13 所示。

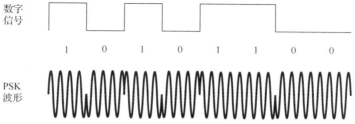

图 2.13　PSK 调制示例

FSK 和 PSK 有密切的关系，相位为频率的积分结果，频率为相位的微分结果。进行 FSK 的同时有相移发生；同样，进行 PSK 时伴随频移发生。

> **📋 知识贴士**
>
> ### 基于 Simulink 的 ASK 和 FSK 调制与解调仿真
>
> ASK：
>
>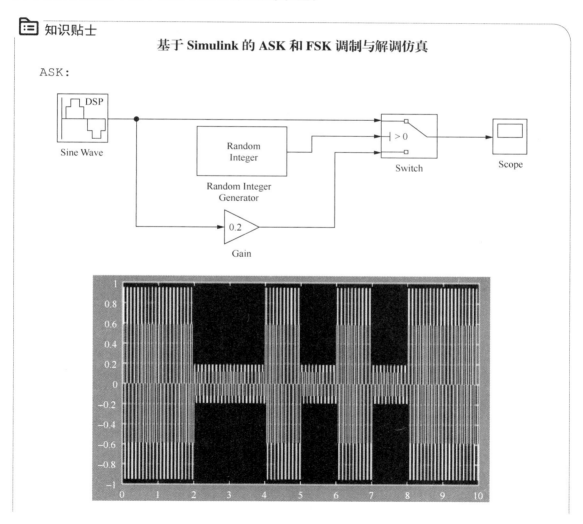

< 27 >

FSK:

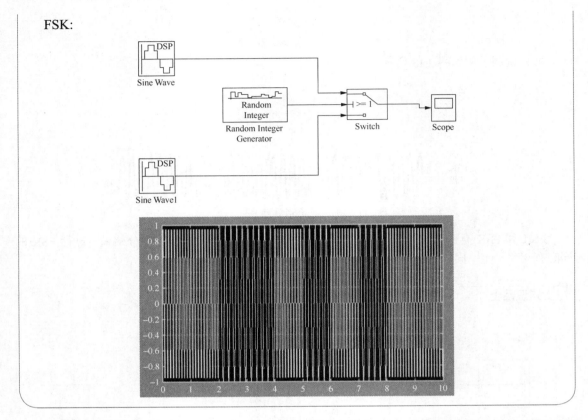

上面介绍了以正弦波为载波的三种基本数字调制方法。与 FSK 和 PSK 相比，ASK 抗干扰性差，但电路简单，更符合 RFID 系统电子标签低成本的要求。由于读写器与电子标签之间通信距离短，抗干扰性差的缺点对系统影响不突出，因此 RFID 系统中也常选用 ASK 作为数字信号的调制方法。

有时我们出于某种目的会进行两次调制，即先把信号调制在载波 1 上，再用这个结果去调制另一个频率更高的载波 2，这种调制方式称为副载波调制，载波 1 称为副载波，载波 2 称为主载波。副载波调制示例如图 2.14 所示。

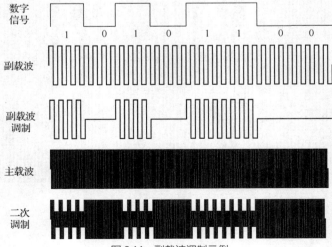

图 2.14　副载波调制示例

< 28 >

在图 2.14 中，数字信号先对副载波进行 100% ASK 调制，再利用副载波对载波调幅，调制的方法为每一个副载波对应一个负脉冲，而没有副载波的地方则不进行调制。副载波调制可以让主载波和副载波各传递一路信息。例如，在电视模拟信号传输中，主载波用于图像信号的调制传输，而声音信号则调制在副载波上。

副载波调制一般用在工作频率为 13.56MHz 的 RFID 系统中，而且仅在从电子标签向读写器的数据传输中采用。大多数副载波频率为 847kHz（13.56MHz/16）、424kHz（13.56MHz/32）或 212kHz（13.56MHz/64）。首先采用基带编码的数字信号调制较低频率的副载波，已调的副载波信号用于切换负载电阻（具体见 4.3 节）；然后采用 ASK、FSK 或 PSK 等调制方法，对副载波进行二次调制。

采用副载波信号进行负载调制时，调制管每次导通时间较短，对读写器电源影响小，并可降低电子标签的能量消耗。另外，有用信息的频谱分布在副载波附近而不是主载波附近，有利于读写器对所接收数据的提取。

2.4　通信数据的完整性

当数字信号在 RFID 系统中传输时，外界的各种干扰有可能导致数据传输产生错误，多个电子标签同时占用信道可能使发送数据产生碰撞导致数据冲突。运用差错检测（数据校验）和防碰撞算法可以分别解决影响通信数据完整性的这两个问题。

2.4.1　差错检测

差错检测的基本方法是在传输的数据（信息码元）中额外增加一些冗余编码（又称监督码元），使监督码元和信息码元之间建立某种特定关系，接收方可以利用这种关系来判断接收的信息是否与发送方发出的信息一致。这种特定关系由误码控制编码方式决定。在误码控制编码方式中，信息码元占总码元数的比例称为编码效率，比值越高，编码效率越高。

RFID 系统中读写器与电子标签之间通信采用的误码控制编码方式主要有奇偶校验、循环冗余校验（Cyclic Redundancy Check，CRC）等。

1．奇偶校验

奇偶校验是较为简单的一种误码控制编码方式，即在数据后面加上一个奇偶校验位。若采用奇校验，则传输的所有码元（包括信息码元和监督码元）中数据 1 的个数应为奇数；若采用偶校验，则传输的所有码元中数据 1 的个数应为偶数。奇偶校验中，监督码元始终是 1 位。

例 2-1　信息码元为 1100101。（1）求奇监督码元和偶监督码元。（2）求编码效率。（3）若有 1 位错码，能否检测？（4）若有 2 位错码，能否检测？

解

（1）奇监督码元为 1，此时总码元为 11001011；偶监督码元为 0，此时总码元为 11001010。

（2）奇偶校验中，监督码元始终是 1 位，所以编码效率均为 87.5%。

（3）奇偶校验码只能检测奇数个错码，因此可检测 1 位错码。

（4）不能检测 2 位错码。

需要注意的是，一维奇偶检验只能实现奇数个错码的检错（即发现有错误），不能实现奇数个

< 29 >

错码的纠错（无法确定是哪一位错）。

2．循环冗余校验

CRC 能够以很高的可靠性识别传输错误，并且编码简单，误判概率很低，在通信系统中得到了广泛的应用。但 CRC 不能校正错误。

CRC 的工作原理如下。

（1）发送方：将要发送的整个数据块当成一个连续的二进制数据 $M(x)$，在发送时，将多项式 $M(x)$ 除以一个生成多项式 $G(x)$（模 2 除法，$G(x)$ 的阶次应低于 $M(x)$ 的阶次），得到的余数就是需在信息码元后面增加的监督码元。需要注意的是，监督码元的位数由 $G(x)$ 的阶次决定。

（2）接收方：将接收到的全部数据（包括信息码元和监督码元）除以与发送方相同的生成多项式 $G(x)$，若能除尽（余数为 0），则传输正确；若除不尽，则说明传输有差错，要求发送方重新发送一次。

CRC 算法如下。

① 设 $G(x)$ 为 r 阶，在数据块 $M(x)$ 的末尾附加 r 个 0，使数据块位数变为 $m+r$，则相应的多项式为 $x^r M(x)$。

② 按模 2 除法计算 $x^r M(x)/G(x)$，得到余数 $R(x)$。

③ 将 r 位余数添加于 $M(x)$ 后，得到发送数据 $T(x)$。

例 2-2 某发送方要发送的信息码元为 1101011011，生成多项式选用 $G(x) = x^4 + x + 1$。采用 CRC，求 $T(x)$。

解

数据块为 1101011011，$G(x)$ 为 4 阶，附加 4 个 0 以后形成的数据块为 11010110110000。

$G(x) = x^4 + x + 1$ 对应数据为 10011。

$x^r M(x)/G(x)$ =11010110110000/10011（模 2 除法），得余数为 1110。

发送数据 $T(x)$ 为 11010110111110。

例 2-3 某接收方收到经 CRC 的 $T(x)$ 1100011100，生成多项式采用与发送方相同的 $G(x) = x^4 + x + 1$，判断此时接收的数据是否正确。

解

$G(x) = x^4 + x + 1$ 对应数据为 10011。

$T(x)/G(x)$ =1100011100/10011（模 2 除法），得余数为 0，收到的数据正确。

CRC 的一大优点是识别错误的可靠性好，即使有多重错误，也只需要少量的操作就可以识别。CRC-16 适用于 4KB 数据帧的数据校验。RFID 系统传输的数据一般小于 4KB，因此除 CRC-16 外，还可以采用 CRC-12。

CRC-12：　　　　　$G(X) = x^{12} + x^{11} + x^3 + x^2 + x + 1$

CRC-16：　　　　　$G(X) = x^{16} + x^{15} + x^2 + 1$

2.4.2　防碰撞算法

正常情况下，RFID 系统的每个读写器每个时刻只能与一个位于其射频场中的电子标签进行通信，否则就会发生通信冲突和数据干扰。然而 RFID 系统中经常会出现并非一个读写器对应一个电子标签的情况，包括单读写器读写多个电子标签、多读写器读写多个电子标签和多读写器读写单个

< 30 >

电子标签等。此时读写器与电子标签之间的通信就会发生碰撞。为了防止这些碰撞的发生，需要在 RFID 系统中设置相关的命令或机制，这些命令或机制称为防碰撞算法，也称为防冲突算法。

在无线通信技术中，无线通信冲突是长久以来一直存在的问题。解决无线通信冲突的方法有 4 种：空分多址（Space Division Multiple Access，SDMA）、频分多址（Frequency Division Multiple Access，FDMA）、码分多址（Code Division Multiple Access，CDMA）和时分多址（Time Division Multiple Access，TDMA）。

1．SDMA

SDMA 是基于空间分隔信道，即通过占用不同空间的传输介质来进行分割，以构成不同信道。在卫星通信中，一颗卫星上使用多个天线，各天线的波束分别射向地球表面的不同区域；在有线通信中，电缆中的不同线对或者一根光缆中的不同光纤构成互不干扰的通信信道。它们采用的都是 SDMA。

RFID 系统可以通过控制自适应定向天线的方向图直接对准某个电子标签，不同的电子标签根据它在读写器作用范围内的角度位置来区分。可以利用相控阵天线作为电子控制定向天线。由于天线的结构尺寸过大，RFID 使用的自适应 SDMA 只有在频率大于 850MHz（典型频率为 2.45GHz）时才能使用，而且天线系统非常复杂，价格昂贵，因此只限于一些特殊的应用。

2．FDMA

FDMA 是利用不同的载波频率来形成不同的子信道，每个子信道可以单独传送一路信号。

RFID 系统可以在同一个读写器中设置低频、高频、微波等不同频段的射频接口，分别读写对应频段的电子标签而互不干扰。此种读写器一般造价较高，仅用于少数特殊的场合。

3．CDMA

CDMA 不同于 SDMA、FDMA 和 TDMA，它既能共享信道的空间，也能共享信道的频率和时间，从频域或时域看，多个 CDMA 信号是互相重叠的。CDMA 的原理是不同用户传输信息所用的信号用各自不同的编码序列来区分。CDMA 的通信频带和技术复杂性使其在 RFID 系统中难以应用。

4．TDMA

TDMA 是将整个传输时间分为许多时隙（Time Slot，TS），传送多路信号时每个时隙被一路信号占用，信道上每一时刻只有一路信号存在。假设有三个电子标签均要向读写器发送数据，如图 2.15 所示，电子标签 1 中的数据为 A' 和 A，电子标签 2 中的数据为 B' 和 B，电子标签 3 中的数据为 C' 和 C，则三个电子标签的数据分别在不同的时隙发送，比如以 A'、B'、C'、A、B、C 的顺序发送，以此避免三者的冲突。TDMA 特别适合数字通信系统。

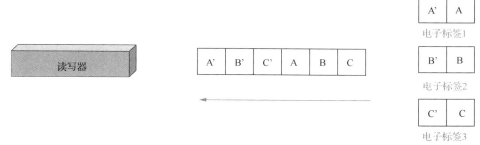

图 2.15　TMDA 原理示意

< 31 >

RFID 系统中的防碰撞算法基本上都基于 TDMA。

读写器与电子标签使用 TDMA 防碰撞时需要一套协调机制。下面介绍常见的 TDMA 防碰撞算法。

微课视频

（1）ALOHA 算法

ALOHA 算法是一种基于 TDMA 的简单算法，是随机接入算法的一种，该算法被广泛应用在 RFID 系统中。

在纯 ALOHA 算法中，电子标签一旦进入读写器的作用区域就自动向读写器发送其识别信号，读写器收到电子标签的信号后即开始双方的通信过程。若有其他电子标签也在发送数据，则发生数据重叠，导致完全冲突或部分冲突，如图 2.16 所示。若读写器检测到了冲突，读写器就发送命令让电子标签等待一段时间后再重新发送信号以减少冲突。

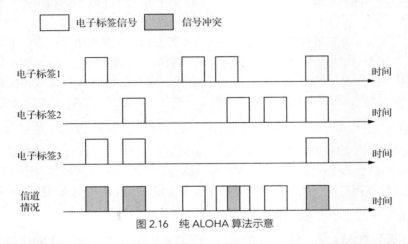

图 2.16　纯 ALOHA 算法示意

当电子标签要发送数据时，它可以在任意时刻随机发送，不需要与其他电子标签同步，因此纯 ALOHA 算法实现起来比较简单。但因为信道利用率仅有 18.4%，所以该算法只在电子标签数量较少且为只读电子标签的情况下使用。

时隙 ALOHA 算法和动态时隙 ALOHA 算法在纯 ALOHA 算法的基础上进行了改进，从而降低了冲突的概率、提高了系统性能。此处不再详细阐述。

（2）二进制树型搜索算法

ALOHA 算法是基于概率的防碰撞算法，有可能读写器通过一次请求就成功地选出唯一的电子标签，但在极端情况下也有可能经过多轮循环仍然无法成功防冲突。因此人们提出了二进制树型搜索算法。

二进制树型搜索算法的基本思想是将冲突的电子标签分成左右两个子集 0 和 1，先查询子集 0，若没有冲突，则正确识别电子标签，若仍有冲突，则再分裂，把子集 0 分成子集 00 和 01，以此类推，直到识别出子集 0 中的所有标签，然后以相同方法查询子集 1。

二进制树型搜索算法基于读写器对电子标签的轮询，按照二进制树和一定的顺序对所有的可能进行遍历，因此它不是基于概率的算法，而是一种确定性的防碰撞算法，即它一定能从读写器的天线磁场中选择出唯一的电子标签并与其通信。

实现二进制树型搜索算法的前提是参与防碰撞循环的电子标签都有唯一的序列号。当多个电子标签同时向读写器发送其序列号时，在某一位上，有的电子标签发送 0，其他电子标签则发送 1，从而产生冲突。而读写器能够检测到发生冲突的位，并在下一次轮循中添加限制条件，指定在冲

< 32 >

突位上符合限定条件的电子标签应答，在冲突位上不符合限定条件的电子标签不应答。依次循环往复，最终选出唯一的电子标签。

📁 知识贴士

基于帧的时隙 ALOHA 算法的 Matlab 实现与性能分析

```
N1=8;N2=4;N3=3;N4=2;N5=1;
p=0:0.01:1;
Throughput1=N1*p.*(1-p).^(N1-1);
Throughput2=N2*p.*(1-p).^(N2-1);
Throughput3=N3*p.*(1-p).^(N3-1);
Throughput4=N4*p.*(1-p).^(N4-1);
Throughput5=N5*p.*(1-p).^(N5-1);
figure
plot(p,Throughput1,p,Throughput2,p,Throughput2,p,Throughput3,p,
Throughput4,p,Throughput5);
xlabel('发送数据的时间')
ylabel('信道空闲的时间')
title('基于帧的时隙 ALOHA(FSA)算法')
legend('N=8','N=4','N=3','N=2','N=1')
k=1:40;
n=1./k;
Throughput=k.*(n.*(1-n).^(k-1));
figure
plot(k,Throughput)
xlabel('发送数据的时间')
ylabel('信道空闲的时间')
title('基于帧的时隙 ALOHA(FSA)算法')
```

二进制树型搜索算法的关键是读写器能够检测到多个电子标签的冲突位，这就要求电子标签在应答时使用有利于检测冲突位的编码方式。在 2.2 节介绍的编码方式中，曼彻斯特编码和 FM0 编码都很适合用于防碰撞。

二进制树型搜索算法的工作流程包括以下 6 个步骤。

① 读写器广播发送最大序列号查询前缀 Q（每位全为 1），让其作用区域内的电子标签响应，同一时刻传输所有电子标签的序列号至读写器。

② 读写器对比电子标签响应的序列号的相同位上的数，如果出现不一致的现象（即有的序列

< 33 >

号该位为 0，而有的序列号该位为 1），则判断有冲突。

③ 确定有冲突后，把 Q 中不一致位的最高位置 0，后续位全部置 1，再输出查询前缀 Q，依次排除序列号大于 Q 的电子标签。

④ 识别出序列号最小的电子标签后，选中该电子标签，对其进行数据操作，然后使其进入"静默"状态，即对读写器发送的查询命令不进行响应。

⑤ 重复步骤①～④，选出下一个电子标签进行操作。

⑥ 多次循环后完成所有电子标签的识别和操作。

例 2-4 设有 4 个电子标签 A、B、C、D，其序列号分别为 10110010、10100011、10110011、11100011，分析其二进制树型搜索算法实现过程。

解 其二进制树型搜索算法实现过程见表 2.1。

表 2.1　二进制树型搜索算法的实现过程

序号	查询前缀 Q	标签 A	标签 B	标签 C	标签 D	读写器的响应
1	11111111	10110010	10100011	10110011	11100011	1X1X001X
2	10111111	10110010	10100011	10110011	—	101X001X
3	10101111	—	10100011 操作后静默	—	—	10100011
4	11111111	10110010	—	10110011	11100011	1X1X001X
5	10111111	10110010	—	10110011	—	1011001X
6	10110010	10110010 操作后静默	—	—	—	10110010
7	11111111	—	—	10110011	11100011	1X1X0011
8	10111111	—	—	10110011 操作后静默	—	10110011
9	11111111	—	—	—	11100011 操作后结束	11100011

2.5 数据的安全性

RFID 系统是一个开放的无线通信系统，其安全性问题比较显著。为了抵抗某些非法攻击对数据的非授权访问，以及防止 RFID 系统的数据被跟踪、窃听和恶意篡改，必须采取有效措施保障数据的有效性和隐私性，从而保证数据的安全性。

2.5.1　RFID 系统安全需求

一个理想的 RFID 系统的安全需求是多方面的，一般至少有以下几项。

（1）机密性。RFID 系统中的读写器与电子标签之间的通信数据应该保密，不应向任何未被授权的第三方泄露任何敏感信息。

（2）真实性。RFID 系统中通信的双方应该确信对方是真正合法的对话方，能够采取可靠的机制进行相互的身份认证。

< 34 >

（3）完整性。读写器与电子标签所接收的对方信息应该是正确完整的，系统应该能防止并识别信息在传输过程中被攻击者篡改或替换。

（4）可用性。RFID 系统采用的安全措施应该方案可靠、运行节能、算法易于实现、成本低，便于在 RFID 系统中大规模推广应用。

2.5.2　RFID 系统认证技术

在 RFID 系统中，认证技术要解决读写器与电子标签之间的互相认证问题：电子标签应确认读写器的身份，防止存储数据被未授权读出或重写；读写器也应确认电子标签的身份，以防止读入假冒和伪造数据。

RFID 系统常采用 ISO/IEC 9798-2 标准中规定的 3 次认证方式，这是一种基于共享密钥的认证协议。3 次认证的过程如图 2.17 所示。

图 2.17　3 次认证的过程

3 次认证步骤如下。

（1）读写器发送获取口令的命令给电子标签，电子标签收到命令后产生一个随机数 R_B，传送给读写器。

（2）读写器收到随机数 R_B 后，产生一个随机数 R_A，并使用共享的密钥 k 和加密算法 E_k 对 R_A 及 R_B 进行运算，得到加密数据块 TOKEN AB，并将 TOKEN AB 传送给电子标签。

$$\text{TOKEN AB} = E_k\left(R_A,\ R_B\right) \tag{2-8}$$

（3）电子标签接收到 TOKEN AB 后进行解密运算，得到随机数 R_A 和 R_B'，然后将 R_B' 与先前向读写器发送的随机数 R_B 进行比较，若一致，则读写器确认电子标签的身份。

（4）电子标签发送另一个加密数据块 TOKEN BA 给读写器。

$$\text{TOKEN BA} = E_k\left(R_{B1},\ R_A\right) \tag{2-9}$$

式（2-9）中，R_{B1} 为电子标签产生的另一个随机数。

（5）读写器接收到 TOKEN BA 后对其解密，若解密得到的随机数 R_A' 与读写器原先发送的随机数 R_A 相同，则完成了读写器对电子标签的认证。

上述 3 次认证方法有一个缺点，即所有属于同一应用的电子标签都是使用相同的密钥 k 保护的。这种情况对于具有大量电子标签（如城市公交一卡通）的应用来说，是一种潜在的风险。由于这些电子标签分布在众多使用者手中，因而必须考虑电子标签的密钥被破解的可能。如果发生了这种情况，则整个认证过程将被完全公开，且改变密钥的代价会非常大，实现起来也会很困难。

为此，需要对 3 次认证过程进行改进，改进的主要思路是对每个电子标签使用不同的密钥来保护。由于电子标签一般都有全球唯一的识别码，即用户身份标识（User Identification，UID），因此可以将电子标签的 UID 及原来的主控密钥作为参数进行某种加密计算，并将计算结果作为该

< 35 >

电子标签的保护密钥。这样，每个电子标签都拥有了一个与自己的 UID 和主控密钥相关的专用密钥，即使同一应用中的部分电子标签被破解，也不影响其他电子标签的安全性。

2.5.3 密钥管理

1．电子标签中的密钥

为了阻止对电子标签进行未经许可的访问，人们采用了各种方法。最简单的方法是口令的匹配检查，电子标签将收到的口令与存储的基准口令比较，如果一致，就允许访问数据存储器。更为安全的措施是读写器和电子标签相互认证。

具有密钥的电子标签除数据存储区外，还包含存储密钥的附加存储区。出于安全考虑，密钥在电子标签生产时被写入附加存储区，且不能被读出。

在电子标签中，密钥可能不止一个，按其功能可分为分级密钥和存储区分页密钥。

（1）分级密钥

分级密钥是电子标签中存有的两个或两个以上具有不同等级访问权限的密钥。例如，密钥 A 仅可读取存储区中的数据，而密钥 B 对存储区可以读写。如果读写器 A 只有密钥 A，则在认证后它仅可读取电子标签中的数据，但不能写入；而读写器 B 如果具有密钥 B，则认证后可对存储区进行读写。

分级密钥可用于很多场合。例如，公交车上的读写器仅具有扣款功能，而公交卡发售处的读写器具有充值功能。

（2）存储区分页密钥

很多应用需要将电子标签的存储区分页，即将存储区分为若干独立的段，不同的段用以存储不同的应用数据。在这些应用中，对各个分页的访问需要用该分页的密钥认证后才能进行，即各个分页都用单独的密钥保护。

采用存储区分页密钥时，电子标签一般应有较大的存储区。此外，分页空间的大小是一个必须仔细考虑的问题。固定大小的分页空间往往利用率不高，会浪费一些宝贵的资源；可变长分页空间可以提高利用率，但在包含状态机的电子标签中较难实现，因而也很少采用。

2．密钥的分层管理结构

为了保证可靠的总体安全性，密钥采用分层管理体系，如图 2.18 所示。

图 2.18　密钥分层管理体系

初级密钥用来保护数据，即对数据进行加密和解密；二级密钥是用于加密保护初级密钥的密钥；主密钥则用于保护二级密钥。这种方法将对系统的所有秘密的保护转化为对主密钥的保护。主密钥永远不可能脱离存储设备，或以明文的形式出现在存储设备之外。

< 36 >

习题

1. RFID 系统的通信模型是什么？简述这个模型的组成。

2. 简述信道带宽、数据传输速率、信道容量的概念，说明波特率与比特率的不同，说明信道容量和信噪比与带宽的关系。

3. 什么是信源编码、信道编码和加密编码？在数字通信系统中它们各有什么作用？

4. 数据编码技术可以分为哪几类？RFID 系统中选择信源编码的主要考虑因素是什么？RFID 系统中常用的信源编码方式有哪些？

5. 分别用不归零编码、曼彻斯特编码、FM0 编码、米勒码、修正的米勒码和二进制脉冲宽度编码为数据 1001110011 编码。修正的米勒码和二进制脉冲宽度编码起始电平为高电平，其余编码的起始电平均为低电平。

6. 调制的目的是什么？简述将基带信号调制为频带信号的过程。

7. 什么是载波？数字调制解调的方法有哪几种？RFID 系统通常采用哪种调制方式？

8. 分别给出 ASK、FSK 和 PSK 的函数表达式，说明它们各自的物理意义，并分别绘制出它们对应的时间波形。

9. 什么是副载波调制？绘制出采用 ASK 的副载波调制波形，并说明其在 RFID 系统中的应用。

10. RFID 系统中常用的数据完整性校验方法有哪些？

11. RFID 系统的安全风险因素主要有哪些？防范主动攻击和被动攻击的主要措施是什么？

12. 叙述 RFID 系统中 3 次认证的过程。

13. 比较 ALOHA 算法和二进制树型搜索算法的异同。

14. 有 4 个电子标签的 UID 分别为 0x32、0x32、0x2A、0x2B，使用二进制树型搜索算法进行防碰撞操作。请叙述防碰撞过程。

< 37 >

第 *3* 章 RFID 无线通信技术

　　RFID 系统中读写器与电子标签之间的通信本质上是无线电信息传输，通信双方将需要交换的数据调制在某一频率的载波上，并通过各自的天线进行已调信号的发送和接收。天线是无线电通信不可缺少的组成部分，只有通过天线才能实现电磁波的发射和接收。RFID 技术中不仅利用天线实现读写器与电子标签之间数据的收发，而且在无源 RFID 系统和半有源 RFID 系统中，电子标签所需能量也要通过天线来获取。

　　本章将介绍 RFID 系统中的无线电和天线相关基础知识。

3.1　电磁波技术

　　无线电波是在自由空间（包括空气和真空）传播的电磁波。射频是一种高频交流变化电磁波的简称，频率范围为 3kHz～300GHz。

3.1.1　电磁波的基本原理

微课视频

　　按照麦克斯韦的电磁场理论，时变的电场会引发磁场，时变的磁场也会引发电场。电磁场的场源随时间变化时，其电场与磁场互相激励导致电磁场的运动而形成电磁波，如图 3.1 所示。电磁场的特性通常用电场强度 E 及磁场强度 H 表示。电磁波的电场方向、磁场方向、传播方向三者互相垂直，因此电磁波是横波。电磁波是以波动的形式传播的电磁场，具有波粒二象性，其粒子形态称为光子。

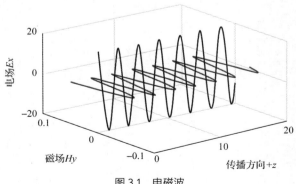

图 3.1　电磁波

一定频率范围的电磁波可以被人眼所看见，称为可见光，或简称为光，太阳光是电磁波的一种可见的辐射形态。电磁波不依靠介质传播。

假设电磁波沿+z 方向传播，电场只有 x 分量。由于磁场方向与电场方向相垂直，所以磁场只有 y 分量。则沿+z 方向传播的电场可表示为

$$E_x = E_m\cos(\omega t - kz) \tag{3-1}$$

式（3-1）中，ω 为角频率，k 为相位常数。

$$\omega = 2\pi f \tag{3-2}$$
$$k = \omega\sqrt{\mu\varepsilon} = 2\pi / \lambda \tag{3-3}$$

式（3-3）中，μ 是传播介质的磁导率，ε 是传播介质的介电常数。因此在固定的某一传播介质中 k 为常数。

磁场的时空变化与电场的时空变化相同，只是幅值相差一个因子η，该因子称为波阻抗或本征阻抗。

$$\eta = \frac{E_x}{H_y} = \sqrt{\frac{\mu}{\varepsilon}} \tag{3-4}$$

$$H_y = \eta E_m\cos(\omega t - kz) \tag{3-5}$$

波长λ是指波在一个传播周期内传播的距离。也就是沿着波的传播方向，相邻两个相位相差 2π 的点的距离。波长λ等于波速和周期的乘积，同一频率的波在不同介质中以不同速度传播，所以波长也不同。

在真空中，电磁波的传播速度等于光速，即约为$3\times10^8\,\mathrm{m/s}$。电磁波在空气中的传播速度比在真空中小，但相差很小，一般认为电磁波在空气中的传播速度也是$3\times10^8\,\mathrm{m/s}$。在 RFID 技术中，电子标签和读写器之间的介质一般为空气。此时，电磁波波长和频率之间的关系为

$$\lambda = cT = c/f \tag{3-6}$$

式（3-6）中，c 为电磁波在真空中的光速。

由式（3-6）可以看出，电磁波的波长和频率成反比，波长越长，频率越低。

📇 知识贴士

电磁波、无线电波和声波的区别

电磁波：由同相且互相垂直的电场与磁场在空间中衍生发射的振荡粒子波，是以波动的形式传播的电磁场，具有波粒二象性。电磁波也叫 TEM 波（Transverse Electric and Magnetic Field，横电磁波场，简称 TEM 波），是指电磁波的电场和磁场都在垂直于传播方向的平面上，是横波。

无线电波：电磁波的一种，是指在所有自由空间（包括空气和真空）传播的电磁波。

声波：发声体产生的振动，在空气或其他物质中传播。声波的传播必须依赖传播介质。声波包含横波、纵波、表面波。频率低于 20Hz 的声波称为次声波，次声波传播距离远、能够绕过障碍物，具有极强的穿透力。次声波对人体有害。次声波可用来预测台风、火山爆发、雷暴等自然灾害，可探测沙尘暴、龙卷风的性质和规律。人耳能听到的声波频率为 20Hz～20kHz，频率高于 20kHz 的声波称为超声波。超声波在无损探伤、洁牙等领域有非常广泛的应用。

3.1.2　电磁波频率

读写器与电子标签之间的无线通信多使用正弦波作为载波，载波频率是 RFID 系统最重要的

< 39 >

参数之一，直接影响 RFID 系统的工作距离、耦合方式、数据传输速率等性能指标。电磁波按照工作频率从低到高可以划分为不同的频段，各频段传输特性不同。

电磁波频谱划分有多种方式，目前较为通用的是 IEEE（Institute of Electrical and Electronics Engineers，电气电子工程师学会）的划分方式，见表 3.1。

表 3.1　IEEE 划分的电磁波频谱

频段名称	频率	波段名称	波长
ELF（极低频）	3Hz～30Hz	极长波	100000km～10000km
SLF（超低频）	30Hz～300Hz	超长波	10000 km～1000km
ULF（特低频）	300Hz～3000Hz	特长波	1000 km～100km
VLF（甚低频）	3kHz～30kHz	甚长波	100 km～10km
LF（低频）	30kHz～300kHz	长波	10 km～1km
MF（中频）	300kHz～3000kHz	中波	1000m～100m
HF（高频）	3MHz～30MHz	短波	100m～10m
VHF（甚高频）	30MHz～300MHz	超短波	10m～1m
UHF（特高频）	300MHz～3000MHz	分米波	100cm～10cm
SHF（超高频）	3GHz～30GHz	厘米波	10cm～1cm
EHF（极高频）	30GHz～300GHz	毫米波	10mm～1mm

📑 知识贴士

（1）超长波电台工作在超长波波段，发射的超长波波长为 10000km～1000km。超长波主要用于海岸、潜艇远距离通信，以及超远距离导航。超长波可以穿透海水，而且能量损耗较少。它受核爆炸和大气干扰小，信号稳定，传播远达数万公里，是指挥潜艇和舰船远航的关键设施。

（2）5G 通信系统使用两个频段：FR1 通常被称为 Sub-6GHz 频段（410MHz～7125MHz），FR2 通常被称为毫米波频段（24250MHz～52600MHz）。由于频段高，毫米波传输比 Sub-6GHz 快很多，传播范围比 Sub-6GHz 小很多。毫米波适合在车站、机场、体育场这些同一区域、同一时间有大量用户的场景使用，而 Sub-6GHz 适合在距离远且空旷的场合使用。

无线电资源属于国家所有，使用无线电资源需进行审批。但每个国家都预留了 ISM（Industrial Scientific Medical，工业、科学和医学）频段。ISM 频段是开放给工业、科学和医疗三个主要行业使用的频段，无须授权，但是对使用的功率有所限制，使得收发双方的信号传送距离较短，这样就可以让尽可能多的用户同时使用同一频段，并避免对其他频段产生干扰。主要的 ISM 频段见表 3.2。

表 3.2　主要的 ISM 频段

频段范围	中心频率	可行性
6.765MHz～6.795MHz	6.78MHz	取决于当地
13.553MHz～13.567MHz	13.56MHz	全世界通用
26.957MHz～27.283MHz	27.12MHz	全世界通用
40.66MHz～40.7MHz	40.68MHz	全世界通用

< 40 >

续表

频段范围	中心频率	可行性
433.05MHz～434.79MHz	433.92MHz	仅限于第 1 区，取决于当地
902MHz～928MHz	915MHz	仅限于第 2 区（有例外）
2.4GHz～2.5GHz	2.45GHz	全世界通用
5.725GHz～5.875GHz	5.8GHz	全世界通用
24GHz～24.25GHz	24.125GHz	全世界通用

有些 ISM 频段在全世界通用，而有些 ISM 频段仅在世界上的某些地区使用。为划分无线电频率，国际电信联盟将世界划分为 3 个区。中国位于第 3 区。很多无线电设备都使用了 ISM 频段，如蓝牙设备、Wi-Fi 设备、微波炉、门禁系统等。

当前 RFID 技术主要使用了低频（LF，30kHz～300kHz）、高频（HF，3MHz～30MHz）和特高频（UHF，300MHz～3000MHz）3 个频段。另外，SHF 频段的 5.8GHz 也有使用。

3.1.3　电磁波的特性

1．自由空间的传输损耗

自由空间是理想介质，电磁能量不存在吸收损耗。自由空间的传输损耗是指电磁波在传播过程中，随着传播距离的增大，能量的自然扩散引起的损耗。自由空间的传输损耗（单位：dB）可表示为

$$L_{bf} = 32.45 + 20\lg f\,(\text{MHz}) + 20\lg d\,(\text{km}) \tag{3-7}$$

式（3-7）中，d 为电波传播距离，f 为电磁波频率。

从式（3-7）可以看出，电磁波的工作频率越高，电子标签和读写器之间的距离越大，自由空间的传输损耗越大。

2．电磁波的传播机制

RFID 电磁波的传播存在直射、反射、绕射和散射等多种情况。

直射是指电磁波在自由空间传播，没有任何障碍物。

反射是指电磁波照射到比载波波长大的平面物体，反射出来的电磁波再被无线通信接收机的天线接收。在此过程中也会有一部分电磁波穿透该物体。例如，在室内接收室外天线发射的电磁波，有很大一部分电磁波是穿透墙体后进入室内的。

绕射是指当接收机和发射机之间的无线传播路径被较为尖利的边缘阻挡时，电磁波从该物体的边缘绕过去。这种电磁波绕过传播路径上障碍物的现象称为绕射。电磁波波长与障碍物尺寸比值越大，绕射能力越强。

当障碍物的尺寸小于电磁波波长，且单位体积内障碍物的个数非常多时，电磁波会在障碍物表面发生散射。散射常发生在粗糙表面、小物体或其他不规则物体的表面。

3．金属对电磁波传播的影响

金属导体会在很大程度上阻碍电磁波的传播，这是因为金属导体会在电磁波的作用下产生电涡流。电涡流效应是指块状金属导体置于变化磁场中或在磁场中切割磁力线时，块状金属导体内将会产生旋涡状的感应电流。此处，块状金属导体是指有一定表面积的金属导体。电涡流在金属

< 41 >

导体中的贯穿深度 h 可由式（3-8）计算。

$$h = \sqrt{\frac{\rho}{\pi \mu_0 \mu_r f}} \tag{3-8}$$

式（3-8）中，μ_0 是真空的磁导率，μ_r 为金属导体的相对磁导率，ρ 为金属导体的电阻率，f 为磁场频率。

从式（3-8）中可以看出，磁场频率越高，贯穿深度就越小。当磁场的频率较高（超过 100kHz）时，电涡流只集中于金属导体的表面，而不是均匀分布于导体内部，这种现象称为电涡流的集肤效应。例如，当频率为 125kHz 的电磁波作用于 5mm 厚的 304 不锈钢材料（ρ =0.73 $\Omega \cdot m$，μ_r =1000，$\mu_0 = 4\pi \times 10^{-7} H/m$）时，可计算得到贯穿深度约为 0.384mm，即电磁波很难穿透该材料。

当电磁波 H_1 作用于块状金属导体，导致块状金属导体表面产生电涡流时，电涡流也会引发一个新的交变磁场 H_2，H_2 会削弱原 H_1 磁场。因此金属会严重阻碍电磁波的传播。

📑 知识贴士

为什么电磁炉必须搭配铁磁性材料的锅具而微波炉不能用金属容器？

电磁炉工作时，加热线圈中通入交变电流，线圈周围便产生一个交变磁场，交变磁场的磁力线穿透陶瓷台板而作用于铁磁性锅底，在锅底产生大量涡流，涡流克服锅底内阻，从而产生烹饪所需热量。陶瓷等锅底无法在磁场作用下产生涡流，故不能使用。

微波炉里不能放入金属容器主要有两个原因：一是金属会反射微波，微波反射回磁控管容易使磁控管损坏，也会影响食物的加热效率；二是金属在微波的作用下，不同的部位会有电势差，当电势差大到一定程度时会产生电火花（尖锐部位尤其明显），严重时会引起燃烧甚至爆炸。

3.2 天线技术

在无线电设备中，用来辐射和接收无线电波的装置称为天线。天线是能够有效地将电磁波辐射到空间中特定方向或者有效地接收来自空间中特定方向的电磁波的设备，为发射机或接收机与传播无线电波的介质提供所需的耦合。

由发射机产生的高频振荡能量经过传输线（也称馈线）传送到发射天线，然后由发射天线转变为电磁波能量，向预定方向辐射。电磁波通过传播介质到达接收天线后，接收天线将接收的电磁波能量转变为导行电磁波，然后通过馈线送到接收机，完成无线电波传输的过程。

天线技术是决定 RFID 系统性能的关键技术之一。RFID 天线可以分为低频天线、高频天线和微波天线，每个频段的天线又分为读写器天线和电子标签天线，不同频段天线结构、工作原理、设计方法和应用方式都有很大的差异，导致 RFID 天线种类繁多，应用也各不相同。

按照不同的标准，天线有多种分类方法。

（1）按工作性质，天线可分为发射天线和接收天线。

（2）按方向性，天线可分为全向天线和定向天线等。

（3）按工作波长，天线可分为超长波天线、长波天线、中波天线、短波天线、超短波天线、微波天线等。

（4）按结构形式和工作原理，天线可分为线状天线、面状天线、缝隙天线和微带天线。

< 42 >

3.2.1 天线的基本参数

1．方向图

天线的方向性指天线向各方向辐射或接收电磁波相对强度的特性。一般用天线的方向图来表示天线的方向性。天线的方向图显示该辐射区域中辐射场的角度分布，图 3.2 所示为花瓣状的天线方向图。

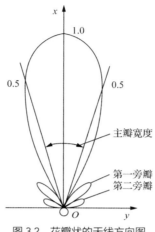

图 3.2　花瓣状的天线方向图

2．主瓣宽度

实际天线的方向图通常有多个波瓣，包括主瓣和多个旁瓣。其中，大部分的能量都集中于主瓣中。主瓣宽度又称半功率波瓣宽度或 3dB 波瓣宽度，是指主瓣最大值两侧场强等于最大值的 0.707 倍（即最大功率密度下降一半）的两个辐射方向之间的夹角。

3．增益

天线通常是无源元件，它并不放大电磁信号。天线增益是指在输入功率相等的条件下， 实际天线与理想的辐射单元在空间同一点处所产生的信号的功率密度之比。它定量地描述一个天线把输入功率集中辐射的程度。

天线增益与天线方向图有密切的关系，方向图主瓣越窄，旁瓣越小，增益越高。天线增益用来衡量天线朝一个特定方向收发信号的能力，它是选择天线所参考的重要参数之一。相同的条件下，增益越高，电磁波传播得越远。

4．阻抗

天线作为一个单端口元件，要求与相连接的馈线阻抗匹配。天线的馈线上要尽可能传输行波，使从馈线入射到天线上的能量不被天线反射，而是尽可能多地辐射出去。天线与馈线、接收机、发射机的匹配或最佳贯通，是天线工程最关心的问题之一。

天线和馈线的连接处称为天线的输入端或馈电点。对于线状天线来说，天线输入端的电压与电流的比值称为天线的输入阻抗。对于面状天线，则常用馈线驻波比来表示天线的阻抗特性。天线的输入阻抗与天线的几何形状、尺寸、输入端位置、工作波长和环境等因素有关，一般为复数。

研究天线阻抗的主要目的是实现天线和馈线间的阻抗匹配。发射信号时应使发射天线的输入

< 43 >

阻抗与馈线的特性阻抗相等，以获得最高的天线辐射效率。接收信号时天线的输入阻抗应该等于负载阻抗的共轭复数。通常，接收机具有实数阻抗，当天线的阻抗为复数时，需要用匹配网络来除去天线的电抗部分，并使它们的电阻部分相等。

当天线与馈线匹配时，由发射机向天线或由天线向接收机传输的功率最大，这时在馈线上不会出现反射波，反射系数等于 0，驻波系数等于 1。对于发射天线来说，若匹配不好，则天线的辐射功率就会减小，馈线上的损耗会增大，馈线的功率容量也会下降，严重时还会出现发射机频率"牵引"现象，即振荡频率发生变化。

5．驻波比

驻波比（Standing Wave Ratio，SWR）用来表示馈线与天线之间的匹配情况。在无线通信中，如果天线与馈线的阻抗不匹配，高频能量就会在天线上产生反射波，反射波和入射波相互干扰、汇合产生驻波。

在入射波和反射波相位相同的地方，电压幅值相加为最大电压幅值，形成波腹；在入射波和反射波相位相反的地方，电压幅值相减为最小电压幅值，形成波谷。其他各点的幅值则介于波腹与波谷之间。驻波比是驻波波腹处的电压幅值与波谷处的电压幅值之比。

若 SWR 等于 1，则表示发射机传输给天线的电磁波没有任何反射，全部发射出去，这是最理想的情况；若 SWR 大于 1，则表示有一部分电磁波被反射回来，最终变成热量消耗掉；若 SWR 为无穷大，则表示电磁波被全反射回来，能量完全没有辐射出去。

6．频率范围

无论是发射天线还是接收天线，它们总是在一定的频率范围（频带宽度）内工作的。天线的频带宽度是指天线增益下降 3dB 范围内的频带宽度。在工作频带宽度内的各个频率点上，天线性能是有差异的，但这种差异造成的性能下降是可以接受的。

7．极化

微课视频

天线的极化是指天线辐射的电磁波空间指向随时间变化的现象。由于电场与磁场有恒定的关系，故一般都以电场矢量的空间指向作为天线辐射电磁波的极化方向，即该天线在最大辐射方向上的电场的空间取向。

当均匀平面波沿 +z 方向传播时，电场方向与传播方向相垂直，这时 E_x 和 E_y 都可以存在。则电场可表示为 $E = E_x + E_y = e_x E_{xm} \cos(\omega t + \varphi_x) + e_y E_{ym} \cos(\omega t + \varphi_y)$。$e_x$ 和 e_y 分别表示 x 方向和 y 方向的电动势。

当 E_x 和 E_y 的幅值和相位关系不同时，合成电场的矢量空间取向随时间变化方式也不同。根据电场强度的矢端轨迹特征，天线的极化分为线极化、圆极化和椭圆极化。

（1）线极化

当 E_x 和 E_y 相位相同或相差 π 时，电场强度的矢端轨迹为直线，称为线极化，如图 3.3（a）所示。

当 E_x 和 E_y 相位相同时，电场 $E = (e_x E_{xm} + e_y E_{ym}) \cos(\omega t + \varphi_x)$。

当 E_x 和 E_y 相位相差 π 时，电场 $E = (e_x E_{xm} - e_y E_{ym}) \cos(\omega t + \varphi_x)$。

（2）圆极化

当 E_x 和 E_y 幅值相同且相位相差 ±π / 2 时，电场强度的矢端轨迹为圆，称为圆极化，如图 3.3（b）所示。根据电场矢量与传播方向的螺旋关系，圆极化又分为右旋圆极化和左旋圆极化。电场矢量与传播方向成左手螺旋时为左旋极化，成右手螺旋时为右旋极化。

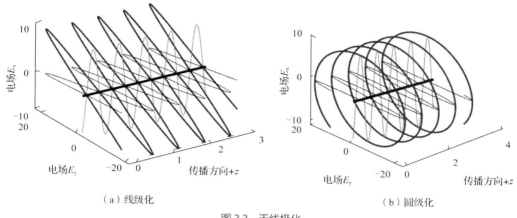

（a）线级化　　　　　　　　　　（b）圆级化

图 3.3　天线极化

（3）椭圆极化

　　当 E_x 和 E_y 幅值和相位差均不满足上述条件时，矢端轨迹为一个椭圆，称为椭圆极化。椭圆极化波的椭圆长短轴之比，称为轴比。当椭圆的轴比等于 1 时，椭圆极化波即圆极化波。当轴比为无穷时，电波的极化为线极化。根据电场旋转方向不同，椭圆极化和圆极化可分为右旋极化和左旋极化两种。沿波的传播方向看，电场矢量在截面内顺时针方向旋转称右旋极化，逆时针方向旋转称左旋极化。

　　只有接收天线的极化方向与所接收电磁波的极化方向一致才能感应出最大的信号。线极化方式对天线的方向要求较高，一般只用于电子标签和读写器的相对位置固定的场合。圆极化方式各个位置感应到的信号都是相同的，在 RFID 系统中常采用圆极化。需要注意的是，圆极化天线不能接收与其正交的电磁波，即左旋圆极化天线不能接收右旋圆极化电磁波，右旋圆极化天线不能接收左旋圆极化电磁波。

📋 知识贴士

基于 Matlab 的电磁波极化仿真

```
Exm=10;   %x 分量幅值
Eym=20;   %y 分量幅值
w=10;%角频率
z0=0;%起始位置
x=0:0.01:3;%x 轴坐标取样
m0=zeros(size(x));%与 x 轴坐标相同的 0 序列
Qx=0;   %x 分量初相角
Qy=0;   %y 分量初相角，改变 Qx 和 Qy 的相对值，可改变极化情况
figure
for t=0:100
    Ex=Exm*cos(w*x+w*t*1e-2+Qx);   %计算 x 分量幅值瞬时序列
    Ey=Eym*cos(w*x+w*t*1e-2+Qy);   %计算 y 分量幅值瞬时序列
    plot3(x,m0,m0,'black','lineWidth',3);%绘制参考轴线
    hold on
```

< 45 >

```
    plot3(x,m0,Ex,'m','lineWidth',0.5);%绘制 x 分量
    plot3(x,Ey,m0,'b','lineWidth',0.5);%绘制 y 分量
    plot3(x,Ey,Ex,'r','lineWidth',1.2);
    hold off
    xlabel('传播方向');    ylabel('电场 Ey');    zlabel('电场 Ex');
    set(gca,'fontsize',12)
end
end
```

8．天线的场区

射频信号加载到天线之后，天线将高频电流或导波转变为无线电波向周围空间辐射。通常可以根据观测点到天线的距离将天线场区划分为三个区域——无功近场区、辐射近场区和辐射远场区，如图 3.4 所示。其中，D 为天线直径，R_1 和 R_2 分别为无功近场区和辐射近场区的作用半径。

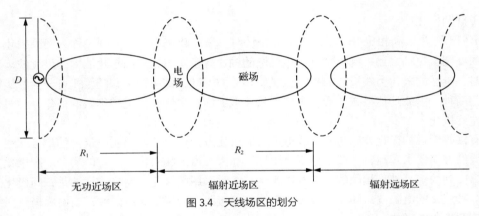

图 3.4　天线场区的划分

无功近场区是天线场区中紧邻天线的一个近场区。从物理概念上讲，无功近场区是一个储能场，其中的电场与磁场的转换类似变压器中的电场、磁场之间的转换。如果在其附近还有其他金属物体，这些物体会以类似电容、电感耦合的方式影响储能场。

越过无功近场区就到了辐射场区，辐射场区的电磁能脱离了天线的束缚，作为电磁波进入了空间。按照与天线距离的远近，辐射场区可以分为辐射近场区和辐射远场区。辐射近场区也被称为菲涅耳区。辐射远场区又称为夫琅禾费区。在该区域中，辐射场的角分布与距离无关。严格地讲，只有距离天线无穷远处才是天线的辐射远场区。但在某个距离上，辐射场的角度分布与无穷远时的角度分布误差在允许的范围以内，我们把该点至无穷远的区域称为辐射远场区。

3.2.2　RFID 天线选用

RFID 系统在不同的应用环境中使用不同的工作频率，需要采用不同的天线实现数据的无线交换。此外，同频率的读写器和电子标签的天线也有差异。RFID 系统可以采用的天线形式多种多样，用以满足不同的需求。

影响 RFID 天线性能的因素主要有天线类型、尺寸结构、材料特性、工作频率、频带宽度、极化方向、方向性、增益、主瓣宽度、阻抗和环境等，RFID 天线的应用需对上述因素加以权衡，

< 46 >

以取得最佳效果。

　　RFID 天线的应用要考虑以下问题。

　　（1）天线的大小。读写器天线的直径直接影响电子标签的工作距离，可以根据应用对工作距离的要求确定。电子标签天线一般尺寸较小，能够与电子标签芯片有机地结合成一体，并能够附着在其他物体表面或嵌入物体内部。

　　（2）天线的安装方式。读写器的天线可以与读写器集成在一起，也可以采用分离式结构。通常，远距离 RFID 系统的天线和读写器采取分离式结构，并通过阻抗匹配的同轴电缆连接在一起。电子标签天线一般与电子标签集成在一起。

　　（3）天线的频率与频带宽度。读写器和电子标签天线的频率及频带宽度要满足技术标准，要符合使用地区关于无线电频谱的规定。有些读写器要求多频段覆盖，而电子标签一般使用单一频率。天线的频带宽度与选择性往往互相矛盾，需要根据实际情况协调设计。

　　（4）天线的方向性。RFID 读写器的工作距离依赖于读写器和电子标签天线的方向性，一些应用需要电子标签具备特定的方向性。例如，全向或半球覆盖的方向性可满足零售商品跟踪等应用的需要。天线主瓣宽度越窄，天线的方向性越好，天线的增益越大，天线的作用距离就越远，抗干扰能力越强，但同时天线的覆盖范围也越小。

　　（5）天线的极化。不同的 RFID 系统采用的天线极化方式不同。有些应用可以采用线极化。例如，在流水线上电子标签的位置基本上是固定不变的，电子标签可以采用线极化天线；而在其他大多数场合，由于电子标签的位置是不可预知的，因而电子标签大多采用圆极化天线，以使RFID 系统对电子标签的位置敏感性降低。

　　（6）天线的阻抗。为了以最大功率传输信号，接收芯片的输入阻抗必须和天线的输出阻抗匹配。天线设计大多采用 $50\,\Omega$ 或 $75\,\Omega$ 的阻抗匹配，但是也存在其他情况。例如，一个缝隙天线可以设计成几百欧姆阻抗，印刷贴片天线的引出点能够提供 $40\,\Omega\sim100\,\Omega$ 的阻抗范围。发射端的阻抗匹配对功率传输影响极大，电感耦合的电子标签需要通过天线从读写器磁场获得能量，因此在读写器和电子标签的天线设计中需要考虑能量获取的方式与效率。

　　（7）天线的可靠性和稳健性。RFID 系统应用环境各异，需要能承受一定的温度、湿度和压力。尤其是电子标签的天线，在电子标签插入、印刷和层压处理中要保证较高的存活率。

　　（8）天线应用的灵活性。例如，电子标签有可能被用在高速移动的物体上，此时会有多普勒频移，天线的频率和带宽应当不影响整个 RFID 系统的正常工作。

　　（9）天线的成本。读写器天线成本通常对整个 RFID 系统影响较小，而电子标签作为物品的附属物，通常用量较大，其天线的成本直接影响电子标签的推广和使用范围。为降低成本，电子标签天线多采用铜、铝或导电油墨等材料。

　　（10）天线的工作环境。相较于工作环境的温度、湿度、压力等因素对 RFID 系统的物理影响，外部电磁干扰和天线周围的金属对 RFID 系统影响更为显著。金属对电磁波有衰减作用，金属表面对电磁波有反射作用，天线附近有金属的环境在天线设计与应用中必须加以考虑。将金属物体接地，或使用高导磁贴片将电子标签与金属隔离，可以降低金属对 RFID 系统读写性能的影响。

3.3　RFID 天线技术

　　在结构上，低频和高频 RFID 天线通常都是线圈式，故将二者归为一类，而将微波 RFID 天

< 47 >

线归为另一类。

3.3.1 低频和高频 RFID 天线技术

在低频频段和高频频段，读写器与电子标签天线基本上都采用线圈式，线圈之间存在互感，使一个线圈的能量和信号可以耦合到另一个线圈，形成电感耦合系统。

低频和高频 RFID 天线可以有多种不同的构成方式，并可以采用不同的材料。图 3.5 所示为几种低频和高频 RFID 天线。

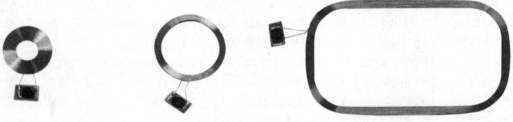

图 3.5 几种低频和高频 RFID 天线

低频和高频 RFID 天线有以下特点。

（1）天线都采用线圈式。

（2）线圈的形式多样，可以是圆形环，也可以是矩形环。

（3）天线的尺寸比芯片的尺寸大很多，整个电子标签的尺寸主要由天线决定。

（4）有些天线的基板是柔软的，适合粘贴在各种物体的表面。

（5）高频 RFID 天线的匝数比低频 RFID 天线少。

3.3.2 微波 RFID 天线技术

微波 RFID 天线与低频、高频 RFID 天线有本质上的不同，微波 RFID 天线由于工作频率较高，所以一般不采用线圈式，而采用电磁辐射的方式工作，读写器与电子标签之间的通信距离较远，一般超过 1m，典型值为 10m。微波 RFID 天线的形式多样，且电子标签通常体积较小，天线的小型化成为设计的重点。图 3.6 所示为几种微波 RFID 天线。

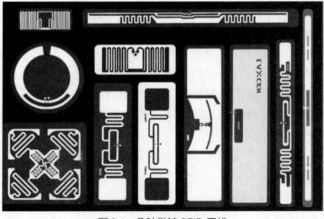

图 3.6 几种微波 RFID 天线

< 48 >

微波 RFID 天线的结构多种多样，设计和选用时需要考虑天线的材料、尺寸、工作距离、频带宽度、方向性和增益等。微波 RFID 天线常采用的类型有偶极子天线、微带天线、阵列天线和非频变天线等。

1. 偶极子天线

偶极子天线又称振子天线、对称振子。振子是天线上的元件，全称是天线振子，具有导向和放大电磁波的作用，使天线收到的电磁信号更强。

偶极子天线是在无线电通信中使用最早、结构最简单、应用最广泛的一类天线，它由一对对称放置的等长、等粗细导体构成，导体相互靠近的两端分别与馈线相连。常见的偶极子天线如图 3.7 所示。

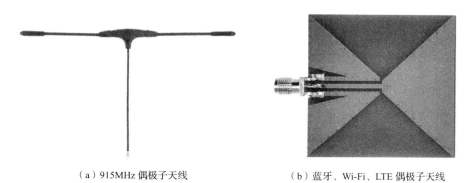

（a）915MHz 偶极子天线　　　　　　　　（b）蓝牙、Wi-Fi、LTE 偶极子天线

图 3.7　常见的偶极子天线

为了缩小天线尺寸，微波 RFID 天线中的偶极子天线常采用折叠结构，这样可使天线更加紧凑。如图 3.8（a）所示，折叠偶极子天线在延伸方向上至少折返一次，第一导体段向空间延伸，第二导体段与第一导体段垂直，第一导体段和第二导体段扩展成一个导体平面。

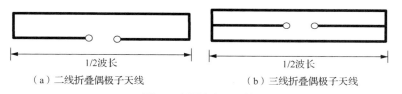

（a）二线折叠偶极子天线　　　　　　　　（b）三线折叠偶极子天线

图 3.8　折叠偶极子天线

2. 微带天线

微带天线有一个薄介质基片，一面附上金属薄层作为接地板，另一面是一定形状的金属贴片，利用微带线或同轴探针对贴片馈电。

微带天线分类如下。

按形状分类，可以分为矩形、圆形和环形微带天线等。

按工作原理分类，可以分为谐振型（驻波型）和非谐振型（行波型）微带天线。

按结构特征分类，可以分为微带贴片天线和微带缝隙天线，其中微带贴片天线又可以分为微带驻波贴片天线和微带行波贴片天线。

（1）微带驻波贴片天线。微带驻波贴片天线由介质基片、基片一面上任意平面几何形状的导电贴片和基片另一面上的接地板组成。微带驻波贴片天线的各种形状如图 3.9 所示。

< 49 >

（a）正方形　　（b）圆形　　（c）矩形　　　（d）椭圆形　　（e）圆环形　（f）五角星　（g）半圆形　　（h）三角形

图 3.9　微带驻波贴片天线的各种形状

（2）微带行波贴片天线。微带行波贴片天线由介质基片、介质基片一面上的链形周期结构或普通的长 TEM 波传输线和基片另一面上的接地板组成。TEM 波传输线的末端接匹配负载，当天线上维持行波时，可设计天线结构使主波束位于从边射到端射的任意方向。微带行波贴片天线的各种形状如图 3.10 所示。

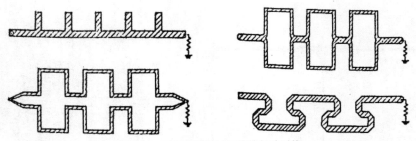

图 3.10　微带行波贴片天线的各种形状

（3）微带缝隙天线。微带缝隙天线由微带馈线和开在接地板上的缝隙组成。微带缝隙天线在接地板上刻出窗口，即缝隙，而在介质基片的另一面印刷出微带线对缝隙馈电，缝隙可以是矩形（宽的或窄的）、圆形或环形。微带缝隙天线的各种形状如图 3.11 所示。

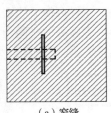 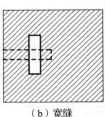 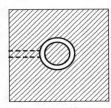 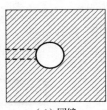

（a）窄缝　　　　　　（b）宽缝　　　　　　（c）环缝　　　　　　（d）圆缝

图 3.11　微带缝隙天线的各种形状

与普通天线相比，微带天线的主要优点如下。

（1）剖面薄、体积小、重量轻，易变形。

（2）适合用印刷电路板技术大量生产，成本低。

（3）易于与有源器件集成，构成有源集成天线。

（4）易于实现圆极化、多频段、双极化等。

与普通天线相比，微带天线的主要缺点如下。

（1）频带窄，相对带宽范围一般为 1%～5%。

（2）辐射区只限于半个平面。

（3）存在导体和介质损耗，并且会激励起表面波，导致辐射效率低。

（4）功率容量较小。

3．阵列天线

阵列天线是由不少于两个天线单元规则或随机排列，并通过适当激励获得预定辐射特性的天

< 50 >

线。就发射天线来说，阵列天线是将单个天线按照直线或者更复杂的形式排列，构成阵列形式的辐射源，并通过调整馈电电流、阵列间距、电长度等参数来获取最好的辐射方向性。

阵列天线的辐射场是组成该阵列天线的各单元辐射场的总和（矢量和）。由于各单元辐射场的位置和馈电电流的幅值和相位均可以独立调整，因此阵列天线具有多种功能，这些功能是单个天线所无法实现的。RFID 技术中常用的阵列天线有微带阵列天线和八木天线。

（1）微带阵列天线。将若干相同的单个微带天线按照一定规律排列，就构成了微带阵列天线。相较于单个的微带天线，微带阵列天线具有高增益、方向性易控制等优点。在设计和研究微带阵列天线时，需要综合考虑阵元的类型、数目、排列方式、阵元上激励电流的幅值和相位及连接阵元的馈电网络等，这些因素都会对天线的辐射特性产生影响。图 3.12 所示为一种 Ka 波段（频率范围为 26.5GHz～40GHz）微带阵列天线。

图 3.12　Ka 波段微带阵列天线

（2）八木天线。八木天线是一种寄生天线阵，只有一个阵元是直接馈电的，其他阵元都不是直接激励的，而是采用近场耦合从有源阵元获得激励。八木天线有很好的方向性，比偶极子天线增益高，实现了提高增益的目的。图 3.13 所示为 9 单元八木天线。八木天线的单元数可根据具体需求进行设计和选择，常见的为 5～18 单元。

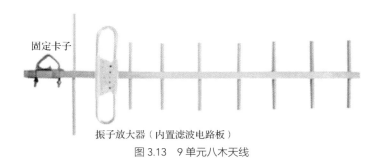

图 3.13　9 单元八木天线

4．非频变天线

现代通信常要求天线具有较宽的频带特性，非频变天线能在一个很宽的频率范围内保持天线的阻抗特性和方向性基本不变或稍有变化。

（1）非频变天线的原理及实现条件

天线的电性能主要取决于天线几何尺寸与其工作波长的比值，所以当天线几何尺寸一定时，

< 51 >

工作频率的变化将导致天线的各项性能也将随之改变。

非频变天线的设计基于此种原理，即若天线的各部分尺寸与工作频率按相同比例变化，则天线的特性将保持不变。实际非频变天线应尽可能满足两个条件。

① 角度条件。角度条件指天线的几何形状仅由角度确定，而与其他尺寸无关。要满足角度条件，天线结构需从中心点开始扩展到无限远。实际应用中，非频变天线的设计目标是近似满足角度条件。

② 终端效应弱。若天线上电流衰减得很快，则决定天线辐射特性的是载有较大电流的部分，而其延伸部分的作用很小，若将其截除，对天线的电性能也不会造成显著的影响。在这种情况下，有限长天线就具有无限长天线的电性能，这种现象就是终端效应弱的表现，反之则为终端效应强的表现。

（2）非频变天线的类型

实际非频变天线可以分成两类。

① 天线的形状仅由角度来确定，可在连续变化的频率上得到非频变特性。例如，无限长双锥天线、平面等角螺旋天线和阿基米德螺旋天线等，后两种螺旋天线如图 3.14 所示。

（a）平面等角螺旋天线　　　　　　　　（b）阿基米德螺旋天线

图 3.14　两种螺旋天线

② 天线的尺寸按某一特定的比例因子 τ 变化，天线在 f 和 τf 两个频率上的性能是相同的，在 f 到 τf 的中间频率上性能是变化的，只要 f 和 τf 的频率间隔不大，在中间频率上天线的性能变化就不会太大，用这种方法构造的天线是宽频带的。这种结构的一个典型的应用是对数周期天线，如图 3.15 所示。

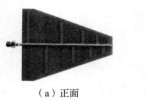 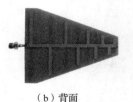

（a）正面　　　　　　　　（b）背面

图 3.15　对数周期天线

3.4　RFID 天线的制造工艺

为了适应 RFID 系统中电子标签的快速应用和发展，RFID 天线采用了多种制造工艺，常用的有线圈绕制法、蚀刻法和印刷法。

< 52 >

3.4.1　线圈绕制法

利用线圈绕制法制作 RFID 天线时，先要在一个绕制工具上绕制线圈，然后使用烤漆对线圈进行固定。将芯片焊接到天线上之后，还要对天线和芯片进行固定。线圈绕制法制作的 RFID 天线如图 3.16 所示。

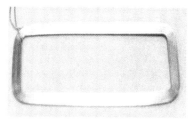

（a）矩形环线圈天线　　　　　　　　　　（b）圆形环线圈天线

图 3.16　线圈绕制法制作的 RFID 天线

线圈绕制法的特点如下。

（1）频率范围为 125kHz～135kHz 的 RFID 天线一般采用线圈绕制法制作。

（2）线圈绕制法的缺点是成本高，生产速度慢。

（3）绕制的天线线圈通常使用焊接的方法与芯片连接，若焊接技术不好，则容易出现虚焊、假焊和偏焊等缺陷。

3.4.2　蚀刻法

蚀刻法是在一个塑料薄膜上压一个平面铜/铝箔片，然后在箔片上涂覆光敏胶，干燥后通过一个正片（具有所需形状的图案）对其进行光照，之后将其放入化学显影液中，此时光敏胶的光照部分被洗掉，露出铜/铝，最后将其放入蚀刻池，所有未被光敏胶覆盖部分的铜/铝被蚀刻掉，从而得到所需形状的天线。蚀刻法制作的 RFID 天线如图 3.17 所示。

（a）铜材料的天线　　　　　　　　　　（b）铝材料的天线

图 3.17　蚀刻法制作的 RFID 天线

蚀刻法的特点如下。

（1）蚀刻法制作的天线精度高，电子标签使用蚀刻法制作天线能够与读写器更好地匹配，同时天线的阻抗、方向性等性能都很好。

（2）采用蚀刻法的线路可以做得很细，能在有限的空间里制作出更小的精密天线。

（3）蚀刻法的主要缺点是成本太高，制作程序烦琐，产能低下。

（4）用蚀刻法制作的 RFID 天线比用印刷法制作的 RFID 天线使用时间长，耐用年限为 10 年以上。

< 53 >

3.4.3 印刷法

采用印刷法制作的天线称为印刷天线。印刷天线是直接用导电油墨在绝缘基板（薄膜）上印刷导电线路，形成天线和电路。印刷法使 RFID 天线的生产成本降低，促进了电子标签的推广与应用。印刷法制作的 RFID 天线如图 3.18 所示。

（a）批量生产的印刷天线　　　　　　　　　（b）印刷天线的柔韧性

图 3.18　印刷法制作的 RFID 天线

印刷法的特点如下。

（1）印刷天线成本低。除了导电油墨本身价格比冲压或蚀刻金属线圈的价格低，购买印刷设备的投资也比引进蚀刻设备便宜得多，生产及设备的维护费用也比蚀刻法低。

（2）印刷天线的导电性好。导电油墨干燥后，导电粒子之间的距离变小，自由电子沿外加电场方向移动形成电流，因此印刷天线具有良好的导电性。

（3）印刷工艺操作容易。印刷技术作为一种加法制作技术，与减法制作技术（如蚀刻）相比较，是容易控制且一步到位的。

（4）印刷过程无污染。蚀刻法必须采用光敏胶和其他化学试剂，这些试剂具有较强的侵蚀作用，所产生的废料及排出物会对环境造成较大的污染。而采用导电油墨直接在基板上进行印刷，无须使用化学试剂，因而具有无污染的特点。

（5）印刷天线使用时间短。印刷法与蚀刻法相比较，一个明显的缺点就是使用时间较短，一般采用印刷法制作的电子标签耐用年限为 2～3 年，远低于蚀刻法 10 年以上的耐用年限。

低频 RFID 天线基本采用线圈绕制法制作而成；高频 RFID 天线采用上述三种制造工艺均可实现，但以蚀刻法为主，其材料一般为铝和铜；微波 RFID 天线则主要采用印刷法。

习题

1. 什么是 ISM 频段？当前 RFID 技术在低频、高频和特高频三个频段中常用的工作频率有哪些？
2. 什么是天线？天线的基本参数有哪些？
3. 根据观测点与天线之间的距离，天线周围的场区如何划分？
4. 微波 RFID 天线主要有哪些类型？
5. 什么是非频变天线？常见的非频变天线有哪些类型？
6. RFID 天线制造工艺主要有哪些？低频、高频、特高频电子标签的天线一般用什么工艺制造？

< 54 >

第**4**章 RFID 射频前端

实现射频能量和信息传输的电路称为射频前端电路，简称为射频前端。RFID 射频前端包括发射通路和接收通路，是读写器和电子标签的核心组成部分。

读写器的射频前端驱动天线用来产生磁场，并通过该磁场与电子标签交换数据。基于电感耦合方式的读写器还通过磁场向电子标签传递能量。电子标签的射频前端通过天线接收读写器发射的信息和能量，并将自身内部信息反馈给读写器。

根据能量和信息传输的基本原理，低频和高频 RFID 技术基于电感耦合方式，微波 RFID 技术基于电磁反向散射耦合方式。电感耦合方式的理论基础是 LC 振荡电路和电感线圈产生交变磁场，电磁反向散射耦合方式的理论基础是电磁波传播和反射。这两种耦合方式的差异在于所使用的无线电频率不同和工作距离不同。

4.1 电感耦合式读写器的射频前端

为产生足够大的磁场强度，给电子标签提供足够大的电源，我们期望读写器线圈上的电流最大。因此，读写器天线的电路多选用串联谐振电路。

4.1.1 串联谐振电路原理

1. 串联谐振电路组成

串联谐振电路由电感 L 和电容 C 串联构成，如图 4.1 所示，其中电感 L 由读写器线圈决定。串联谐振电路在某一个频率上谐振，谐振时串联谐振电路可以获得最大的电流，使读写器线圈上的电流最大。

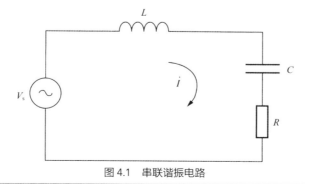

图 4.1 串联谐振电路

串联谐振由于具有电路简单、成本低，激励可采用低内阻的恒压源，谐振时可获得最大的回路电流等特点，因而在读写器的天线电路中被广泛采用。

2. 谐振频率

在图 4.1 中，回路电流 $\dot{I}$ 为

$$\dot{I} = \frac{\dot{V}_s}{Z} = \frac{\dot{V}_s}{R+jX} = \frac{\dot{V}_s}{R+j\left(\omega L - \dfrac{1}{\omega C}\right)} \tag{4-1}$$

要使电流最大，阻抗 Z 应最小。

$$|Z| = \sqrt{R^2 + \left(\omega L - \frac{1}{\omega C}\right)^2} \tag{4-2}$$

在某一特定角频率 ω_0，电抗 $X=0$，即

$$\omega_0 L - \frac{1}{\omega_0 C} = 0 \tag{4-3}$$

此时，角频率 ω_0 需满足

$$\omega_0 = \frac{1}{\sqrt{LC}} \tag{4-4}$$

若用频率 f 表示，则

$$f_0 = \frac{\omega_0}{2\pi} = \frac{1}{2\pi\sqrt{LC}} \tag{4-5}$$

此时，$|Z|$ 最小，串联谐振电流最大。ω_0 称为谐振角频率，f_0 称为谐振频率。

定义串联谐振电路的特性阻抗 ρ 为

$$\rho = \omega_0 L = \frac{1}{\omega_0 C} = \sqrt{\frac{L}{C}} \tag{4-6}$$

3. 谐振特性

串联谐振电路具有以下特性。

（1）谐振时，电路电抗 $X=0$，阻抗 $Z=R$，回路表现为纯阻性。

（2）谐振时，回路电流达到最大值，且电压与电流同相。

（3）谐振时，电感与电容两端电压模值相等，且等于外加电压的 Q 倍。

谐振时，电感 L 两端的电压为

$$\dot{V}_{L0} = \dot{I}Z_L = \frac{\dot{V}_s}{R}j\omega_0 L = j\frac{\omega_0 L}{R}\dot{V}_s = jQ\dot{V}_s \tag{4-7}$$

电容两端的电压为

$$\dot{V}_{C0} = \dot{I}Z_C = \frac{\dot{V}_s}{R}\frac{1}{j\omega_0 C} = -j\frac{1}{\omega_0 CR}\dot{V}_s = -jQ\dot{V}_s \tag{4-8}$$

式（4-7）和式（4-8）中的 Q 称为回路的品质因数，是谐振时回路的感抗或容抗与回路电阻的比值，即

$$Q = \frac{\omega_0 L}{R} = \frac{1}{\omega_0 CR} = \frac{1}{R}\sqrt{\frac{L}{C}} = \frac{1}{R}\rho \tag{4-9}$$

一般读写器电路中的 Q 值的范围从几十到近百，因而串联谐振时回路中的电感和电容两端的电压可以是信号源电压的几十到近百倍，这是串联谐振独有的现象，所以串联谐振又称为电压谐

振。对于串联谐振，在选择电路元件时，必须考虑元件的耐压问题。

4．能量关系

设串联谐振时瞬时电流的幅值为 I_{0m}，则瞬时电流 i 可表示为

$$i = I_{0m}\sin(\omega_0 t) \tag{4-10}$$

根据电感储能公式，电感上存储的瞬时能量为

$$w_L = \frac{1}{2}Li^2 = \frac{1}{2}LI_{0m}^2\sin^2(\omega t) \tag{4-11}$$

根据电容储能公式，电容上存储的瞬时能量为

$$w_C = \frac{1}{2}Cv_c^2 = \frac{1}{2}CQ^2V_{sm}^2\cos^2(\omega t) = \frac{1}{2}C\frac{L}{R^2C}I_{0m}^2R^2\cos^2(\omega t) = \frac{1}{2}LI_{0m}^2\cos^2(\omega t) \tag{4-12}$$

式（4-12）中，V_{sm} 为源电压的幅值。

电感和电容上存储的能量和为

$$w = w_L + w_C = \frac{1}{2}LI_{0m}^2 \tag{4-13}$$

由式（4-13）可知，电感和电容上存储的能量和是一个不随时间变化的常数，说明回路中存储的能量保持不变，只在电感和电容之间转换。

谐振时电阻上消耗的平均功率为

$$P = \frac{1}{2}RI_{0m}^2 \tag{4-14}$$

在一个振荡周期 T（$T = 1/f_0$）内，电阻 R 上消耗的能量为

$$w_R = PT = \frac{1}{2}RI_{0m}^2\frac{1}{f_0} \tag{4-15}$$

每个振荡周期回路中存储的能量与回路消耗的能量之比为

$$\frac{w_L + w_C}{w_R} = \frac{\frac{1}{2}LI_{0m}^2}{\frac{1}{2}RI_{0m}^2\frac{1}{f_0}} = \frac{f_0 L}{R} = \frac{1}{2\pi}\frac{\omega_0 L}{R} = \frac{Q}{2\pi} \tag{4-16}$$

所以从能量的角度看，品质因数 Q 可表示为

$$Q = 2\pi\frac{每个振荡周期回路中存储的能量}{每个振荡周期回路中消耗的能量} \tag{4-17}$$

5．谐振曲线和通频带

（1）谐振曲线。串联谐振电路中电流与外加频率之间的关系曲线称为谐振曲线。任意频率下的回路电流与谐振时的回路电流之比为

$$\frac{\dot{I}}{\dot{I}_0} = \frac{R}{R + j\left(\omega L - \frac{1}{\omega C}\right)} = \frac{1}{1 + j\frac{\omega_0 L}{R}\left(\frac{\omega}{\omega_0} - \frac{\omega_0}{\omega}\right)} = \frac{1}{1 + jQ\left(\frac{\omega}{\omega_0} - \frac{\omega_0}{\omega}\right)} \tag{4-18}$$

取其幅值，得

$$\frac{I_m}{I_{0m}} = \frac{1}{\sqrt{1 + Q^2\left(\frac{\omega}{\omega_0} - \frac{\omega_0}{\omega}\right)^2}} \approx \frac{1}{\sqrt{1 + \left(Q\frac{2\Delta\omega}{\omega_0}\right)^2}} = \frac{1}{\sqrt{1 + \xi^2}} \tag{4-19}$$

< 57 >

式（4-19）中，$\Delta\omega = \omega - \omega_0$，表示偏离谐振的程度，称为失谐量。$\omega / \omega_0 - \omega_0 / \omega \approx 2\Delta\omega / \omega_0$，仅当 ω 在 ω_0 附近时（为小失谐量情况）成立。

根据式（4-19）可以绘制出串联谐振电路的谐振曲线，如图 4.2 所示。从图 4.2 中可以看出回路的 Q 值越高，谐振曲线越尖锐，回路的选择性越好。

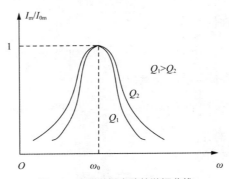

图 4.2　串联谐振电路的谐振曲线

（2）通频带。串联谐振电路的通频带通常用半功率点的两个边界频率的间隔表示，半功率点的电流比 I_m / I_{0m} 为 0.707，串联谐振电路的通频带如图 4.3 所示。

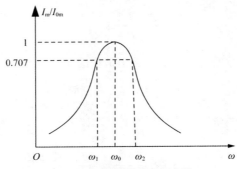

图 4.3　串联谐振电路的通频带

在 ω_2 和 ω_1 处，$\xi = \pm 1$。假设它们均在 ω_0 附近，计算得到通频带 BW 为

$$BW = \frac{\omega_2 - \omega_1}{2\pi} = \frac{2(\omega_2 - \omega_0)}{2\pi} = \frac{\omega_0}{2\pi Q} \tag{4-20}$$

由式（4-20）可知，Q 值越大，通频带越窄，选择性越好；反之，Q 值越小，通频带越宽，选择性越差。在 RFID 技术中，为获得期望的通频带与选择性，Q 值的大小往往需要综合考虑。

6. 对 Q 值的理解

（1）线圈的品质因数 Q_L。在绕制 RFID 天线时，有时需要测量线圈的 Q_L 值，以满足电路的设计要求。通常使用专门的仪器来测量 Q_L 值，测量时所用的频率应尽量接近线圈在实际电路中的工作频率。若知道线圈的电感 L 和损耗电阻 R_1，则可以根据式（4-21）计算出线圈的 Q_L 值。

$$Q_L = \frac{\omega_0 L}{R_1} \tag{4-21}$$

（2）谐振回路的有载品质因数 Q。线圈接入回路后，整个回路 Q 值的计算要考虑信号源内阻 R_s 和负载电阻 R_L。此时整个回路的 R 值变为

$$R = R_1 + R_s + R_L \tag{4-22}$$

< 58 >

整个电路的有载品质因数为

$$Q = \frac{\omega_0 L}{R_1 + R_s + R_L}$$ （4-23）

可见，线圈接入实际回路后，品质因数会变小。

（3）Q 值变化对读写器性能的影响。由前面的讨论可知，Q 值越大，回路的选择性越好，通频带越窄；反之，Q 值越小，则回路选择性越差，通频带越宽。反映在读写器天线电路上，Q 值越大，读写器对特定频率的电子标签工作距离越大，但是若电子标签的谐振频率与读写器的谐振频率不一致，则读写器性能将急剧下降，甚至无法读写；相反，Q 值越小，则读写器的工作距离可能越小，但适应性强，即使电子标签谐振频率与读写器谐振频率不完全一致，读写器也能对电子标签进行正常操作。故实际读写器天线 Q 值的选择需要在适应性和选择性之间寻求平衡。

📋 知识贴士

基于 Simulink 的串联谐振电路仿真

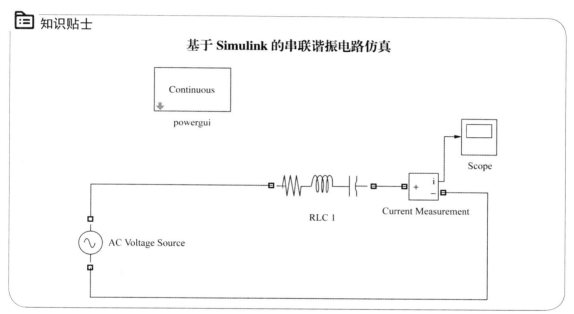

4.1.2 电感线圈的交变磁场

串联谐振电路的电流作用于读写器的天线线圈，从而产生交变磁场，并通过交变磁场与电子标签交换数据。

1. 交变磁场的相关物理量

（1）磁场强度。安培定律指出，当电流流过一个导体时，在导体的周围会产生磁场。对于直线载流导体，在半径为 a 的环形磁力线上，磁场强度 H 是恒定的，载流导体周围的磁场如图 4.4 所示。

磁场强度 H 为

$$H = \frac{i}{2\pi a}$$ （4-24）

式（4-24）中，i 为电流（单位：A），a 为半径（单位：m），H 的单位为 A/m。

< 59 >

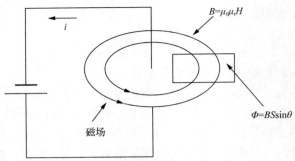

图 4.4　载流导体周围的磁场

（2）磁感应强度。磁感应强度 B 和磁场强度 H 的关系式为

$$B = \mu_0\mu_r H \tag{4-25}$$

式（4-25）中，μ_0 是真空磁导率，其值为常数，$\mu_0 = 4\pi\times10^{-7}$ H/m；μ_r 是介质的相对磁导率，B 的单位是特斯拉（T）。

（3）磁通量。设在磁感应强度为 B 的匀强磁场中，有一个面积为 S 且与磁场方向垂直的平面，则磁感应强度 B 与面积 S 的乘积称为穿过这个平面的磁通量，用 Φ 表示。当面积为 S 的平面与磁场方向不垂直，其夹角为 θ 时，磁通量可表示为

$$\Phi = BS\sin\theta \tag{4-26}$$

磁通量的单位是韦伯（Wb）。

2．短圆柱线圈的磁感应强度

在电感耦合系统中，读写器天线常采用短圆柱线圈，短圆柱线圈的磁场如图 4.5 所示。与线圈中心距离为 r 的 p 点的磁感应强度 B_z 为

$$B_z = \frac{\mu_0 i_1 N_1 a^2}{2\left(a^2 + r^2\right)^{3/2}} = \mu_0 H_z \tag{4-27}$$

式（4-27）中，i_1 为线圈电流，N_1 为线圈匝数，a 为线圈半径，r 为到线圈中心的距离。

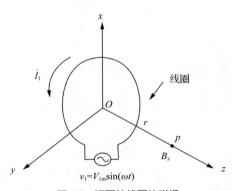

图 4.5　短圆柱线圈的磁场

（1）磁感应强度大小 B_z 和距离 r 的关系。当 $r \ll a$ 时，可将 r 忽略，则式（4-27）可简化为

$$B_z = \frac{\mu_0 i_1 N_1}{2a} \tag{4-28}$$

此时磁感应强度几乎不变。

当 $r \gg a$ 时，可以忽略分母中 a 的平方，式（4-27）可简化为

< 60 >

$$B_z = \frac{\mu_0 i_1 N_1 a^2}{2r^3} \tag{4-29}$$

式（4-29）表明，当 $r \gg a$ 时，磁感应强度 B_z 和距离 r 的三次方成反比，如图 4.6 所示。

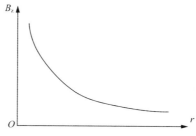

图 4.6　短圆柱线圈 $r \gg a$ 时 B_z 和 r 的关系

上面的关系可以表述为，从线圈中心到一定距离内磁感应强度几乎是不变的，而后急剧下降。

（2）最佳线圈半径。设 r 为常数，并假设线圈中电流不变。式（4-27）可以改写为

$$B_z = \frac{\mu_0 i_1 N_1}{2} \frac{a^2}{\left(a^2 + r^2\right)^{3/2}} = k \sqrt{\frac{a^4}{\left(a^2 + r^2\right)^3}} \tag{4-30}$$

式（4-30）中，$k = \mu_0 i_1 N_1 / 2$。

令 $\mathrm{d}B_z / \mathrm{d}a = 0$，可得 B_z 具有极大值的条件为

$$a = \sqrt{2}r \tag{4-31}$$

式（4-31）说明，当线圈半径 a 一定时，假设线圈中的电流不变，则在 $r = 0.707a$ 处可获得最大磁感应强度。

虽然增加线圈半径 a 会在较远距离 r 处获得最大磁感应强度，但由式（4-29）可知，距离 r 的增大会使磁感应强度相对变小，从而影响电子标签的能量供给。

3．矩形线圈的磁感应强度

矩形线圈在读写器和电子标签的天线电路中也经常使用，与线圈中心距离为 r 处的磁感应强度大小为

$$B_z = \frac{\mu_0 i_1 N_1 ab}{2\sqrt{(a/2)^2 + (b/2)^2 + r^2}} \left[\frac{1}{(a/2)^2 + r^2} + \frac{1}{(b/2)^2 + r^2} \right] \tag{4-32}$$

式（4-32）中，a 和 b 分别为矩形的长和宽。

4.2 电感耦合式电子标签的射频前端

电子标签的射频前端多采用并联谐振电路。并联谐振又称为电流谐振，谐振时电感和电容支路中电流最大，因而并联谐振电路的两端可以获得最大电压，有助于无源电子标签的能量获取。

1．回路组成

串联谐振电路适用于恒压源，即信号源内阻很小的情况。如果信号源的内阻很大（恒流源），则应采用并联谐振电路。并联谐振电路的基本回路如图 4.7（a）所示。

微课视频

< 61 >

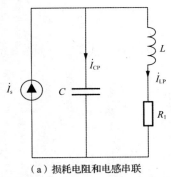

（a）损耗电阻和电感串联

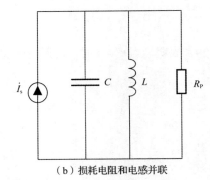

（b）损耗电阻和电感并联

图 4.7 并联谐振电路

图 4.7 中电感、电容和外加信号源并联构成谐振回路。在实际应用中，一般都能满足 $\omega L \gg R_1$ 的条件，因此并联谐振电路信号源两端的阻抗为

$$Z = \frac{(R_1 + \mathrm{j}\omega L)\dfrac{1}{\mathrm{j}\omega C}}{(R_1 + \mathrm{j}\omega L) + \dfrac{1}{\mathrm{j}\omega C}} \approx \frac{L/C}{R_1 + \mathrm{j}\left(\omega C - \dfrac{1}{\omega L}\right)} = \frac{1}{\dfrac{CR_1}{L} + \mathrm{j}\left(\omega C - \dfrac{1}{\omega L}\right)} \tag{4-33}$$

由式（4-33）可得另一种形式的并联谐振电路，如图 4.7（b）所示。导纳 Y 可以表示为

$$Y = \frac{1}{Z} = g + \mathrm{j}b = \frac{CR_1}{L} + \mathrm{j}\left(\omega C - \frac{1}{\omega L}\right) \tag{4-34}$$

式（4-34）中，$g = CR_1/L = 1/R_P$ 为电导，R_P 为对应于 g 的并联电阻，$b = \omega C - 1/(\omega L)$ 为电纳。

2．谐振频率

当并联谐振电路的电纳 $b = 0$ 时，$\dot{V}_P = \dot{I}_s L/(CR_1)$ 为回路两端电压，并且电压和电流同相，此时回路对外加信号源发生并联谐振。

由 $b = 0$ 可以推出并联谐振条件为

$$b = \omega C - 1/(\omega L) = 0 \tag{4-35}$$

并联谐振角频率 ω_P 为

$$\omega_P = \frac{1}{\sqrt{LC}} \tag{4-36}$$

对应的并联谐振频率 f_P 为

$$f_P = \frac{1}{2\pi\sqrt{LC}} \tag{4-37}$$

3．谐振特性

（1）并联谐振时，电路电纳 $b = 0$，谐振回路表现为纯阻性。

$$R_P = \frac{L}{CR_1} = \frac{\omega_P^2 L^2}{R_1} \tag{4-38}$$

当 L、C、R_P 构成并联谐振电路时，电路的品质因数为

$$Q_P = \frac{R_P}{\omega_P L} = \frac{\omega_P L}{R_1} = \frac{1}{\omega_P C R_1} = \frac{1}{R_1}\sqrt{\frac{L}{C}} = \frac{1}{R_1}\rho \tag{4-39}$$

式（4-39）中，$\rho = \sqrt{L/C}$ 为特性阻抗。

结合式（4-38）和式（4-39），可得

< 62 >

$$R_P = Q_P \omega_P L = Q_P \frac{1}{\omega_P C} \tag{4-40}$$

式（4-40）说明，在并联谐振时，并联谐振电路的谐振电阻等于感抗值（或容抗值）的 Q_P 倍。

（2）并联谐振时电感和电容中电流的幅值为外加电流源 $\dot{I}_s$ 的 Q_P 倍。

并联谐振时，电容支路中的电流 $\dot{I}_{CP}$ 为

$$\dot{I}_{CP} = j\omega_P C \dot{V}_P = j\omega_P C R_P \dot{I}_s = j\omega_P C Q_P \frac{1}{\omega_P C} \dot{I}_s = j Q_P \dot{I}_s \tag{4-41}$$

电感支路中的电流 $\dot{I}_{LP}$ 为

$$\dot{I}_{LP} = \frac{\dot{V}_P}{j\omega_P L} = \frac{1}{j\omega_P L} R_P \dot{I}_s = -j \frac{1}{\omega_P L} Q_P \omega_P L \dot{I}_s = -j Q_P \dot{I}_s \tag{4-42}$$

4．谐振曲线和通频带

（1）谐振曲线。并联谐振电路中回路电压与外加频率之间的关系曲线，称为并联谐振曲线。类似于串联谐振电路的分析方法，并联谐振电路的电压可以表示为

$$\dot{V} = \frac{\dot{I}_s}{\frac{1}{R_P} + j\left(\omega C - \frac{1}{\omega L}\right)} = \frac{\dot{I}_s R_P}{1 + j Q_P\left(\frac{\omega}{\omega_P} - \frac{\omega_P}{\omega}\right)} \tag{4-43}$$

则有

$$\frac{\dot{V}}{\dot{V}_P} = \frac{\dot{V}}{\dot{I}_s R_P} = \frac{1}{1 + j Q_P\left(\frac{\omega}{\omega_P} - \frac{\omega_P}{\omega}\right)} \tag{4-44}$$

取其幅值，得

$$\frac{V_m}{V_{Pm}} = \frac{1}{\sqrt{1 + Q_P^2\left(\frac{\omega}{\omega_P} - \frac{\omega_P}{\omega}\right)^2}} \tag{4-45}$$

比较式（4-19）和式（4-45）可以看出，二者结构类似，故并联谐振电路的谐振曲线和串联谐振电路的谐振曲线相同，但其纵坐标变为 V_m / V_{Pm}。同样，并联谐振电路的 Q 值越高，谐振曲线越尖锐，选择性越好。

（2）通频带。与串联谐振电路类似，并联谐振电路的通频带 BW 可以表示为

$$\text{BW} = \frac{\omega_2 - \omega_1}{2\pi} = \frac{2(\omega_2 - \omega_P)}{2\pi} = \frac{\omega_P}{2\pi Q_P} \tag{4-46}$$

由式（4-46）可知，Q_P 值越大，通频带越窄，选择性越好；反之，Q_P 值越小，通频带越宽，选择性越差。

5．加入负载后的并联谐振电路

并联谐振电路加入负载电阻 R_L，并考虑信号源内阻 R_s，其等效电路如图 4.8 所示。

此时，可推出整个回路的品质因数 Q 为

$$Q = \frac{Q_P}{1 + \frac{R_P}{R_s} + \frac{R_P}{R_L}} \tag{4-47}$$

< 63 >

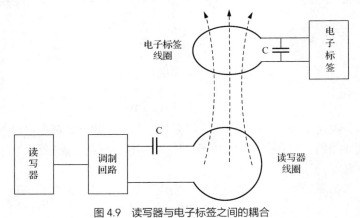

图 4.8　考虑 R_L 和 R_s 的并联谐振电路

可见，与串联谐振电路一样，负载电阻 R_L 和信号源内阻 R_s 的接入，也会使并联谐振电路的品质因数变小。

4.3　电感耦合

微课视频

工作在低频频段与高频频段的读写器和电子标签之间依靠电感耦合传送能量和数据。读写器与电子标签之间的耦合如图 4.9 所示，当电子标签进入读写器产生交变磁场时，电子标签线圈上就会产生感应电压。若距离足够近，当电子标签天线电路所截获的能量可以供电子标签的芯片正常工作时，读写器和电子标签之间就可以进行信息交换。

图 4.9　读写器与电子标签之间的耦合

4.3.1　电子标签线圈感应电压

电子标签线圈上的感应电压与穿过导体所围面积的总磁通量 Ψ 的变化率成正比。感应电压 v_2 可表示为

$$v_2 = -\frac{\mathrm{d}\Psi}{\mathrm{d}t} = -N_2 \frac{\mathrm{d}\Phi}{\mathrm{d}t} \tag{4-48}$$

式（4-48）中，N_2 为电子标签线圈的匝数，Φ 为每匝线圈的磁通量。

$$\Phi = \int \vec{B} \cdot \mathrm{d}S = \int \frac{\mu_0 i_1 N_1 a^2}{2(a^2 + r^2)^{3/2}} \cos\theta \mathrm{d}S \tag{4-49}$$

式（4-49）中，$\vec{B}$ 为读写器线圈产生的磁场强度矢量；S 为电子标签线圈的面积；表示内积运算，

< 64 >

θ 表示电子标签线圈法线与 $\vec{B}$ 的夹角，$\theta = 0$ 表示电子标签线圈与 $\vec{B}$ 垂直，即电子标签线圈与读写器线圈平行。

假设 $\theta = 0$，则有

$$v_2 = -\frac{\mu_0 N_1 N_2 a^2 S}{2\left(a^2 + r^2\right)^{3/2}}\frac{\mathrm{d}i_1}{\mathrm{d}t} = -M\frac{\mathrm{d}i_1}{\mathrm{d}t} \tag{4-50}$$

$$M = \frac{\mu_0 N_1 N_2 a^2 S}{2\left(a^2 + r^2\right)^{3/2}} \tag{4-51}$$

式（4-51）中，M 为读写器和电子标签线圈间的互感系数，与线圈半径、线圈匝数及两个线圈的距离有关。

式（4-50）表明，读写器线圈和电子标签线圈之间的耦合类似于变压器的耦合。初级线圈（读写器线圈）的电流产生磁通，该磁通在次级线圈（电子标签线圈）产生感应电压。

从式（4-50）还可以看出，电子标签线圈上感应电压的大小和互感系数的大小成正比，互感系数是两个线圈参数的函数，并且和距离的三次方成反比。因此，电子标签要从读写器获得正常工作的能量，必须要靠近读写器，其贴近程度是电感耦合系统的一项重要性能指标，也称为工作距离或工作距离（读距离与写距离可能会不同，通常读距离大于写距离）。

4.3.2　电子标签谐振回路端电压

电子标签天线回路的等效电路如图 4.10 所示。v_2 是电子标签线圈的感应电压，L_2 是电子标签线圈的等效电感，R_2 是电子标签线圈的损耗电阻，C_2 是并联谐振电容，R_L 是负载电阻，v_2' 是电子标签谐振回路两端的电压。

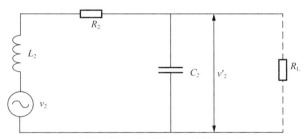

图 4.10　电子标签天线回路的等效电路

由式（4-50）可知，电磁感应电压 v_2 与读写器电源的频率相同。为使读写器的串联谐振电路和电子标签并联谐振电路同时处于谐振状态，需使电子标签的并联谐振频率等于 v_2 的频率。此时，根据 4.2 节并联谐振电路的分析可知：

$$v_2' = v_2 Q = -Q\frac{\mu_0 N_1 N_2 a^2 S}{2\left(a^2 + r^2\right)^{3/2}}\frac{\mathrm{d}i_1}{\mathrm{d}t} \tag{4-52}$$

由于 $i_1 = I_{1m}\sin(\omega t)$，有

$$v_2' = v_2 Q = -Q\omega N_2 S\frac{\mu_0 N_1 a^2}{2\left(a^2 + r^2\right)^{3/2}}I_{1m}\cos(\omega t) = -Q\omega N_2 S B_z \tag{4-53}$$

式（4-53）中，B_z 为与电子标签线圈中心距离为 r 处的磁感应强度。

< 65 >

$$B_z = \frac{\mu_0 N_1 a^2}{2(a^2 + r^2)^{3/2}} I_{1m} \cos(\omega t) \tag{4-54}$$

4.3.3 电子标签直流电源电压获取

对于无源电子标签，其工作电压必须从耦合电压 v_2 获取。电子标签在 v_2' 达到一定值后，通过整流电路、滤波电容和稳压电路，获得电子标签的芯片正常工作所需的直流电源电压 V_{CC}。电子标签直流电源电压的转换过程如图 4.11 所示。

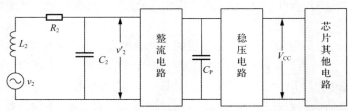

图 4.11　电子标签直流电源电压的转换过程

1. 整流

电子标签天线电路获得的交流电压 v_2' 经整流电路转换为单向脉动性直流电压（一种含有直流电压和交流电压的混合电压）。

电源电路中的整流电路主要有半波整流电路、全波整流电路和桥式整流电路三种。全波整流电路要求电源变压器的次级线圈（电子标签线圈）设有中心抽头，其他两种电路对电源变压器没有抽头要求。在 RFID 系统中一般采用桥式整流电路。桥式整流电路多用二极管电路实现，如图 4.12（c）所示，也可用 MOS 管电路实现。

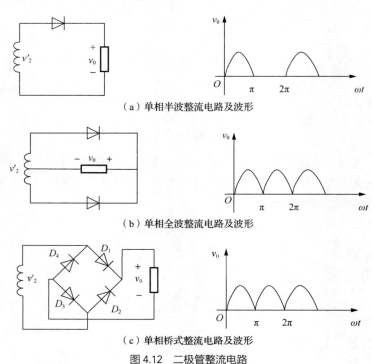

（a）单相半波整流电路及波形

（b）单相全波整流电路及波形

（c）单相桥式整流电路及波形

图 4.12　二极管整流电路

< 66 >

2．滤波

滤波电容的作用是使滤波后输出的电压为相对稳定的直流电压，其工作原理是整流电压高于电容电压时电容充电，整流电压低于电容电压时电容放电，在充放电的过程中，使输出电压基本稳定。

当 v_2' 为正半周并且数值大于电容两端电压 v_C 时，二极管 D_1 和 D_3 导通，D_2 和 D_4 截止，电流一路流经负载电阻 R_L，另一路对电容 C_P 充电。当 $v_C > v_2'$，导致 D_1 和 D_3 反向偏置而截止，电容通过负载电阻 R 放电，v_C 按指数规律缓慢下降。

当 v_2' 为负半周且幅值变化到恰好大于 v_C 时，D_2 和 D_4 因加正向电压变为导通状态，v_2' 再次对 C_P 充电，v_C 上升到 v_2' 的峰值后又开始下降；下降到一定数值时 D_2 和 D_4 变为截止，C_P 对 R_L 放电，v_C 按指数规律下降；放电到一定数值时 D_1 和 D_3 变为导通，再重复上述过程。

电容充电时间常数为 $R_D C_P$，因为二极管的 R_D 很小，所以充电时间常数小，充电速度快；$R_L C_P$ 为放电时间常数，因为 R_L 较大，放电时间常数远大于充电时间常数，因此，滤波效果取决于放电时间常数。电容 C_P 越大，负载电阻 R_L 越大，滤波后输出电压越平滑，如图 4.13 所示。

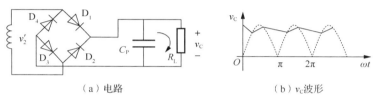

　　（a）电路　　　　　　　　　　　　（b）v_C 波形

图 4.13　单相桥式整流电容滤波电路及波形分析

滤波电容要求容量大，因此一般采用电解电容，在接线时要注意电解电容的正、负极。此外，虽然 C_P 越大，滤波效果越好，但滤波电容 C_P 集成在芯片内，电容值较大的电容在集成电路中难以制作，因此 C_P 不能选得过大，通常为百皮法（pF）数量级。

3．稳压

滤波电容 C_P 两端输出的直流电压是不稳定的，当电子标签与读写器之间的距离变化时，该电压也会随之变化，因此需要采用稳压电路。集成电路中稳压的方法有多种，本节不再赘述，有兴趣的读者可以查阅相关文献。

4.3.4　负载调制

在电感耦合系统中，电子标签向读写器传送数据时采用负载调制技术。负载调制有电阻负载调制和电容负载调制两种方法。本节介绍负载调制的原理。

微课视频

1．耦合电路模型

读写器天线与电子标签天线之间的耦合电路模型如图 4.14 所示。其中 $\dot{V}_1$ 是角频率为 ω 的正弦电压，R_s 为其内阻，R_1 是读写器线圈的损耗电阻，M 是互感系数，R_2 是电子标签线圈的损耗电阻，R_L 是电子标签的等效负载电阻。左侧的初级回路代表读写器天线电路，右侧的次级回路代表电子标签天线电路，二者通过互感耦合。

< 67 >

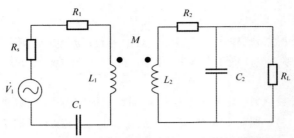

图 4.14 读写器天线与电子标签天线之间的耦合电路模型

2．电阻负载调制

电阻负载调制原理如图 4.15 所示，开关 S 用于控制负载调制电阻 R_{mod} 的接入与否，开关 S 的通断由二进制信号控制。当二进制信号为 1 时，开关 S 闭合，此时电子标签负载电阻为 R_L 和 R_{mod} 并联；当二进制信号为 0 时，开关 S 断开，电子标签负载电阻为 R_L。很明显，$R_L // R_{mod}$ 小于 R_L，即 S 闭合时的负载电阻比 S 断开时的负载电阻要小。

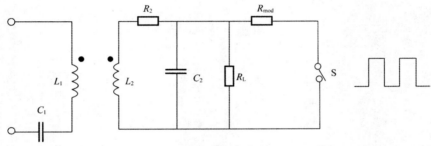

图 4.15 电阻负载调制原理

图 4.15 的等效电路如图 4.16 所示。其中，R_{f1} 是次级回路的反射电阻，X_{f1} 是次级回路的反射电抗。在次级回路等效电路中，R_{f2} 是初级回路的反射电阻，X_{f2} 是初级回路的反射电抗。

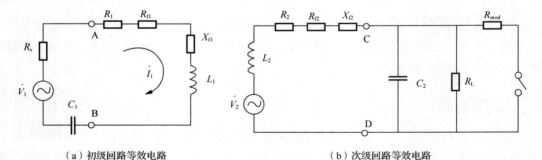

（a）初级回路等效电路　　　　　　　　　　（b）次级回路等效电路

图 4.16 电阻负载调制时初、次级回路的等效电路

当次级回路处于谐振状态时，$X_{f2} = 0$，故

$$\dot{V}_{CD} = \cfrac{\dot{V}_2}{(R_2 + R_{f2}) + j\omega L_2 + \cfrac{\cfrac{1}{j\omega C_2} \cdot R_{Lm}}{\cfrac{1}{j\omega C_2} + R_{Lm}}} \cdot \cfrac{\cfrac{1}{j\omega C_2} \cdot R_{Lm}}{\cfrac{1}{j\omega C_2} + R_{Lm}}$$

< 68 >

$$= \frac{\dot{V}_2}{1 + \left[(R_2 + R_{f2}) + j\omega L_2 \right] \left(j\omega C_2 + \dfrac{1}{R_{Lm}} \right)} \tag{4-55}$$

式（4-55）中，R_{Lm} 为负载电阻 R_L 和负载调制电阻 R_{mod} 的并联电阻。由式（4-55）可知，当 S 闭合时，$R_{Lm} < R_L$，因此 $\dot{V}_{CD}$ 较 S 断开时减小。

此时，次级回路的等效阻抗为

$$Z_{22} = R_2 + j\omega L_2 + \frac{1}{1/R_{Lm} + j\omega C_2} \tag{4-56}$$

在 S 闭合时，Z_{22} 减小，反射阻抗 $Z_{f1} = (\omega M)^2/Z_{22}$ 增大。又因为次级回路处于谐振状态，反射电抗 $X_{f1} = 0$，所以表现为反射电阻 R_{f1} 增大。

R_{f1} 不是一个电阻实体，它的变化体现为电感 L_1 两端的电压 $\dot{V}_{AB}$ 变化。在负载调制时，由于 R_{f1} 增大，因此 $\dot{V}_{AB}$ 增大。由于 $X_{f1} = 0$，因此电压 $\dot{V}_{AB}$ 的变化表现为幅值调制。

综上所述，电阻负载调制实现数据传输的过程如图 4.17 所示。从图 4.17 可见，电子标签的二进制信号通过电阻负载调制传送到了读写器。

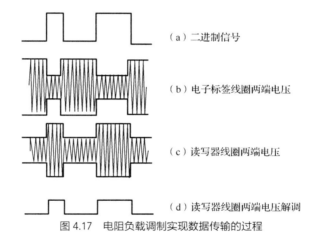

（a）二进制信号

（b）电子标签线圈两端电压

（c）读写器线圈两端电压

（d）读写器线圈两端电压解调

图 4.17　电阻负载调制实现数据传输的过程

电阻负载调制原理也可定性分析。根据前面并联谐振电路的分析，见式（4-47），当开关 S 闭合，等效负载电阻变小时，R_p / R_L 变大，Q 值变小。

此时，电容支路中的电流 $\dot{I}_{CP} = jQ\dot{I}_s$ 也随之变小，从而使得 C_2 两端电压 $\dot{V}_{CD}$ 变小，即电子标签谐振回路两端电压下降。电子标签谐振回路两端电压会通过电子标签线圈产生磁场 H_2，H_2 与读写器线圈产生的磁场方向相反，从而会在一定程度上削弱读写器线圈两端电压。$\dot{V}_{CD}$ 越小，H_2 越弱，$\dot{V}_{AB}$ 越大。

3．电容负载调制

电容负载调制是用附加的电容 C_{mod} 代替调制电阻 R_{mod} 的。电容负载调制原理如图 4.18 所示。与电阻负载调制类似，开关 S 用于控制负载附加电容 C_{mod} 的接入与否。当二进制信号为 1 时，开关 S 闭合，此时电子标签回路中的等效电容为 C_{mod} 和 C_2 并联；当二进制信号为 0 时，开关 S 断开，电子标签回路中的等效电容为 C_2。

电容负载调制与电阻负载调制的不同之处在于：R_{mod} 的接入不改变电子标签回路的谐振频率，因此读写器和电子标签回路在工作频率下都处于谐振状态；而 C_{mod} 接入后，由于回路等效电

< 69 >

容变大，而回路工作频率和电感 L_2 保持不变，因此回路谐振条件不再满足，电子标签回路失谐，从而导致谐振回路两端电压下降。

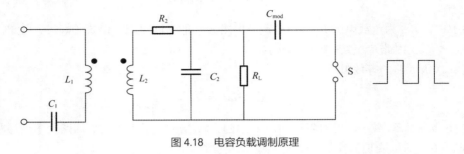

图 4.18　电容负载调制原理

电容负载调制时初级回路等效电路与电阻负载调制电路相同，次级回路等效电路如图 4.19 所示。

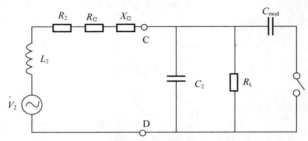

图 4.19　电容负载调制时次级回路的等效电路

此时，次级回路的等效阻抗为

$$Z_{22} = R_2 + j\omega L_2 + \frac{1}{1/R_L + j\omega(C_2 + C_{mod})} \tag{4-57}$$

在负载调制时，Z_{22} 下降，反射阻抗 Z_{f1} 上升，$\dot{V}_{AB}$ 增大。又因为次级回路失谐，导致反射电抗 $X_{f1} \neq 0$，所以电压 $\dot{V}_{AB}$ 的变化不仅包含幅值调制，还含有相位变化，情况比较复杂。但该相位调制只要能保持在很小的范围内，就不会对数据的正确传输产生影响。

电容 C_{mod} 的加入会使次级回路的固有频率下降而导致次级回路失谐。失谐产生的影响可以分为两种情况进行分析。

（1）次级回路谐振频率高于初级回路谐振频率。此时 C_{mod} 的加入会使初级和次级回路的谐振频率更接近。

（2）次级回路谐振频率低于初级回路谐振频率。此时 C_{mod} 的加入会使初级和次级回路的谐振频率偏差加大。

因此在采用电容负载调制时，电子标签天线电路谐振频率不应低于读写器天线电路的谐振频率。

4.4 微波 RFID 射频前端

微波 RFID 的工作频率高，其射频前端电路结构与低频和高频的 RFID 射频前端电路结构有

< 70 >

所不同，主要包括发射通道、接收通道和天线，如图 4.20 所示。

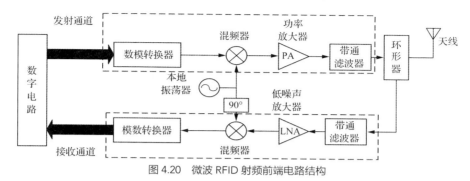

图 4.20 微波 RFID 射频前端电路结构

发射信号时，首先数模转换器将要发射的数字基带信号转换成模拟基带信号；然后模拟基带信号通过混频器与本地振荡器产生的本振信号进行上变频，产生频率较高的射频信号；之后通过功率放大器放大，再通过带通滤波器滤波，去除干扰信号；最后通过环形器（或双工器）由天线发射出去。

接收信号时，天线收到的射频信号经过环形器（或双工器）进入接收通道，通过带通滤波器滤波，并通过低噪声放大器放大；然后通过混频器与本地振荡器产生的本振信号进行下变频，产生频率较低的信号（如需要，可进行二次下变频操作）；再通过模数转换器转换为数字信号，发送给数字电路进行进一步处理。

背向散射式 RFID 系统由于电子标签本身不产生电磁波，因此 RFID 系统的发射频率和接收频率完全相同。同时，背向散射式 RFID 系统的工作模式是全双工模式，当读写器的接收通路准备接收电子标签反射的微弱信号时，发射通路也会同时提供一个大功率的载波信号给电子标签。因此，在 RFID 读写器天线上始终存在一个强载波信号和一个弱反射信号，二者频率完全相同。为了将读写器发射的强载波信号和来自电子标签的弱反射信号分开，一般采用双工器或者环形器。

在很多设计中，微波 RFID 系统的读写器常采用集成的射频收发前端。

1．本地振荡器

振荡器是 RFID 系统中的基本部件之一，它可以将直流功率转换为射频功率，在特定的频率建立起稳定的正弦振荡，从而成为本地振荡信号源。

为满足微波 RFID 系统对射频载波信号的高频率要求，可使用工作于负阻状态下的二极管和晶体管，并利用腔体、馈线或介质谐振器来构成本地振荡器。用此方法构成的本地振荡器可产生高达 100GHz 的基频振荡。

2．混频器

混频器是 RFID 系统中用于频率变换的部件，具有广泛的应用领域，可以将输入信号的频率升高或降低而不改变原信号的特性。

混频器是一个三端口器件。其中，两个端口输入，一个端口输出。混频器采用非线性或时变量元件，它可以将两个不同频率的输入信号变为一系列不同频率的输出信号，输出信号频率分别为两个输入频率的和频、差频及谐波频率。我们在混频器中希望得到的是和频或差频信号。

混频器的符号和功能如图 4.21 所示。若输出信号频率为两个输入频率的和频，则称为上变频。若输出信号频率为两个输入频率的差频，则称为下变频。图 4.21（a）所示是上变频的工作状况，两个输入端分别称为本振（Local Oscillator，LO）信号端和中频（Intermediate Frequency，IF）信

< 71 >

号端；输出信号称为射频（Radio Frequency，RF）信号，其频率 $f_{RF} = f_{LO} + f_{IF}$。图 4.21（b）所示是下变频的工作状况，两个输入端分别称为本振信号端和射频信号端，输出信号称为中频信号，其频率为 $f_{IF} = f_{RF} - f_{LO}$。

图 4.21 混频器的符号和功能

理想混频器的输出信号为两个输入信号的乘积。

在上变频中，假设本振信号为 $v_{LO}(t) = \cos(2\pi f_{LO}t)$，中频信号为 $v_{IF}(t) = \cos(2\pi f_{IF}t)$，$f_{LO} \gg f_{IF}$，则混频器输出信号为

$$v_{RF}(t) = k\left[\cos 2\pi(f_{LO} + f_{IF})t + \cos 2\pi(f_{LO} - f_{IF})t\right] \tag{4-58}$$

k 是考虑混频器的损耗而引入的常量。从式（4-58）可看出，此时输出信号包含了本振信号和中频信号的和频与差频信号。之后可通过滤波器得到和频信号。

在下变频中，假设本振信号为 $v_{LO}(t) = \cos(2\pi f_{LO}t)$，射频信号为 $v_{RF}(t) = \cos(2\pi f_{RF}t)$，其中 f_{LO} 与 f_{RF} 非常接近，则混频器输出信号为

$$v_{IF}(t) = k\left[\cos 2\pi(f_{RF} + f_{LO})t + \cos 2\pi(f_{RF} - f_{LO})t\right] \tag{4-59}$$

此时输出信号中的和频信号频率几乎为 f_{RF} 的两倍。之后应通过滤波器获取差频信号。

3．放大器

在 RFID 系统中，发射通道上存在功率放大器，接收通道上存在低噪声放大器，它们有以下基本功能。

（1）通过隔离本地振荡器和天线，减小接近效应。

（2）补偿信号经过相应滤波器后的损失。

（3）为可能的 ASK 调制方式提供手段。

（4）增大功率输出，增强信号或者扩大信号覆盖范围。

用在 RFID 系统中的放大器主要关注三个参数：增益、功率、带宽。

（1）增益

放大器的根本参数是放大器的增益。增益可用几种不同的方式进行测量。电压增益是输出电压和输入电压的比例。功率增益是输出功率与输入功率的比例。增益以 dB 为单位。

$$G_{dB} = 10\lg\frac{P_{out}}{P_{in}} = 20\lg\frac{V_{out}}{V_{in}} \tag{4-60}$$

放大器工作在微波频段时增益通常是 10～20dB（即输入功率增大为原来的 10～100 倍）。

增益的获得很重要，因为载有信息的信号可能很微弱。例如，一个 RFID 无线接收器包含一个离发射机仅有几米远的电子标签，该电子标签接收信号的峰值电压约为 0.3mV，若要让它的幅值为 0.3V 左右，就需要一个电压增益为 60dB（放大到 1000 倍）的放大器。在实际应用中，还需要选用增益更大的放大器，以弥补信号经过滤波器和混频器时的损失。

（2）功率

放大器的第二个重要参数是其最大输出功率，当放大器的输出达到饱和时，它是没有增益的，

即输入电压或输入功率的一个小的变化不会影响其输出功率，这是因为功率已经达到最高。与此密切相关的常用参数是 1dB 压缩功率，也就是在输入功率很低时，增益减小 1dB 时的输入功率。

在 RFID 发射机中，最终功率放大器的输出功率决定了读写器能够提供的最大可能功率。对被动式电子标签而言，读写器电源是影响其读取范围的一个关键因素。因此功率放大器必须支持当地政府允许的尽可能大的信号功率。在读写器中，由于这些高功率要求，功率放大器往往是最大的使用单一直流电源的器件。

（3）带宽

一个放大器的带宽是它可以放大的频率范围。在 RFID 接收机中，大多数增益或所有增益都放置在基带部分，因此放大器需要足够的带宽。发射机放大器必须工作在整个 UHF 频率。需要注意的是，带宽足够是好的，过大的带宽则不一定好。由于电路内存在意外反馈路径，因此一个放大器的增益频率远高于预期的工作频率时，电路可能会受到意外的寄生振荡。

在涉及具体的发射或者接收通道时，还需要考虑放大器与前后级的输入输出阻抗匹配，以获得最大的输出功率。

4．带通滤波器

滤波器是对特定频段的频率或该频段以外的频率进行有效滤除的电路，通常分为 4 种类型：低通滤波器、高通滤波器、带通滤波器和带阻滤波器。图 4.22（a）所示为理想低通滤波器，它允许低频信号无损耗（放大倍数为 1）地通过滤波器，信号频率超过截止频率 f_c 后，信号放大倍数为 0，相当于衰减无穷大。图 4.22（b）所示为理想高通滤波器，与低频滤波器相反，它允许高频信号无损耗地通过滤波器，信号频率低于截止频率 f_c 后，信号衰减无穷大。图 4.22（c）所示为理想带通滤波器，它允许频率在 $[f_{c1}, f_{c2}]$ 范围内的信号无损耗通过，其他频率衰减无穷大。图 4.22（d）所示为理想带阻滤波器，它允许频率在 $[f_{c1}, f_{c2}]$ 范围外的信号无损耗通过，频率在 $[f_{c1}, f_{c2}]$ 范围内的信号衰减无穷大。

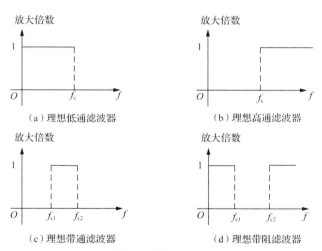

图 4.22　滤波器类型

理想滤波器是不存在的，实际滤波器既不能实现通带内信号无损耗地通过，也不能实现阻带内信号衰减无穷大。

在微波 RFID 系统射频前端中，载波信号和基带信号都需要滤波。在接收机中，带通滤波器用来选择信号。由于带通滤波器无法滤除通带频率附近的所有干扰信号，所以需要通过基带滤波

< 73 >

器进一步抑制带外干扰。

5. 环形器

环形器是一种将进入其任一端口的入射波按确定的方向顺序传入下一个端口的多端口（常见三个端口）器件。如图 4.23 所示，从端口 1 输入的信号只能从端口 2 输出，从端口 2 输入的信号只能从端口 3 输出。

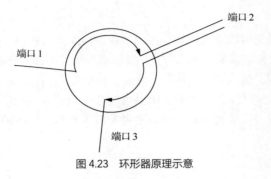

图 4.23　环形器原理示意

习题

1. 简述串联谐振电路与并联谐振电路的 Q 值与选择性和通频带之间的关系。写出谐振频率表达式。

2. 低频、高频 RFID 读写器线圈半径与最大场强距线圈中心点的距离关系如何？读写器和电子标签一般使用哪种谐振电路？

3. 常用的负载调制方法有哪些？简述在电阻负载调制中接入和断开负载电阻对读写器和电子标签线圈电压有何影响。

4. 电容负载调制和电阻负载调制有何区别？

5. 什么是上变频和下变频？常用的二极管混频器的类型有哪几种？

< 74 >

第 5 章

低频 RFID 技术

低频 RFID 技术是指读写器和电子标签的载波频率为 30kHz～300kHz 的 RFID 系统。典型工作频率有 125kHz 和 134kHz。

在低频 RFID 系统中，读写器和电子标签通过电感耦合方式进行能量传递。低频电子标签几乎都是无源电子标签，一般由单个微芯片及大面积的线圈天线组成，工作完全依赖由读写器发送的电磁能。电子标签通过负载调制方式向读写器发送信息。

5.1 低频电子标签

低频电子标签大多为 ID 卡（Identification Card，身份识别卡）的形式，工作频率为 125kHz。

ID 卡无任何保密功能，其"卡号"是公开的、裸露的。ID 卡只能通过读卡器读出卡号（ID 号），而且卡号是固化的，不能修改，也不能写入。

低频 ID 卡由芯片及内置天线组成，芯片内保存一定格式的电子数据。低频 ID 卡通常采用无源设计，将芯片和天线封装在一起，做成卡片的样式。ID 卡进入读写器射频场得电后会重复发送自己的识别码。

EM 微电子公司的 EM（Electronic Memory，电子记忆）低频电子标签市场占有率和性价比较高。EM 低频电子标签又称 EM 卡，其常用芯片型号为 EM4100、EM4205、EM4305 等。

微课视频

5.1.1 EM4100

EM4100 是工作频率为 125kHz、存储容量为 64 位的只读低频电子标签，其工作距离为 2～15cm，数据传输速率为 2kbit/s、4kbit/s、8kbit/s，主要用于考勤系统、门禁系统等。

1. EM4100 的内部结构

EM4100 的内部结构如图 5.1 所示。COIL1 和 COIL2 为外接电子标签天线端子，C_{res} 振荡电容，它们组成 LC 并联谐振电路。振荡波一方面通过芯片内的全波整流电路被转换为直流电压，并经过电容 C_{sup} 滤波稳压后给整个芯片提供稳定的电源；另一方面经过时钟提取电路获得芯片工作所需的时钟。存储序列中存储有 64 位的芯片数据，在芯片电源和时钟建立后，64 位芯片数据经过数据编码和数据调制，最后通过天线以负载调制的方式发送给读写器。

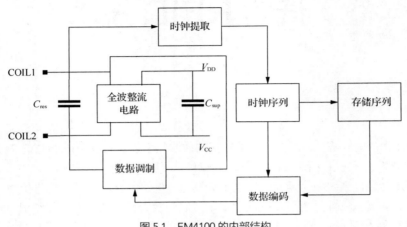

图 5.1　EM4100 的内部结构

2．EM4100 的数据存储格式

EM4100 芯片内存储 64 位数据，如图 5.2 所示，由 5 个区组成。

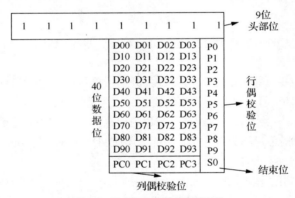

图 5.2　EM4100 的数据存储结构

（1）9 位头部位：其值固定为 111111111。

（2）40 位数据位 D00～D93：共 5 个字节，每个字节分为高 4 位和低 4 位。

（3）1 位结束位 S0：其值固定为 0。

（4）10 位行偶校验位 P0～P9：为了检查数据传输中是否发生了错误，ID 卡对每个字节都增加了 2 个校验位，其中高半字节 1 个，低半字节 1 个，5 个字节共有 10 位。

（5）4 位列偶校验位 PC0～PC3：为了校验数据的完整性，ID 卡还增加了 4 个纵向冗余校验位。

EM4100 输出数据时，首先输出 9 位头部，然后是 10 组由 4 位数据位和 1 位行偶校验位组成的数据串，接着是 4 位列偶校验位，最后是结束位。

例如，卡号为 2100A5EAD9 的 EM4100 卡片，其数据存储结构如图 5.3 所示。

< 76 >

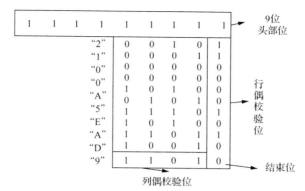

图 5.3   卡号为 2100A5EAD9 的 EM4100 卡片的数据存储结构

3．EM4100 的数据编码和解码

在 EM4100 进入读写器天线磁场获得能量完成芯片复位后，芯片将循环发送内部存储的 64 位数据，直至卡片退出读写器的有效工作区域。

EM4100 的数据编码一般使用曼彻斯特编码，软件译码时可以使用查询或中断方式来检测跳变，同时配合定时器来确定脉宽，根据跳变沿的方向（上升沿还是下降沿）确定数据，一般的 51 单片机都可以实现。

EM4100 芯片内部的数据采用时钟 64 分频的速率进行发送。低频 RFID 系统的典型频率为 125kHz，则每位的传送时间为（1s/125000）×64=512μs。因为 EM4100 数据采用曼彻斯特编码，所以每个比特被分为两位传输，每两个曼彻斯特码宽度为 512μs。

读写器收到 64 位 EM4100 数据时，按图 5.4 所示的解码流程进行解码。

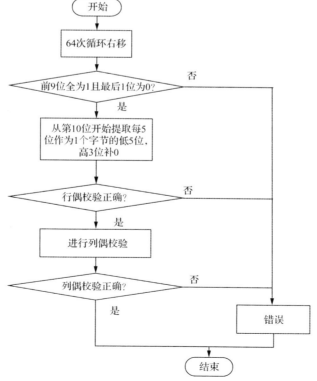

图 5.4   EM4100 解码流程

< 77 >

5.1.2 EM4205/EM4305

EM4205/EM4305 是可读可写的低频电子标签, EM4205 和 EM4305 除天线和谐振电容有差异外, 存储结构和通信命令完全相同。EM4205/EM4305 主要用于动物识别、废品管理、门禁系统及工业应用等场合。

EM4205/EM4305 支持曼彻斯特编码和差动双相编码, 数据传输速率可选择宽度为 8、16、32、40 或 64 个载波, 若载波频率为 125kHz, 则分别对应 16kbit/s、8kbit/s、4kbit/s、3kbit/s 和 2kbit/s。芯片符合 ISO/IEC 11784、ISO/IEC 11785 国际标准, 可以设定工作在读写器先讲(Reader Talk First, RTF)或电子标签先讲(Tag Talk First, TTF)模式。

1. EM4205/EM4305 的数据存储格式

EM4205/EM4305 芯片内存储 512 位数据, 分为 16 个字, 每个字包含 32 位, 其中有一个 32 位的唯一识别码(UID)和一个 32 位的密码(对内部存储数据进行读写保护)。其数据存储格式见表 5.1。

表 5.1　EM4205/EM4305 数据存储格式

字地址	描述	类型
0	杂项数据	读写
1	UID	只读
2	密码	只写
3	用户自由字	读写
4	配置字	读写
5~13	用户数据	读写
14	保护字	读/保护
15	保护字	读/保护

WORD 0 是工厂编写的内容, 包括芯片类型、谐振电容版本、用户码等, 也可被用户写入其他数据。WORD 1 存储只读的芯片 UID。WORD 2 包含一个 32 位的密码, 密码只能写入, 不能读出, 而且只能在一个认证命令执行成功后改写。WORD 3 为可读写的用户自由字, 可用来存储特定的用户信息。WORD 4 存储芯片的配置字, 该配置字用来定义芯片的操作模式和选项。WORD 5~WORD 13 存储可读写的用户数据。WORD 14~WORD 15 是保护字, 用来保护 WORD 0~WORD 13 在执行芯片写命令时不被修改。保护字可以读出, 只能使用 Protect 命令进行修改。

WORD 4 共 32 位(bit0~bit31), EM4205/EM4305 的配置字见表 5.2。

表 5.2　EM4205/EM4305 的配置字

配置字 (bit0~bit31)	名称	描述
bit0~bit5	芯片发送数据的速率	110000 表示 RF/8, 111000 表示 RF/16, 111100 表示 RF/32, 110010 表示 RF/40, 111110 表示 RF/64
bit6~bit9	芯片发送数据的编码	1000 表示曼彻斯特编码, 0100 表示差动双相编码, 其他值保留未用

< 78 >

配置字 （bit0～bit31）	名称	描述
bit10～bit11	未使用	出厂设置为 0
bit12～bit13	高电平时延	在曼彻斯特编码或差动双相编码模式下，当由低电平跳变为高电平时，可以设定一个比预定的时刻提前跳变为高电平的时间。 00 和 11 表示不提前，01 表示提前 1/8 位周期，10 表示提前 1/4 位周期，速率为 RF/40 时另有规定
bit14～bit17	默认读的结束地址	默认读模式下的结束 WORD 地址，有效范围为 5～13。17bit 为最高有效位（Most Signification Bit，MSB），14bit 为最低有效位（Least Significant Bit，LSB）
bit18	读认证	如果设置为 1，则使用读命令读取除 WORD 0 和 WORD 1 之外的其他 WORD 时，必须先进行密码认证
bit19	未用	必须设置为 0
bit20	写认证	如果设置为 1，则使用写命令改变任意 EEPROM 的内容或使用保护命令改变保护字时，都必须先进行密码认证
bit21～bit22	未用	必须设置为 0
bit23	休眠（Disable）命令	如果设置为 1，则芯片接受休眠命令
bit24	RTF	如果设置为 1，芯片工作于 RTF 模式，在默认读模式下不发送数据，只有来自读写器的命令才能获取电子标签的数据
bit25	未用	必须设置为 0
bit26	赛鸽模式	如果设置为 1，则在默认读模式下，芯片忽略配置字中设定的默认读结束地址，固定地循环发送 WORD 5 的 32 位数据，以及 WORD 6 和 WORD 7 的 16 位最低有效位（LSB）
bit27～bit31	保留	必须设置为 0

2．RTF 和 TTF 工作模式

电子标签芯片进入磁场得电完成复位后立即读取芯片配置字，之后进入默认读模式。如果配置字的 RTF 位（bit24）设置为 1，则芯片工作在 RTF 模式，在 RTF 的默认读模式下，芯片不会主动发送数据，只有收到来自读写器的命令才会发送数据。如果配置字的 RTF 位（bit24）设置为 0，则芯片工作在 TTF 模式。在 TTF 的默认读模式下，芯片自动连续循环发送从 WORD 5 到某一结束 WORD 的数据，结束 WORD 的地址由配置字的 bit14～bit17 设定。

无论芯片工作在 RTF 模式还是 TTF 模式，当芯片处于默认读模式时，读写器向电子标签发送一个位宽为 32 个载波时间的 100% ASK 调制信号（即读写器关闭天线磁场 32 个载波时间），电子标签芯片将立即停止当前的默认读模式，并等待读写器发送的下一个数据 "0"；如果收到数据 "0"，则芯片切换到命令处理模式，否则返回默认读模式。

3．通信命令

EM4205/EM4305 的通信命令共 5 条，见表 5.3。

表 5.3　EM4205/EM4305 的通信命令

通信命令	含义	描述
Login	密码认证	在执行任何有密码保护的操作之前需要先执行此命令
Write Word	写数据	向指定的 WORD 地址写入一个 32 位的数据

< 79 >

续表

通信命令	含义	描述
Read Word	读数据	从指定的 WORD 地址读出一个 32 位的数据
Protect	保护	将芯片的保护字写入保护位，被保护的 WORD 将无法使用写命令修改
Disable	休眠	只有配置字的 bit23 被置位，芯片才接收此命令，收到命令后芯片将停止所有操作。只有重新上电复位，芯片才能退出休眠状态

5.1.3 其他系列电子标签

1. HITAG 系列电子标签

HITAG 是 NXP（恩智浦）公司开发的低频电子标签，工作频率为 100kHz～150kHz。包括 HITAG 1、HITAG 2、HITAG S、HITAG RO、HITAG μ 等。HITAG 系列电子标签提供高可靠性、稳定性和安全的数据传输，具有不同的内存大小、读/写或只读访问功能，读写访问时芯片与读写器之间使用半双工模式通信，符合相关标准且经过专有加密。HITAG 系列电子标签 IC 采用的是超低功耗设计，可提供家畜追踪所需的长距离读取功能。HITAG 系列电子标签的主要性能见表 5.4。

表 5.4　HITAG 系列电子标签的主要性能

电子标签	容量/位	UID/位	读写锁定	工作模式
HITAG 1	2048	48	是	RTF
HITAG 2	256	48	是	RTF 和 TTF
HITAG S	256～2048	48	是	RTF 和 TTF
HITAG RO	64	32	是	TTF
HITAG μ	128	32	是	RTF 和 TTF
HITAG μ Advanced	512～1760	32	是	RTF 和 TTF

2. ATA 系列电子标签

ATA 是 Atmel（爱特梅尔）公司开发的非接触式低频电子标签，主要针对 100kHz～150kHz 频带的应用。ATA 系列电子标签芯片有多个型号。本书以其中较为典型的 ATA5577 为例说明。

ATA5577 的中心工作频率为 125kHz，是无源、可读写、具有防碰撞功能的 RFID 电子标签芯片。芯片可工作于基本模式或扩展模式，兼容 T5557、ATA5567、E5551、T5551 电子标签芯片。内部存储容量为 363 位，分为 11 个块（Block），每个块包含 33 位（32 位数据位和 1 位锁定位）。11 个块包括 7 个块的用户存储区，2 个块的 UID，1 个块的模拟前端选项寄存器和 1 个块的配置寄存器。ATA5577 主要应用于门禁系统、动物识别、废品管理等场合。

5.2 低频读写器芯片

微课视频

EM4095 芯片是 EM 微电子公司生产的一款低频调幅读写器专用芯片，支持该公司 EM4100、EM4205 等电子标签。

< 80 >

EM4095 芯片内置的锁相环（Phase Locked Loop，PLL）可自适应天线谐振载波，不需要外部晶体振荡器（简称晶振），载波频率范围为 100kHz～150kHz，数据发送采用 100%调幅方式，休眠状态下电流小至 1μA。

1．EM4095 引脚定义

EM4095 共有 16 个引脚，如图 5.5 所示，其芯片引脚功能见表 5.5。

图 5.5　EM4095 芯片引脚

表 5.5　EM4095 芯片引脚功能

引脚	名称	类型	说明
1	VSS	地	电源地
2	RDY/CLK	输出	就绪标志和时钟输出，调幅驱动
3/6	ANT1/ANT2	输出	天线驱动
4/5	DVDD/DVSS	电源/地	天线驱动正电源/负电源
7	VDD	电源	正电源
8	DEMOD_IN	模拟信号	天线探测电压
9/10	CDEC_OUT/CDEC_IN	模拟信号	DC 电容输出/输入
11	AGND	模拟信号	模拟地
12	MOD	上拉输入	天线高电平调制
13	DEMOD_OUT	输出	数字解调数据输出
14	SHD	上拉输入	高电平驱动电流进入休眠状态
15	FCAP	模拟信号	PLL 滤波电容
16	DC2	模拟信号	DC 去耦电容

2．EM4095 原理

EM4095 芯片内部功能原理如图 5.6 所示。该芯片实现了射频信号的发送和接收两个基本功能。发送模块负责天线驱动和调幅，接收模块负责对电子标签天线发送的调幅信号进行解调。

当 MOD 引脚为高电平时，天线驱动阻塞并关闭射频场。当 MOD 引脚为低电平时，天线发射没有经过调制的 125kHz 载波。当 SHD 引脚为高电平时，芯片处于休眠状态，电流消耗非常小。上电复位时 SHD 引脚需要维持高电平，以便芯片正确地初始化。SHD 引脚为低电平时能使芯片天线产生射频场，并开始解调天线接收的调幅信号，解调后的信号通过 DEMOD_OUT 引脚输出给微控制器进行解码。

< 81 >

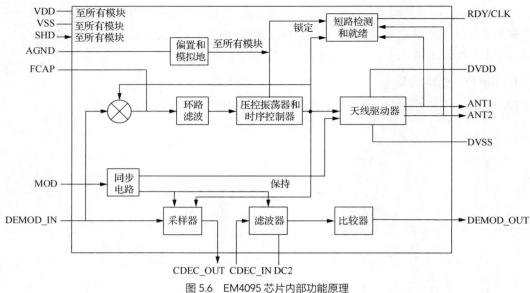

图 5.6　EM4095 芯片内部功能原理

发送功能是通过 PLL 和天线驱动器实现的。天线驱动器为外接天线提供合适的能量，天线中电流的大小取决于天线电路的 Q 值。设计时天线中电流的峰值最好不要超过 250mA。天线有短路保护功能，当天线发生短路时，RDY/CLK 引脚电平会被拉低，天线驱动器被强制换为三态输出。

PLL 由环路滤波、压控振荡器（Voltage Controlled Oscillator，VCO）和时序控制器组成。它通过外部分压电容和 DEMOD_IN 引脚得到天线振荡电压信号，将该信号的相位和天线驱动器的信号相位进行比较，从而可以将载波频率锁定在天线的谐振频率上。根据天线类型的不同，系统谐振频率可以被 PLL 锁定在 100kHz～150kHz。

天线信号通过 DEMOD_IN 引脚进入接收模块，DEMOD_IN 引脚上的电压必须小于 V_{DD}-0.5V 并且大于 V_{SS}+0.5V，该电压通过外部分压电容调整获得，分压电容还必须考虑与共振电容的配合。

接收通路由采样器、保持模块、滤波器及比较器等部分组成。DEMOD_IN 引脚输入的调幅信号被同步采样，其中的直流成分被电容 C_{DEC} 隔离，载波信号和高频、低频噪声通过带通滤波器和电容 C_{DC2} 滤除，然后信号通过异步比较器整形，比较器的信号通过 DEMOD_OUT 引脚输出。增大 C_{DC2}，将增加接收带宽，进而增加斜坡信号的接收增益。C_{DC2} 的推荐范围是 6.8～22nF，C_{DEC} 的推荐范围为 33～220nF。

RDY/CLK 引脚为外接的微处理器提供天线信号的同步时钟和 EM4095 的内部状态信息。RDY/CLK 引脚输出同步时钟信号说明 PLL 已锁定，接收通路状态已设置好。当 SHD 引脚为高电平时，RDY/CLK 引脚电平会被强制拉低。当 SHD 引脚上的电平由高转低时，PLL 开始初始化，接收通路打开，经过时间 T_{set} 后，PLL 锁定，接收通路的工作点建立。此时，与天线同步的时钟信号通过 RDY/CLK 引脚输出，通知微处理器可以通过 DEMOD_OUT 引脚接收电子标签信号，而 RDY/CLK 引脚上输出的是同步时钟信号。当 MOD 引脚上施加高电平，天线磁场关闭时，RDY/CLK 引脚上的时钟信号会继续输出。在 SHD 引脚上的电平由高变低之后的 T_{set} 时间内，RDY/CLK 引脚电平被内部 100kΩ 电阻拉低。

3．EM4095 与 MCU 的接口

EM4095 引脚较少，结构简单，其与 MCU 的接口如图 5.7 所示。芯片供电后，MCU 控制 SHD

< 82 >

引脚先设置为高电平，对芯片进行初始化，然后再将 SHD 引脚置为低电平，EM4095 即发射射频信号，解调模块将天线上 AM 信号中携带的数字信号取出，并由 DEMON_OUT 引脚输出。

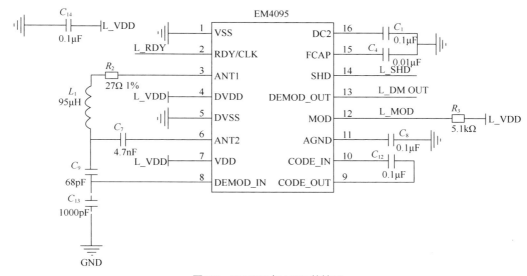

图 5.7　EM4095 与 MCU 的接口

习题

1. 将 ID 卡号 2538A94EOD 编码为 EM4100 数据格式，写出过程及编码后的十六进制数据。
2. 简述 EM4205/EM4305 的存储容量、存储结构、主要应用场合。
3. HITAG 1、HITAG 2、HITAG S 的存储容量分别是多少？三种类型都可以制作动物识别电子标签吗？
4. ATA5577 有哪些工作模式？向读写器发送数据时支持哪些编码方式和数据传输速率？
5. 说明分别使用 EM4205/4305、HITAG 2、HITAG S、HITAG μ、ATA5577 制作动物识别电子标签时，128 位的电子标签数据需要预先存放在电子标签内存的什么位置？

< 83 >

第**6**章 高频 RFID 技术

高频 RFID 技术是指读写器和电子标签的载波频率为 3MHz～30MHz 的 RFID 系统。高频 RFID 技术的典型工作频率是 13.56MHz。

6.1 高频电子标签

高频电子标签一般都是无源的，同低频电子标签一样，其工作能量也是通过电感耦合方式从读写器耦合线圈的无功近场区中获得。电子标签与读写器进行数据交换时，标签必须位于读写器天线的无功近场区内。高频电子标签的工作距离一般情况下小于 10cm。

高频电子标签的天线一般为线圈型。但由于高频 RFID 系统的频率比低频 RFID 系统的频率高很多，一般高频 RFID 系统电子标签的天线匝数较少，因此高频电子标签的天线制作比低频电子标签容易，价格更低。

高频电子标签的外形常见的有三种。

（1）卡片式：一般以 PVC 为材料制作，主要应用在各类"一卡通"领域，如城市公交一卡通等。

（2）纽扣式：具有防水、防震、耐高温等显著特点，可用在水洗行业，比较常见的应用主要有纺织品工厂、布草专业洗涤、洗衣店等。

（3）硅胶软手环式：方便使用者戴在手腕上，可用在特定场合充当钥匙，如游泳池、健身房、浴室等。

高频电子标签天线设计相对简单，方便制作成标准卡片（IC 卡）形状，因此卡片式是目前应用最广泛的高频电子标签形式。非接触式 IC 卡具有可靠性高、操作方便、安全性好等特点，适合于多种应用。

目前市场上常见的高频电子标签产品有 Mifare 系列、ICODE 系列等。

6.1.1 Mifare 系列电子标签

微课视频

Mifare 技术是市场占有率较高的非接触式 IC 卡技术，它采用 13.56MHz 的近距离非接触式 IC 卡通信频率，在通信安全上均采用符合 ISO/IEC 9798 国际标准的三次互感校验技术，以对卡和读写设备的合法性进行认证。Mifare 系列电子标签在数据通信上采用数字签名算法（Digital Signature Algorithm，DSA）对数据进行加密，以确保卡数据不被非法修改。

Mifare 系列电子标签有 Mifare Classic、Mifare DESFire、Mifare Plus 等。其中，Mifare Classic 是较常用的一种，也就是 Mifare One 卡，又称 M1 卡，是一种逻辑加密卡。Mifare DESFire 和 Mifare Plus 的加密性能很高，可用在对安全性要求较高的场合。

1．M1 卡

常用的 M1 卡有 S50、S70 两种型号，其中 S50 芯片的存储容量是 1KB，S70 芯片的存储容量是 4KB。M1 S50 卡采用原装的 Mifare IC S50 芯片，符合 ISO/IEC 14443 Type A 空中接口协议，拥有先进的数据加密及双向密码验证系统和 16 个完全独立的扇区，数据传输速率为 106kbit/s，有着极高的稳定性和广泛的应用范围。

常见的 RFID 应用对系统存储容量要求不高，M1 S50 卡即可满足要求。后文提到的 M1 卡都默认为 M1 S50 卡。

M1 卡的主要特点归纳如下。

（1）使用寿命长。M1 卡的写次数为 100000 次，读操作次数无限。

（2）操作方便、快捷。M1 卡能源供应采用无源方式，非接触操作。卡片使用没有方向性，无须插拔，大大提高每次使用的速度。

（3）防碰撞。M1 卡中有快速防碰撞机制，能防止卡片之间出现数据干扰。因此，读写器可以"同时"处理多张非接触式 IC 卡，提高了应用的并行性。

（4）适用多种应用。非接触式卡的分扇区、分块的存储器结构特点使 M1 卡可一卡多用，能应用于不同的系统，可根据不同的应用设定不同的密码和访问条件。

（5）加密性能好。M1 卡有不可更改的全球唯一的芯片序列号；非接触式卡与读写器之间采用双向验证机制，M1 卡在数据处理前要与读写器进行 3 次认证，而且在通信过程中所有的数据都加密。

M1 卡内部由两个部分组成：芯片模块和线圈。M1 卡内部结构如图 6.1（a）所示，M1 卡芯片内部结构如图 6.1（b）所示。芯片高度集成，包括可高速传输数据的射频接口模块和数字模块，体积很小。电子标签内没有电源。

能量和数据通过外接天线在读写器和 M1 卡之间进行传输。射频接口模块包括调制解调器、滤波器、时钟生成模块、上电复位电路和稳压电路等部分，可以为整个芯片提供工作电压、时钟和数据。在数字模块中，防碰撞单元可以实现对同一时刻处于磁场中的多张射频卡依次进行操作而不发生混乱。认证与权限控制单元完成对 EEPROM（Eelectrically-Erasable Programmable Read-Only Memory，电擦除可编程只读存储器）操作前必要的身份与权限验证。加密单元用于认证和读写卡片时的数据加密。

M1 卡有 1KB 的 EEPROM 存储容量，共分为 16 个扇区，每个扇区有 4 块（块 0～块 3），共 64 块，按块号编址为 0～63，每块包含 16 个字节。一般第 0 扇区的块 0 用于存放芯片商、卡商相关数据，此数据已经固化不可更改。其他各扇区的块 0～块 2 为数据块，用于储存相关物品的数据以及用户数据；块 3 为各扇区的区尾控制块，用于存放 Key A（密码 A）、存取控制字、Key B（密码 B）。各扇区的控制块存储结构相同，但内容可以不同。其内部存储结构如图 6.2 所示。

扇区 0 中的块 0 用于存放厂商代码和卡片序列号，不可更改。MF1S503yX 芯片的前 4 个字节是厂商代码，前 7 个字节为卡片序列号。

除存放厂商代码的块和区尾控制块外，其他块均为数据块。需要注意的是，数据块除了可以存放普通的数据、支持读写，还可以充当电子钱包（数值块）。

< 85 >

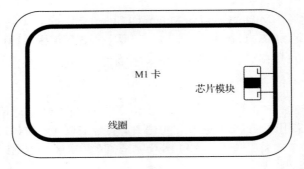

（a）M1 卡内部结构

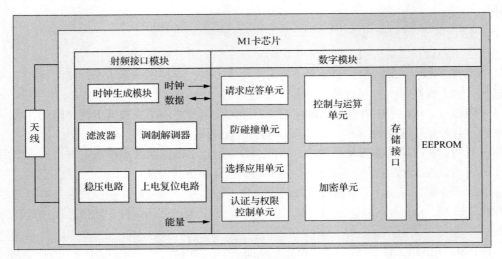

（b）M1 卡芯片内部结构

图 6.1　M1 卡结构

扇区	块		
扇区0	块0	厂商代码和卡片序列号	0
	块1	数据块	1
	块2	数据块	2
	块3	区尾控制块	3
扇区1	块0	数据块	4
	块1	数据块	5
	块2	数据块	6
	块3	区尾控制块	7
		……	
扇区15	块0	数据块	60
	块1	数据块	61
	块2	数据块	62
	块3	区尾控制块	63

图 6.2　M1 卡内部存储结构

　　区尾控制块的 16 个字节包括 6 个字节的 Key A、4 个字节的存取控制字、6 个字节的 Key B。各扇区中块 3 的数据存储结构见表 6.1。新出厂的 M1 卡中，Key A 和 Key B 一般为 6 个 FFH，存取控制字为 FF 07 80 69。存取控制字对其对应扇区的数据块权限和密码权限进行控制。

< 86 >

表 6.1　各扇区中块 3 的数据存储结构

字节号	0~5	6~9	10~15
说明	Key A	存取控制字	Key B
控制值	FF FF FF FF FF FF	FF 07 80 69	FF FF FF FF FF FF

每个扇区的 A、B 两组密码和存取控制条件都是独立设置的，用户可以根据实际需求对区尾控制块的密码与控制条件进行设置。

对数据块（块 0~块 2）的操作有 4 种条件：①禁止操作；②验证密码 A 可以操作；③验证密码 B 可以操作；④验证密码 A 或密码 B 的任一个都可以操作。数据块有 2 种操作模式：可作为读写块（允许读写操作），也可作为数值块（保存数值，可进行初始化、加值、减值、转存和恢复等操作）。4 种条件和 2 种操作模式可组合为 8 种情况，用 3 个二进制控制位（C1、C2、C3）表示。

数据块的存取操作条件见表 6.2。区尾控制块的存取操作条件见表 6.3。

表 6.2　数据块的存取操作条件

存取控制位			存取操作所需符合的条件				备注
C1	C2	C3	读块	写块	加值	减值/转存/恢复	
0	0	0	Key A|Key B	Key A|Key B	Key A|Key B	Key A|Key B	出厂配置
0	1	0	Key A|Key B	禁止	禁止	禁止	读写块
1	0	0	Key A|Key B	Key B	禁止	禁止	读写块
1	1	0	Key A|Key B	Key B	Key B	Key A|Key B	数值块
0	0	1	Key A|Key B	禁止	禁止	Key A|Key B	数值块
0	1	1	Key B	Key B	禁止	禁止	读写块
1	0	1	Key B	禁止	禁止	禁止	读写块
1	1	1	禁止	禁止	禁止	禁止	读写块

表 6.3　区尾控制块的存取操作条件

存取控制位			存取操作所需符合的条件						备注
			Key A		存取控制字		Key B		
C1	C2	C3	读	写	读	写	读	写	
0	0	0	禁止	Key A	Key A	禁止	Key A	Key A	Key B 可读
0	1	0	禁止	禁止	Key A	禁止	Key A	禁止	Key B 可读
1	0	0	禁止	Key B	Key A|Key B	禁止	禁止	Key B	
1	1	0	禁止	禁止	Key A|Key B	禁止	禁止	禁止	
0	0	1	禁止	Key A	Key A	Key A	Key A	Key A	Key B 可读
0	1	1	禁止	Key B	Key A|Key B	Key B	禁止	Key B	
1	0	1	禁止	禁止	Key A|Key B	Key B	禁止	禁止	
1	1	1	禁止	禁止	Key A|Key B	禁止	禁止	禁止	

从表 6.3 可以看出，在区尾控制块的存取操作条件配置中，有 3 种情况 Key B 是可以被读取的，因此需注意此时卡片的认证不能使用 Key B。若读写器强行使用 Key B 认证，则卡片将拒绝

< 87 >

认证以及对卡片的所有操作。

M1 卡存取控制字的存放格式如图 6.3 所示，符号顶部的横线表示逻辑非。前三个存取控制位的出厂值为 000（即 $C1_{0\sim2}=0$，$C2_{0\sim2}=0$，$C3_{0\sim2}=000$），区尾控制块控制位的出厂值为 001（$C1_3C2_3C3_3=001$），因此字节 6（Byte6）为 FFH，字节 7（Byte7）为 07H，字节 8（Byte8）为 80H。字节 9（Byte9）没有存取控制位，可以留给用户使用，其出厂设置值为 69H。故 M1 卡 4 个存取控制字节的出厂值为 FF 07 80 69H。

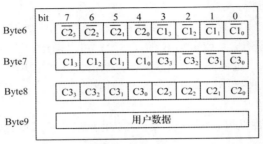

图 6.3 M1 卡存取控制字的存放格式

读写 M1 卡的命令由读写器发出，按照读写流程，只有通过防碰撞循环和认证才能真正对卡片进行操作，其操作流程如图 6.4 所示。

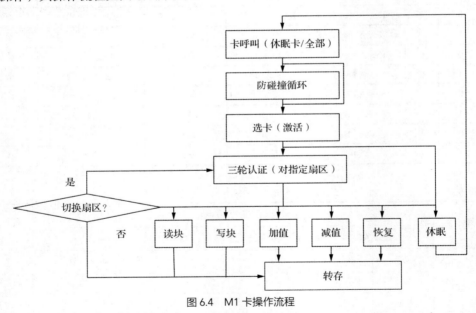

图 6.4 M1 卡操作流程

（1）卡呼叫（休眠卡/全部）。读写器向工作范围内所有 M1 卡发出呼叫（request）命令。M1 卡一旦进入读写器工作范围，就会收到载波并进行充电。M1 卡上电复位后，如果收到读写器发来的 request 命令，则通过发送应答码 ATQA 回应。

（2）防碰撞循环。在防碰撞循环中，读写器可以读回一张 M1 卡的序列号。如果在读写器的工作范围内有几张 M1 卡，则读写器可以通过唯一序列号区分它们，并可选定 M1 卡以进行下一步交易。未被选定的 M1 卡转入待命状态，等候新的 request 命令。

（3）选卡（激活）。读写器通过 select card 命令选定一张 M1 卡进行认证存储器的相关操作。该 M1 卡返回选定应答码（ATS=08H）。

< 88 >

（4）三轮认证（对指定扇区）。选卡后，读写器指定后续读写的存储器位置，并用相应密钥进行三轮认证。认证成功后，所有存储器操作都是加密的。

（5）存储器操作。经过三轮认证后，读写器可对 M1 卡执行下列操作。

① 读块：读数据块。

② 写块：写数据块。

③ 加值：增大数值块内的数值，并将结果保存在临时内部数据寄存器中。

④ 减值：减小数值块内的数值，并将结果保存在临时内部数据寄存器中。

⑤ 转存：将临时内部数据寄存器的内容写入数值块。

（6）数据完整性。为保证数据传输的可靠性，在读写器和 M1 卡的通信中，每块设置了一个 16 位的 CRC 码、每个字节设置了一个奇偶校验位，还增加了位计数检查、位编码（以区分 0、1 和无信息）和通道监控（协议序列和位流分析）。

如果更换操作的扇区，则需要重新进行认证。当收到暂停命令时，M1 卡将进入休眠状态，处于休眠状态的 M1 卡，只有使用 WUPA（Wake-Up A，Type A 型唤醒命令）才能唤醒并重新进入新的循环。

2．Mifare Plus 卡

Mifare Plus 是对 M1 的升级，能够完全后向兼容 M1。Mifare Plus 卡使用高级加密标准（Advanced Encryption Standard，AES）加密实现安全认证、数据完整性校验和数据加密。

Mifare Plus 卡芯片内部结构如图 6.5 所示。与 M1 相比，Mifare Plus 主要增加了 AES 加密协处理器辅助 CPU/LOGIC 单元进行加密运算，使芯片的安全性大幅提高。

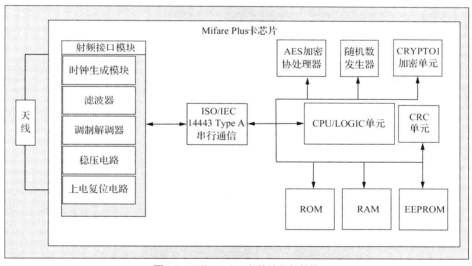

图 6.5　Mifare Plus 卡芯片内部结构

Mifare Plus 卡与读写器的数据传输速率最高可达 848kbit/s。Mifare Plus 卡支持多扇区验证和多数据块读写，并支持基于 ISO/IEC 7816 的虚拟卡概念，主要应用于公共运输、进出管理、电子收费、积分管理等场合。

3．Mifare DESFire 卡

Mifare DESFire 卡提供快速、高安全性的数据传输以及灵活性强的存储空间组织方式。其芯片基于射频接口和加密方法的全球开放标准，参考了数据加密标准（Data Encryption Standard，

< 89 >

DES）、三重数据加密标准（Triple Data Encryption Standard，3DES）和 AES 硬件加密引擎，对传输的数据进行高强度保护。Mifare DESFire 系列包含 Mifare DESFire EV1 和 Mifare DESFire EV2，它们是解决方案开发商和系统运营商构建可靠、可交互和可扩展的无接触式智能卡的理想之选。Mifare DESFire 卡支持身份识别、门禁系统、积分和小额支付应用，以及交通领域的多应用智能卡解决方案。

（1）主要特性。Mifare DESFire EV1 卡使用了 7 个字节的 UID、片上文件备份系统和 3 次认证，每张卡可以同时服务于最多 28 个应用类别，每种应用可以包含最多 32 个文件。每个文件的大小在创建时定义。

为保证交易数据的完整性，Mifare DESFire 都采用了防撕裂机制，Mifare DESFire EV1 卡的数据传输速率最高可达 848kbit/s。在其名称中，DES 代表高安全性的 3DES 或 AES 硬件加密机制，Fire 代表快速、创新、可靠和安全。Mifare DESFire EV1 卡持有者可以在同一张卡上创建多个应用，如可以将其同时作为支付端、票证、门禁卡使用。在保证安全性和可靠性的同时，Mifare DESFire EV1 卡能为用户提供更多便捷。

Mifare DESFire EV1 卡在速度、性能和成本等方面取得了平衡，开放的体系允许其与其他形式（如智能纸质票证、钥匙环、基于 NFC 的移动支付等）无缝对接，同时 Mifare DESFire EV1 卡能完全兼容现有的 Mifare 系列读写器硬件平台。

Mifare DESFire EV1 卡工作距离可达 100mm，遵守 ISO/IEC 14443-4 协议，主要应用于对安全性要求较高的公共交通、进出控制、电子支付、电子政务等场合。

（2）存储结构。Mifare DESFire 卡的存储容量有 2KB、4KB、8KB 共 3 种规格，以灵活的文件系统组织存储空间，在一张卡片上最多允许同时存在 28 个应用，每个应用都有 3 个字节的应用标识符（Application Identifier，AID）。应用中的文件可以是以下 5 种类型之一：标准数据文件、备份数据文件、带备份的值文件、带备份的线性记录文件和带备份的环形记录文件。任何对文件系统可能有影响的命令都会激活一个自动回滚机制，用来保护文件系统免遭破坏。

（3）卡片安全。Mifare DESFire 卡采取了许多安全措施。每张卡片都有全球唯一的 UID，在出厂时设定，出厂后无法改变。Mifare DESFire 卡与读写器交换数据之前要先进行 3 次认证，认证时根据配置可以使用 DES、3DES 或 AES。根据文件或应用的配置不同，读写器和 Mifare DESFire 卡之间的数据通信安全性可以分为以下 3 种类型。

① 明文传输。安全性较低，只在后向兼容 MF3ICD40 芯片时使用。

② 使用加密校验的明文传输。加密校验使用消息认证码（Message Authentication Code，MAC）。

③ 加密数据传输，并且在加密前使用 CRC。当后向兼容 MF3ICD40 芯片时使用 16 位的 CRC，其他情况下使用基于 DES/3DES/AES 的 32 位的 CRC。

6.1.2　ICODE 系列电子标签

ICODE 是 NXP 公司出品的工作频率为 13.56MHz 的系列电子标签，支持 ISO/IEC 15693 或 ISO/IEC 18000-3 国际标准，在全球范围内使用非常广泛。ICODE 系列电子标签有多个型号，本节以 ICODE SLIX2 芯片为例说明。

1. 主要特性

ICODE SLIX2 芯片后向兼容此前的系列产品，用户存储空间扩展为 2.5KB。芯片工作在无源模式，工作距离可达 1.5m，与读写器的数据传输速率可以达到 53kbit/s。芯片的防碰撞机制支持

< 90 >

在同一读写器的工作范围内同时识别多个电子标签，使用 32 位密码保护读写操作，主要应用于图书馆管理、药品供应链管理、消费品防伪、工业应用及资产追溯等场合。

2．内部结构

ICODE SLIX2 芯片的内部结构主要分成 3 部分：射频接口模块、数字控制模块和 EEPROM。射频接口模块为整个芯片提供稳定的电源，对读写器与电子标签之间交换的数据进行调制解调。数字控制模块主要包含一个状态机，执行协议处理和对 EEPROM 的操作。EEPROM 用于存储数据。

3．存储结构

ICODE SLIX2 芯片的存储空间共 2560 位，分为 80 块，每块包含 4 个字节，共 32 位，块是最小的访问单位。整个存储区可以分为 3 部分，包括内部配置区、用户存储区和一个 16 位的计数器，见表 6.4。

表 6.4　ICOD ESLIX2 芯片的存储结构

块	说明
—	内部配置区
Block0～Block78	用户存储区
Block79	计数器

内部配置区保存了 UID、写保护、访问控制、密码、应用族标识符（Application Family Identifier，AFI）和电子商品防盗（Electronic Article Surveillance，EAS）等信息，内部配置区的内容不能直接访问。Block0～Block78 为用户存储区，共有 2528 位，用户可以根据相关的安全协议和写保护条件直接对其进行读写操作。Block79 的 Byte0 和 Byte1 组成一个 16 位的计数器；Byte2 的值保留为 0；Byte3 的值为 0 时，表示增大计数器的值不需要密码保护，Byte3 的值为 1 时，表示增大计数器的值需要密码保护。

ICODE SLIX2 芯片遵守 ISO/IEC 15693 国际标准，其 UID 共有 8 个字节即 64 位，见表 6.5。其中 UID7 固定为 E0H；UID6 为制造商代码，NXP 公司的代码是 04H；UID5 表示电子标签类型，ICODE SLIX2 芯片的电子标签类型代码是 01H。UID4 中的 bit37 和 bit36 的组合称为类型指示位，表示 ICODE SLI 系列的 4 种芯片类型，与 ICODE SLIX2 芯片对应的类型指示位为 10。

表 6.5　ICODE SLIX2 芯片的 UID 结构

UID7	UID6	UID5	UID4	UID3	UID2	UID	UID0
E0H	04H	01H	IC 制造商序列号				

4．通信命令

ICODE SLIX2 芯片支持的通信命令十分丰富，可以分为以下 3 类。

（1）ISO/IEC 15693-3 国际标准规定的须强制执行的命令。这类命令有 2 个，即 INVENTORY 和 STAYQUIET，通过这 2 个命令，可以对读写器天线磁场范围内的多个电子标签执行防碰撞操作，依次读出每个电子标签的 UID。

（2）ISO/IEC 15693-3 国际标准规定的可选择执行的命令。这类命令共 12 个，包括读写单个数据块、锁定数据块、一次读取多个数据块、电子标签选择、复位到准备状态、写 AFI、锁定 AFI、写 DSFID（Data Storage Format Identifier，数据存储格式标识符）、锁定 DSFID 等。通过这些命令

< 91 >

可以对用户存储区的数据块、AFI、DSFID 等实现读、写、锁定等操作。

（3）用户命令。此类命令共有 21 个，主要面向芯片安全方面的操作，涉及的对象包括密码、写保护、EAS、计数器等。

6.1.3 高频 CPU 卡

智能卡按安全级别可以分为存储器卡、逻辑加密卡和 CPU 卡（CPU 型电子标签）3 类，其中 CPU 卡内置 CPU 芯片，运行片内操作系统（Chip Operating System，COS），能够实现复杂的安全加密算法，从而对访问者的身份进行鉴别与核实，对数据进行加密与解密，对文件访问进行安全控制，所以 CPU 卡的安全性是最高的。

1. COS

COS 主要控制智能卡和外界的信息交换，管理智能卡内的存储器并在卡内部完成对各种命令的处理。COS 一般是根据它所服务的智能卡的特点进行开发的，由于不可避免地受到智能卡内微处理器芯片性能及存储容量的影响，因此 COS 在很大程度上不同于我们通常见到的微机操作系统（如 DOS、UNIX、Windows 等）。

首先，COS 是一个专用系统而不是通用系统。即一种 COS 一般只能应用于特定的某种（或者是某些）智能卡，不同卡内的 COS 一般是不相同的。

其次，与常见的微机操作系统相比较而言，COS 在本质上更加接近于监控程序，而不是一个通常意义上的操作系统。COS 主要要解决的是如何对外部命令进行处理、响应的问题，一般并不涉及共享、并发的管理及处理，而且就智能卡现在的应用情况而言，并发、共享、多任务的工作也确实是极为罕见的。

COS 一般都是紧密结合智能卡内存储器分区的情况，按照国际标准所规定的一些功能进行设计开发的。但是由于智能卡技术的发展速度很快，而国际标准的制定周期相对较长，因而出现了智能卡国际标准滞后于智能卡技术发展的情况，故多数厂家的 COS 都是在国际标准 ISO/IEC 7816-4 的基础上进行了功能扩充，并没有任何一家公司的 COS 产品能形成一种工业标准。

2. COS 的文件系统

文件是 COS 中的一个极为重要的概念，是指数据单元或卡中记录的有组织的集合。COS 通过给每种应用建立一个对应文件的方法来实现它对各个应用的存储及管理。因此，COS 的文件中存储的都是与应用程序有关的各种数据或记录。在 COS 中，每个文件都有唯一的文件标识符，通过文件标识符就可以直接查找所需的文件。COS 的文件按照其所处的逻辑层次可以分为 3 类。

（1）主文件。对于任何 COS，主文件都是必不可少的，是包含文件控制信息及可分配存储区的唯一文件，相当于 COS 文件系统的根文件，处于 COS 文件系统的最高层。

（2）基本文件。基本文件也是必不可少的，是实际用来存储应用的数据单元或记录的文件，处于文件系统的底层。

（3）专用文件。专用文件是可选的，存储的主要是文件的控制信息、文件的位置、文件的大小等数据信息。

3. COS 的启动过程

接触式 CPU 卡和非接触式 CPU 卡都包含 COS，2 种 COS 遵循的协议基本都是以 ISO/IEC 7816-4 国际标准为基础的，不同之处在于接触式 CPU 卡和非接触式 CPU 卡进入 COS 的过程。在

< 92 >

此用复旦微电子集团的非接触式 CPU 卡 FM1208M01 与接触式 CPU 卡的 COS 启动过程进行比较，如图 6.6 所示。

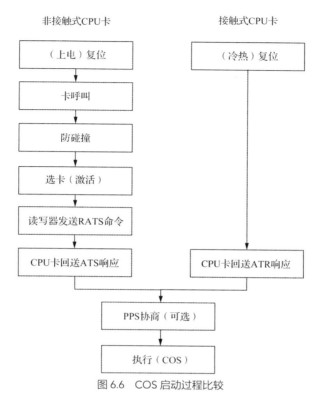

图 6.6　COS 启动过程比较

CPU 卡在进入 COS 之前需要为卡片和读写器对话进行准备工作。接触式 CPU 卡的启动过程比较简单，卡片插在卡座上，读写器给卡片一个复位（Reset）信号，卡片回送一个 ATR（Answer To Reset，复位应答）响应，ATR 由 5 部分组成。

（1）初始字符：指定字符传送规则，如果是 3B，则高电平表示 1，低电平表示 0，先传送字符最低有效位；如果是 3F，则高电平表示 0，低电平表示 1，先传送字符最高有效位。

（2）格式字符：指定存在哪些接口字符，以及历史字符的个数。

（3）接口字符：指定协议参数和协议类型。

（4）历史字符：说明制造商、芯片型号等一般信息。

（5）校验字符：保证 ATR 的完整性，使用的是异或校验。

非接触式 CPU 卡在进入 COS 之前要通过执行防碰撞过程选中一张卡片进行操作。由于射频卡不一定都是 CPU 卡，因此读写器选中一张卡片后还要向卡片发送 RATS（Request ATS）命令，CPU 卡会回送一个 ATS（Answer To Select，选择应答）响应，此 ATS 与接触式 CPU 卡的 ATR 类似，同样由 5 部分组成。

（1）长度字符：指出 ATS 的长度，不包括后面的校验字节。

（2）格式字符：指定存在哪些接口字符，以及卡片能接收的帧的最大长度。

（3）接口字符：指定协议参数和协议类型。

（4）历史字符：说明制造商、芯片型号、序列号等一般信息。

（5）校验字符：保证 ATS 数据的完整性，使用的是 2 个字节的 CRC。

< 93 >

完成 ATR 或 ATS 之后，读写器与卡片之间可以进行协议参数选择（Protocol Parameter Selection，PPS）协商，也可以不协商而使用默认值。此后开始执行 COS 进行命令数据交换。

4．高频 CPU 卡举例

非接触式 CPU 卡通常位于高频频段，本章前面介绍的 Mifare DESFire 系列就是 CPU 卡。另外，复旦微电子集团的 FM1208、FM1216、FM12CD32、FM1280 等也是 CPU 卡，下面对 FM1208 进行简单介绍。

FM1208 系列是复旦微电子集团自主研发的高端智能非接触式 CPU 卡，可以应用在城市公交一卡通、高速运输管理、校园一卡通及金融支付等领域。FM1208 遵守 ISO/IEC 14443 Type A 国际标准，MCU 指令兼容 80C51 单片机，工作距离不小于 10cm，数据传输速率为 106kbit/s。芯片内置 3DES 协处理器，在卡片的使用过程中没有密钥的直接传输，无法通过侦听等方式截取密钥；同时 COS 内部设有密钥的最大重试次数，能防范对卡片的恶意攻击。

6.1.4　其他类型高频电子标签

工作频率为 13.56MHz 的电子标签种类繁多，除了前面介绍的符合 ISO/IEC 14443 Type A 和 ISO/IEC 15693 国际标准的电子标签，我国二代身份证、FeliCa 卡等的工作频率也是 13.56MHz。

1．我国二代身份证

我国二代身份证采用非接触式 IC 卡技术制作，工作频率为 13.56MHz。符合 ISO/IEC 14443 Type B 国际标准，该标准比 ISO/IEC 14443 Type A 国际标准具有更高的安全性。与一代身份证相比，二代身份证由于采用了非接触式芯片，信息容量更大，写入的信息可以划分不同的安全等级，分区存储。

二代身份证采用了数字防伪技术，用于机读信息的防伪。持证人的照片图像和身份相关信息等被数字化后采用密码技术加密，存入芯片，可以有效地防止伪造证件或篡改证件机读信息。

2．FeliCa 卡

FeliCa 卡是索尼公司推出的非接触式智能卡。其名称由英语单词 Felicity（幸福）和 Card（卡片）组合而成。FeliCa 卡的工作频率为 13.56MHz，使用 8%～30%ASK 调制，数据传输速率为 212kbit/s 或 424kbit/s，符合 NFC 标准。

3．AT88SC6416CRF 卡

AT88SC6416CRF 卡是由 Atmel 公司设计的非接触式逻辑加密存储卡。AT88SC6416CRF 卡的工作频率为 13.56MHz，符合 ISO/IEC 14443 Type B 国际标准，工作距离可达 10cm，具有 64KB 的用户存储容量和 2KB 的内部配置区。

AT88SC6416CRF 卡具备防碰撞功能，支持多卡同时使用。在安全方面，它使用 64 位的双向认证协议，可以使用数据加密或校验，具备 4 组用于认证和加密的密钥及 8 组读写密码，能对输入密码和认证失败次数进行限制。

读写器与卡片之间的数据交换使用数据传输速率为 106kbit/s 的半双工模式。数据帧使用 2 个字节的 CRC，用以保护数据传输的完整性。

64KB 的用户存储容量分为 16 个用户区，每个用户区为 512 个字节。不同的用户区可以存储不同类型的数据。对用户区的访问必须在完成必要的安全步骤之后，这些安全步骤可以由用户对每个用户区分别进行定义。如果多个用户区的安全等级相同，这些用户区则可以组成一个

< 94 >

大区。2KB 的内部配置区用于存储系统数据、加密密钥、读写密码、每个用户区的安全等级定义等。

6.2　高频 RFID 接口芯片

高频读写器通常使用集成的高频 RFID 接口芯片，常用的高频 RFID 接口芯片有 NXP 公司的 RC 系列、PN 系列，以及 TI（Texas Instruments，德州仪器）公司的 TRF7960 等。

6.2.1　CLRC632

NXP 公司的 RC 系列芯片包括 SLRC400、MFRC500、MFRC530、MFRC531、CLRC632 等，是工作频率为 13.56MHz 的非接触式高集成度 IC 卡读写器芯片。RC 系列芯片利用先进的调制和解调概念，集成了 13.56MHz 下的被动非接触式通信方式和协议。

这些芯片的设计架构、引脚排列、内部寄存器阵列、天线设计等基本相同，不同之处主要是与微控制器的接口界面、支持的协议种类等。RC 系列高频 RFID 接口芯片的对比见表 6.6，本节以 CLRC632 为例对 RC 系列芯片进行介绍。

表 6.6　RC 系列高频 RFID 接口芯片的对比

芯片型号	SLRC400	MFRC500	MFRC530	MFRC531	CLRC632
支持协议	ISO/IEC 15693 ICODE1	ISO/IEC 14443 Type A CRYPTO1	ISO/IEC 14443 Type A CRYPTO1	ISO/IEC 14443 Type A/Type B CRYPTO1	ISO/IEC 14443 Type A/ Type B CRYPTO1 ISO/IEC 15693 ICODE1
最大工作距离/mm	100	100	100	100	100
与微处理器接口	并口	并口	并口 SPI	并口 SPI	并口 SPI
内部 FIFO 缓冲区 /Byte	64	64	64	64	64
封装	SO32	SO32	SO32	SO32	SO32
内部寄存器数目	64	64	64	64	64
EEPROM/bit	1024	4096	4096	4096	4096

1. 主要特性

CLRC632 是工作频率为 13.56MHz 的高集成度射频接口芯片，支持 ISO/IEC 14443 Type A 和 ISO/IEC 14443 Type B 所有的层，支持 ISO/IEC 15693 及 ICODE1 协议，还支持快速 CRYPTO1 加密算法，用于验证 Mifare 系列产品。CLRC632 可以通过并口或 SPI（Serial Peripheral Interface，串行外围设备接口）连接到微处理器，给读卡器的设计提供了极大的灵活性。

CLRC632 与卡片的数据传输速率最高可达 424kbit/s，工作距离可达 10cm。芯片内部具有 64 个字节的发送和接收 FIFO（First In First Out，先进先出）缓冲区、可编程的定时器和唯一序列号，工作电压为 3.3～5V。该芯片主要应用于电子支付、身份识别、进出控制、银行服务、订阅服务等场合。

< 95 >

2．引脚排列

CLRC632 采用 SO32 封装，其引脚如图 6.7 所示。每个引脚的功能见表 6.7。

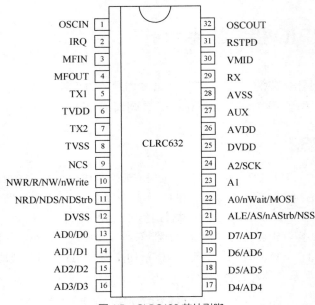

图 6.7　CLRC632 芯片引脚

表 6.7　CLRC632 芯片引脚功能

引脚	名称	类型	说明
1	OSCIN	输入	外部 13.56MHz 晶振输入
2	IRQ	输出	中断请求信号
3	MFIN	输入	Mifare 串行数据输入接口
4	MFOUT	输出	Mifare 或 ICODE1、ISO/IEC 15693 串行数据输出接口
5	TX1	输出	发射器 1 调制载波输出
6	TVDD	电源	发射器输出级电源
7	TX2	输出	发射器 2 调制载波输出
8	TVSS	电源	发射器输出级的地
9	NCS	输入	片选，低电平有效
10	NWR	输入	独立读写信号模式：低电平有效写信号
	R/NW	输入	共用读写信号模式：低电平写，高电平读
	nWrite	输入	带握手的共用读写信号模式：低电平写，高电平读
11	NRD	输入	独立读写信号模式：低电平有效读信号
	NDS	输入	共用读写信号模式：数据选通，低电平表示正进行数据读写
	NDStrb	输入	带握手的共用读写信号模式：数据选通，低电平表示正进行数据读写
12	DVSS	地	数字地
13	D0	输出	SPI 的 MISO 信号
13～20	D0～D7	双向	地址与数据总线分开模式：8 位数据总线
	AD0～AD7	双向	地址与数据总线共用模式：8 位地址与数据总线

< 96 >

引脚	名称	类型	说明
21	ALE	输入	地址与数据总线共用模式（分开读写）：地址锁存，高电平有效
	AS	输入	地址与数据总线共用模式（共用读写）：地址锁存，高电平有效
	nAStrb	输入	带握手的共用读写信号模式：地址锁存，低电平有效
	NSS	输入	SPI 的 NSS 信号
22	A0	输入	地址与数据总线分开模式：地址线 A0
	nWait	输出	带握手的共用读写信号模式：握手信号，低电平表示开始一个周期，高电平表示结束一个周期
	MOSI	输入	SPI 的 MOSI 信号
23	Al	输入	地址与数据总线分开模式：地址线 Al
24	A2	输入	地址与数据总线分开模式：地址线 A2
	SCK	输入	SPI 的 SCK 信号
25	DVDD	电漏	数字电源输入
26	AVDD	电源	OSCIN、OSCOUT、RX、VMID 和 AUX 引脚的模拟电源输入
27	AUX	输出	用于产生模拟测试信号的辅助输出
28	AVSS	地	模拟地
29	RX	输入	接收器输入端，从天线采样卡片的回送信息
30	VMID	电源	内部参考电压
31	RSTPD	输入	复位和掉电模式输入
32	OSCOUT	输出	晶振输出

CLRC632 支持与各种 8 位微控制器直接连接，并支持增强型并行端口（Enhanced Parallel Port，EPP，简称并口）。并口连接支持独立的读写信号、共用的读写信号及 EPP 带握手的共用读写信号 3 种方式。除 EPP 方式下地址和数据总线必须复用外，前 2 种方式既可以地址与数据总线复用，也可以地址与数据总线分开独立使用；串行总线支持 SPI。在每次上电或硬件复位后，芯片能够根据指定引脚上的外接电平自动判断接口模式。

3．中断系统

CLRC632 内部有一个强大的中断系统，当中断发生时，芯片可以通过 IRQ 引脚向微处理器申请中断。中断系统可以使微处理器快速高效地处理 CLRC632 的内部事件。

CLRC632 共有 6 路中断源，见表 6.8。这些中断分别由芯片内部的 8 位定时器、发射器、接收器、64 个字节的 FIFO 缓冲区、CRC 协处理器以及命令寄存器等发出。由于这些中断源向微处理器发出中断时共用一个 IRQ 引脚，所以在微处理器的外部，中断处理程序首先需要区分CLRC632 的中断类型。

表 6.8 CLRC632 的中断源

序号	中断标志	中断源	中断条件
1	TimerIRq	定时器	定时值从 1 变为 0
2	TxIRq	发射器	发送结束
		CRC 协处理器	来自 FIFO 缓冲区的所有数据处理完毕
		EEPROM	来自 FIFO 缓冲区的所有数据编程完毕

< 97 >

序号	中断标志	中断源	中断条件
3	RxIRg	接收器	来自卡片的数据流接收完毕
4	IdleIRq	命令寄存器	命令执行完成
5	HiAlertIRq	FIFO 缓冲区	FIFO 缓冲区满
6	LoAlertRc	FIFO 缓冲区	FIFO 缓冲区空

4．寄存器组

MCU 通过对 CLRC632 寄存器的控制，实现非接触式智能卡的读写操作。MCU 对 CLRC632 的控制有 3 种方式。

（1）通过执行命令来初始化函数和控制数据操作。

（2）通过设置配置位来设置电气和函数的行为。

（3）通过读状态标识监控 CLRC632 寄存器的状态。

这 3 种方式都是通过读、写 CLRC632 的寄存器来实现的。执行命令就是将命令代码写入 CLRC632 的命令寄存器，通过 CLRC632 的 FIFO 缓冲区来传递参数和交换数据。设置配置位即设置 CLRC632 的寄存器的响应位。监控 CLRC632 的状态是通过读 CLRC632 的寄存器来实现的。CLRC632 内部有 64 个寄存器，这些寄存器被分为 8 页（Page0～Page7），每页有 8 个寄存器。无论页是否被选中，页寄存器总是可以被访问。

CLRC632 的寄存器见表 6.9。

表 6.9　CLRC632 的寄存器

页号	地址范围	主要功能
0	00H～07H	命令和状态
1	08H～0FH	控制和状态
2	10H～17H	发射器与编码控制
3	18H～1FH	接收器与解码控制
4	20H～27H	RF 时序与通道冗余
5	28H～2FH	FIFO 缓冲区、定时器和 IRQ 引脚配置
6	30H～37H	保留将来使用（Reserved for Future Use，RFU）
7	38H～3FH	测试与 RFU

对各个寄存器的设置和操作是编程控制 RC 系列高频 RFID 接口芯片的重点和难点，每个寄存器的具体结构和功能可以参考对应芯片的说明书。

5．芯片命令

CLRC632 的命令见表 6.10，共有 13 条。通过这些命令，可以实现对卡片的读写、对芯片内部 FIFO 缓冲区和 EEPROM 的读写等操作。

表 6.10　CLRC632 的命令

序号	命令	命令码	说明
1	StartUp	3FH	运行复位和初始化时序，该命令只能通过上电或硬件复位激活
2	Idle	00H	取消正在执行的当前命令，芯片处于空闲状态
3	Transmit	1AH	将 FIFO 缓冲区中的数据发送到卡片

< 98 >

序号	命令	命令码	说明
4	Receive	16H	激活接收器电路
5	Transceive	1EH	将 FIFO 缓冲区中的数据发送到卡片，然后自动激活接收器电路
6	WriteE2	01H	从 FIFO 缓冲区中读取数据并将其写入 EEPROM
7	ReadE2	03H	从 EEPROM 中读取数据，然后将数据发送到 FIFO 缓冲区
8	LoadKeyE2	0BH	从 EEPROM 中复制密钥到密钥缓冲区
9	LoadKey	19H	从 FIFO 缓冲区中读取密钥并加载到密钥缓冲区
10	Authent1	0CH	使用 CRYPTO1 加密机制实施第 1 步认证
11	Authent2	14H	使用 CRYPTO1 加密机制实施第 2 步认证
12	LoadConfig	07H	从 EEPROM 中读取数据并初始化 CLRC632
13	CalcCRC	12H	激活 CRC 协处理器

CLRC632 的行为是通过其内部状态机执行特定的命令来实现的。内部状态机通过将命令代码写入命令寄存器来开始执行这些命令。执行命令所需要的参数和数据主要通过 CLRC632 内部的 FIFO 缓冲区来实现交换。

（1）如果某条命令执行时需要输入数据，那么它会将 FIFO 缓冲区中找到的数据作为输入数据。

（2）如果某条命令执行时需要几个参数，那么只有通过 FIFO 缓冲区得到数据正确的参数，该命令才可以开始执行。

（3）FIFO 缓冲区并不自动清空，所以可以将命令参数和数据写入 FIFO 缓冲区后，开始执行命令。

（4）微处理器可以将新的命令代码写入命令寄存器来中断正在执行的命令，如 Idle 命令，但 StartUp 命令不可以被中断。

6.2.2　MFRC522

MFRC522（简称 RC522）是工作频率为 13.56MHz 的非接触式高集成度读写器芯片。它低电压、低成本、体积小，是智能仪表和便携式手持设备研发的较好选择。

1．主要特性

MFRC522 完全集成了 13.56MHz 下所有类型的被动非接触式通信方式和协议，并支持 ISO 14443 Type A 的多层应用。其内部发射器部分可驱动读写器天线与 ISO 14443 Type A/Mifare 电子标签的通信，不需要其他电路。接收器部分提供一个坚固而有效的解调和解码电路，用于处理 ISO/IEC 14443 Type A 兼容的电子标签信号。数字电路部分处理 ISO/IEC 14443 Type A 帧和错误检测。

此外，MFRC522 还支持快速 CRYPTO1 加密算法，用于验证 Mifare 系列产品。MFRC522 支持更高速的非接触式通信，双向数据传输速率高达 424kbit/s，可根据不同的用户需求，选取 SPI、I²C（Inter-Integrated Circuit，集成电路总线）或串行 UART（Universal Asynchronous Receiver/Transmitter，通用异步收发器）模式之一，有利于减少连线，缩小印制电路板（Printed Circuit Board，PCB）体积，降低成本。

MFRC522 的主要特性如下。

（1）高集成度的调制解调电路。

（2）采用少量外部器件，即可将输出驱动级接至天线。

< 99 >

（3）支持 ISO/IEC 14443 Type A 和 Mifare 通信协议。

（4）支持 212kbit/s 和 424kbit/s 数据传输速率的通信。

（5）支持 M1 卡加密。

（6）10Mbit/s 的 SPI。

（7）I²C 接口，快速模式的数据传输速率为 400kbit/s，高速模式的数据传输速率为 3400kbit/s。

（8）串行 UART 数据传输速率高达 1228.8kbit/s，帧取决于 RS-232 接口，电压、电平取决于提供的引脚电压。

（9）64 个字节的发送和接收 FIFO 缓冲区。

（10）灵活的中断模式。

（11）可编程定时器。

（12）具备硬件掉电、软件掉电和发射器掉电 3 种节电模式。

（13）内置温度传感器，以便在芯片温度过高时自动停止 RF 发射。

（14）采用相互独立的多组电源供电，以避免模块相互干扰，提高工作的稳定性。

（15）具备 CRC 和奇偶校验功能。

（16）内部振荡器连接 27.12MHz 的晶体振荡器。

（17）2.5～3.6V 的低电压、低功耗设计。

（18）5mm×5mm×0.85mm 的超小体积。

2．工作原理

MFRC522 的工作原理如图 6.8 所示。

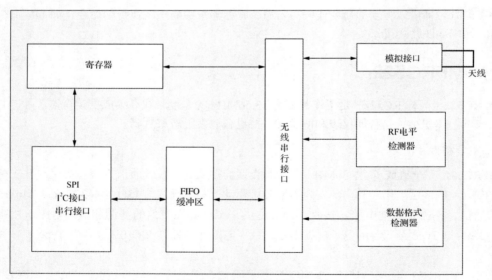

图 6.8　MFRC522 的工作原理

MFRC522 集成度高，其内部有模拟接口、RF 电平检测器、数据格式检测器、无线串行接口、FIFO 缓冲区、寄存器和 MCU 接口。

模拟接口处理模拟信号的调制和解调。无线串行接口通过与主机的合作来处理通信方案的协议要求。MFRC522 包含一个 64×8 位的 FIFO 缓冲区，用来缓存 MCU 和 MFRC522 的内部状态机之间的输入和输出数据流。MCU 接口包括 SPI、I²C 和串行 UART，可满足用户的不同需求。

MFRC522 集成度很高，其相关功能特性如下。

< 100 >

（1）MFRC522 支持可直接连接的各种 MCU 接口，如 SPI、I²C 和串行 UART。

（2）数字电路部分执行数据的并/串转换。

（3）MFRC522 支持的帧包括 CRC 和奇偶校验。它以完全透明的模式进行操作，因而支持 ISO/IEC 14443 Type A 的所有层。

（4）状态寄存器和控制寄存器允许对器件进行配置以适应环境并将性能调节到最佳状态。

（5）当与 Mifare 产品通信时，使用高速 CRYPTO1 单元和一个可靠的非易失性密钥存储器。

（6）模拟发射通路中，驱动器输出阻抗非常低，这使得最大工作距离可达 100mm。

（7）接收器可以检测到并解码非常弱的应答信号。

3．引脚排列

MFRC522 共有 32 个引脚，如图 6.9 所示。

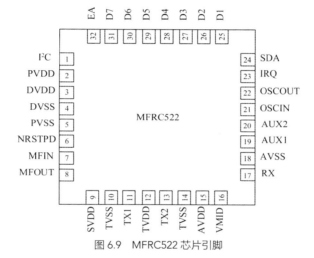

图 6.9　MFRC522 芯片引脚

MFRC522 的 32 个引脚有其各自的功能，见表 6.11。

表 6.11　MFRC522 芯片引脚功能

引脚	名称	类型	说明
1	I²C	输入	I²C 使能
2	PVDD	电源	引脚电源
3	DVDD	电源	数字电源
4	DVSS	电源	数字地
5	PVSS	电源	引脚电源地
6	NRSTPD	输出	复位和省电模式：引脚为低电平时，切断内部电流，关闭振荡器，断开输入引脚与外部电路的连接。引脚检测到上升沿后，启动内部复位
7	MFIN	输入	信号输入
8	MFOUT	输出	信号输出
9	SVDD	空脚	不连接，三态引脚
10	TVSS	电源	发射地：TX1 和 TX2 的输出级的地
11	TX1	输出	发射器 1：传递调制的 13.56MHz 的能量载波信号
12	TVDD	电源	发射器电源：给 TX1 和 TX2 的输出级电源
13	TX2	输出	发射器 2：传递调制的 13.56MHz 的能量载波信号

< 101 >

引脚	名称	类型	说明
14	TVSS	电源	发射器地：TX1 和 TX2 的输出级的地
15	AVDD	电源	模拟电源
16	VMID	电源	内部参考电压：该引脚提供内部参考电压
17	RX	输入	接收器输入：接收 RF 信号的引脚
18	AVSS	电源	模拟地
19	AUX1	输出	辅助输出
20	AUX2	输出	
21	OSCIN	输入	晶振输入：振荡器的反相放大器的输入，也是外部产生时钟的输入。晶振频率为 27.12MHz
22	OSCOUT	输出	晶振输出：振荡器的反相放大器的输出
23	IRQ	输出	中断请求：输入，用来指示一个中断事件
24	SDA	输入	串行数据线
25	D1	双向	不同接口的数据引脚（测试端口、I^2C、SPI、UART）
26	D2	双向	
27	D3	双向	
28	D4	双向	
29	D5	双向	
30	D6	双向	
31	D7	双向	
32	EA	输入	外部地址：该引脚用来编码 I^2C 的地址

6.2.3 PN512

1. 主要特性

PN512 是工作频率为 13.56MHz 的高集成度的 NFC 射频前端芯片，内部整合了强大的调制与解调模块，能完成载波频率为 13.56MHz 的各种协议类型的非接触式通信。PN512 支持以下 4 种操作模式。

（1）ISO/IEC 14443 Type A/Mifare 和 FeliCa 读写模式。

（2）ISO/IEC 14443 Type B 读写模式。

（3）ISO/IEC 14443 Type A/Mifare 和 FeliCa 操作模式。

（4）NFCIP-1 模式，可以与其他 NFCIP-1 设备直接通信。

PN512 支持与微处理器的多种接口，包括 8 位并口、SPI、UART、I^2C 等。在读写器模式和 NFCIP-1 模式下的典型工作距离为 5cm，卡模式下的典型工作距离为 10cm。

芯片需要外接 27.12MHz 的晶体振荡器，供电电压为 2.5～3.6V。

2. 引脚排列

PN512 有 HVQFN32、HVQFN40 和 TFBGA64 等 3 种封装形式，以 HVQFN32 封装为例，其引脚如图 6.10 所示。

< 102 >

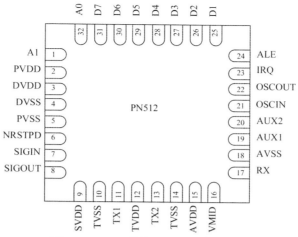

图 6.10　PN512 芯片 HVQFN32 封装引脚

每个引脚的功能见表 6.12。

表 6.12　PN512 芯片引脚功能

序号	名称	类型	说明
1	A1	输入	地址线
2	PVDD	电源	引脚电源
3	DVDD	电源	数字电源
4	DVSS	电源	数字地
5	PVSS	电源	引脚电源地
6	NRSTPD	输入	复位和掉电模式输入
7	SIGIN	输入	S2C 信号输入
8	SIGOUT	输出	S2C 信号输出
9	SVDD	电源	S2C 引脚电源
10	TVSS	电源	发射器输出级的地
11	TX1	输出	发射器 1 调制载波输出
12	TVDD	电源	发射器输出级电源
13	TX2	输出	发射器 2 调制载波输出
14	TVSS	电源	发射器输出级的地
15	AVDD	电源	模拟电源输入
16	VMID	电源	内部参考电压
17	RX	输入	接收器输入端
18	AVSS	电源	模拟地
19	AUX1	输出	辅助输出，用于测试
20	AUX2	输出	
21	OSCIN	输入	外部 27.12MHz 晶振输入
22	OSCOUT	输出	晶振输出
23	IRQ	输出	中断请求信号
24	ALE	输入	地址锁存
25～31	D1～D7	双向	7 位双向数据线（32 引脚封装不支持 8 位并口）
32	A0	输入	地址线

< 103 >

3．寄存器组

与 RC 系列高频 RFID 接口芯片类似，PN512 的内部也有 64 个寄存器，微处理器对芯片的各种配置、与卡片的数据通信都是通过读写这 64 个寄存器完成的。64 个寄存器按功能分为 4 页（Page0～Page3），每页 16 个寄存器，见表 6.13。

表 6.13　PN512 的寄存器

页号	地址范围	主要功能	页号	地址范围	主要功能
0	00H～0FH	命令和状态	2	20H～2FH	配置
1	10H～1FH	命令	3	30H～3FH	测试

4．芯片命令

PN512 的命令见表 6.14，通过这 11 条命令，可以分别实现芯片在各种操作模式下所应具备的功能。

表 6.14　PN512 的命令

序号	命令	命令码	说明
1	Idle	00H	取消正在执行的当前命令，芯片处于空闲状态
2	Configure	01H	配置 PN512 在 FeliCa、Mifare 和 NFCIP-1 模式下通信
3	Generate RandomID	02H	产生 10 个字节的随机 ID
4	CalcCRC	03H	激活 CRC 协处理器进行运算或自我检测
5	Transmit	04H	将 FIFO 缓冲器中的数据发送到卡片
6	NoCmdChange	07H	不改变当前执行的命令。用于修改命令寄存器的位但不影响当前正在执行的命令
7	Receive	08H	激活接收器电路
8	Transceive	0CH	将 FIFO 缓冲器中的数据发送到卡片，然后自动激活接收器电路
9	AutoColl	0DH	卡操作模式下处理 FeliCa 轮循和 Mifare 防碰撞机制
10	MFAuthent	0EH	读写器模式下执行 Mifare 标准认证
11	SoftReset	0FH	复位 PN512

6.3　高频读写器电路设计

6.3.1　CLRC632 读写器电路

微课视频

CLRC632 芯片的典型应用电路如图 6.11 所示。芯片与微处理器的接口根据实际需要可以采用并口或 SPI，天线电路可以有多种连接形式，图 6.11 中采用了直接耦合的方式。

工作距离是高频读写器电路设计中需要考虑的首要指标，影响工作距离的因素通常包括读写器天线设计、接收通路灵敏度、电子标签天线尺寸、外部环境等。其中，天线设计是影响工作距离的直接要素。

图 6.11 中的天线设计是 NXP 公司建议的首选电路形式。整个天线电路可以分为 4 部分：电磁兼容性（Electric Magnetic Compatibility，EMC）低通滤波器、匹配电路、天线线圈和接收通路。

< 104 >

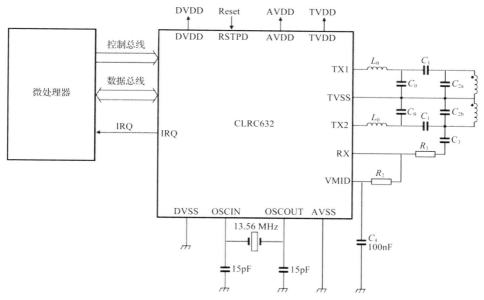

图 6.11 CLRC632 芯片的典型应用电路

EMC 滤波器由 L_0 和 C_0 组成，实质上是一个低通滤波器。天线的振荡频率由一个外接晶振提供，天线外接晶振在生成 13.56MHz 工作频率的同时，还会产生高次谐波，因此必须采取措施对这些额外的高次谐波进行抑制。

接收通路由 R_1、R_2、C_3、C_4 组成，使用芯片内部产生的 VMID 作为 RX 引脚的输入电压，C_4 用来为 VMID 滤波以消除干扰。接收通路通过 C_3 从天线采样电子标签的返回信息，并经 R_1、R_2 分压后送至 RX 引脚。

C_1 和 C_2 构成匹配电路，与天线匹配形成 LC 振荡，产生电子标签工作所需的射频场。天线通常直接使用 PCB 布线产生，实际天线与匹配电路的 Q 值一般取 50～100。实际设计时可以先制作天线，然后测量天线的电感 L_a 和等效电阻 R_a，再根据 Q 值确定 C_1 和 C_2。

6.3.2 MFRC522 读写器电路

RFID 系统通过对 MFRC522 读写器的控制实现对 M1 卡的操作。MFRC522 读写器电路设计分为两部分：一是 MFRC522 芯片的接口电路设计，二是天线射频电路设计。

1. MFRC522 芯片的接口电路设计

图 6.12 所示为 MFRC522 芯片的接口电路，包含 3 个设计要素：供电、晶振电路，接口电路。总线接口一般采用 SPI，主要保证数据能够正常传递给单片机。

MFRC522 芯片是整个读写器的核心，不仅完成读写 M1 卡的所有必要功能，包括射频信号的产生、调制解调、安全认证和防碰撞等功能；而且作为单片机与 M1 卡通信的中介，通过射频场来实现二者的数据交换。

2. 天线射频电路设计

优秀的天线设计可以使数据传递的效果和性能大为提升。天线本身是一个低电阻的器件，将天线线圈连接到 MFRC522 需要一个匹配电路。估算天线的等效电路和计算品质因数可以得出匹配电路的电容。天线的线宽和线距也会影响天线的阻抗和品质因数。

< 105 >

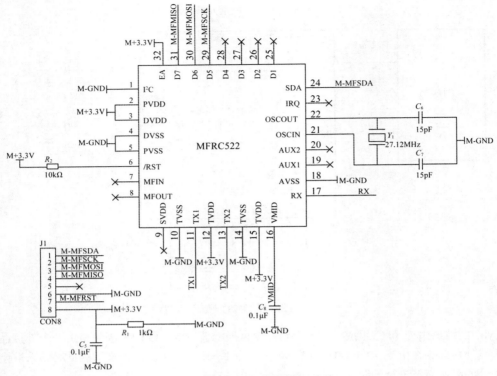

图 6.12　MFRC522 芯片的接口电路

对读写器天线的构造有如下要求。

（1）读写器天线上的电流最大，以使读写器线圈产生最大的磁通。

（2）功率匹配，以便最大限度地输出读写器的能量。

（3）足够的带宽，以使读写器信号无失真输出。

根据以上要求，读写器天线电路应该是串联谐振电路。谐振时，可以满足读写器信号无失真输出，这时只需要根据带宽要求调整谐振电路的品质因数。因此可以设计图 6.13 所示的天线，用来和电子标签的天线相耦合。

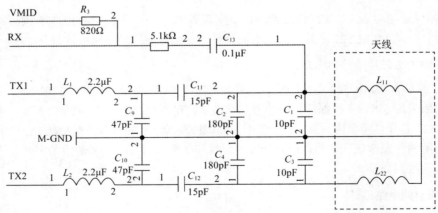

图 6.13　天线及射频接口电路

在每次上电或硬件复位后，MFRC522 复位其接口模式并检测当前微处理器的接口类型。

< 106 >

MFRC522 在复位阶段后根据控制引脚的逻辑电平识别微处理器接口。这是由固定引脚连接的组合和一个专门的初始化程序来实现的，其所有通信接口见表 6.15。

表 6.15 通信接口

MFRC522 引脚名称	UART 方式	SPI 方式	I²C 方式
SDA	RX	NSS	SDA
I²C	L	L	H
EA	L	H	EA
D7	TX	MISO	SCL
D6	MX	MOSI	ADR_0
D5	DTRQ	SCK	ADR_1
D4	—	—	ADR_2
D3	—	—	ADR_3
D2	—	—	ADR_4
D1	—	—	ADR_5

本例中，MFRC522 与 MCU 的接口为 SPI，其他接口可参考相关资料。

在 SPI 通信中，MFRC522 用作从机，SPI 时钟 SCK 由主机产生。

（1）数据通过 MOSI（Master Output/Slave Input，主机输出/从机输入）线从主机传输到从机。

（2）数据通过 MISO（Master Input/Slave Output，主机输入/从机输出）线从 MFRC522 发回主机。

（3）MOSI 和 MISO 传输每个字节时都是高位在前。MOSI 的数据在时钟的上升沿保持不变，在时钟的下降沿改变。MISO 与之类似，在时钟的下降沿，MISO 的数据由 MFRC522 来提供，在时钟的上升沿数据保持不变。

通过 SPI 读出或写入数据有特定的数据结构，发送的第一个字节定义了模式本身和地址，也可连续读出或写入多个地址，其读数据顺序和写数据顺序分别见表 6.16 和表 6.17。

表 6.16 读数据顺序

数据	字节 0	字节 1	字节 2	…	字节 n	字节 $n+1$
MOSI	地址 0	地址 1	地址 1	…	地址 1	00
MISO	×	数据 0	数据 1	…	数据 $n-1$	数据 n

表 6.17 写数据顺序

数据	字节 0	字节 1	字节 2	…	字节 n	字节 $n+1$
MOSI	地址	数据 0	数据 1	…	数据 $n-1$	数据 n
MISO	×	×	×	…	×	×

地址字节按特殊格式传输，MSB 设置使用的模式如下：MSB 为 1 时从 MFRC522 读出数据；MSB 为 0 时将数据写入 MFRC522。地址字节的位 6～位 1 定义地址，最后一位应当设置为 0。其位含义见表 6.18。

表 6.18 地址字节位含义

地址（MOSI）	位 7，MSB	位 6～位 1	位 0
字节 0	1（读）　　0（写）	地址	RFU（0）

< 107 >

6.3.3 PN512 读写器电路

PN512 读写器电路如图 6.14 所示。

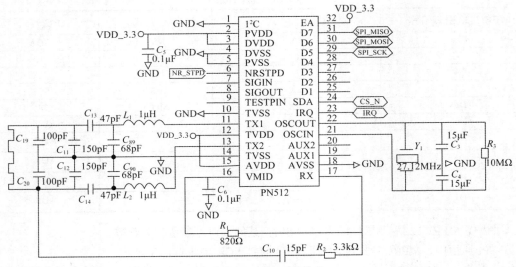

图 6.14　PN512 读写器电路

芯片工作时需要外接 3.3V 直流电压和 27.12MHz 晶振，与 MCU 的通信采用 SPI。天线部分的设计采用了 NXP 公司建议的电路形式，EMC 低通滤波器元件 L_1 和 L_2 取值为 $1\,\mu H$，C_{89} 和 C_{90} 取值为 $68pF$；匹配电路中的 C_{13} 和 C_{14} 取值为 $47pF$，为了便于调节天线参数，与天线并联的电容采用了 C_{11} 和 C_{19}，以及 C_{12} 和 C_{20} 并联的形式；天线线圈直接布线在 PCB 上，使用 4 圈边长为 8cm 的正方形导线；接收通路中由 R_1 和 R_2 组成分压电路，对来自天线的采样信号进行分压，为 RX 引脚提供合适的输入。

习题

1. 简述 Mifare 系列各类卡片在存储结构、存储容量、UID 特性、安全特性等方面的异同。

2. 当用 M1 卡的某个数据块作为电子钱包时，对该数据块的存储格式有何要求？某数据块 Byte0～Byte15 的值为 A0860100SF79FEFFA086010010EF10EF，该数据块是不是数值块？如果是，存储的值是多少？块号是多少？

3. M1 卡的某扇区存取控制要求如下：Block0 验证密码 A 或 B 可读、写、加、减；Block1 验证密码 A 或 B 可读，不可写、加、减；Block2 验证密码 A 或 B 可读、减，不可写、加；Block3 密码 A 不可读写，密码 B 不可读写；控制字验证密码 A 或 B 可读，不可写。求该扇区的 4 个字节的控制字，写出过程。RFU 字节为 69H。

4. 简述 ICODE SLIX2 的执行标准、存储容量和存储结构。

5. 比较 RC 系列 13.56MHz 射频接口芯片 MFRC500、SLRC400、MFRC530、MFRC531、CLRC632 的主要特性。如果要做一款读写器用来读取我国二代身份证和 M1 卡号，应该选用哪种芯片？

6. PN512 支持哪几种操作模式？与微处理器的通信接口有哪些类型？

7. COS 中的文件类型有几种，各有何作用？

< 108 >

第7章 微波 RFID 技术

第 3 章已介绍过，RFID 技术主要使用低频、高频、特高频（UHF，典型工作频率为 433MHz、869MHz、915MHz 和 2.45GHz）和超高频（SHF，典型工作频率为 5.8GHz）4 个频段。特高频和超高频均可归于微波频段，因此特高频 RFID 和超高频 RFID 可统称为微波 RFID。但目前超高频的 RFID 技术还不够成熟，因此本章主要介绍特高频 RFID 技术。

7.1 微波电子标签的分类

微波电子标签的应用是非常广泛的，按照应用或外观对其进行分类都十分困难。为了方便讲解，本书暂且将其分为普通材质电子标签和特种材质电子标签两大类，每个大类又有不同的应用。

凡是通过 Inlay（一种由多层 PVC 或其他含有芯片及线圈层的材料复合在一起的产品，经过不同形式的封装可以做出不同种类的电子标签，Inlay 可以理解为电子标签未封装的半成品）直接封装生产而成的电子标签叫作普通材质电子标签。Inlay 又分为湿 Inlay 和干 Inlay。湿 Inlay 含背胶，可以直接贴在物品上，结构是天线+芯片+芯片封装+表纸+底纸；而干 Inlay 不含背胶，结构是天线+芯片+芯片封装。

通过其他生产工艺（非复合）实现的电子标签则称为特种材质电子标签。

普通材质电子标签的特点是价格便宜、生产简单，适用于海量应用。常见的服装吊牌电子标签、物流电子标签等都是普通材质电子标签。普通材质电子标签占电子标签总量的 95%。

7.1.1 普通材质电子标签

1. 服装吊牌电子标签

服装吊牌是微波 RFID 全球应用最广泛的领域，服装吊牌电子标签的形式比较简单，与传统的服装吊牌是一样的，只是在吊牌内复合了微波 RFID Inlay。

图 7.1 所示为 UHF RFID 服装吊牌电子标签，其中图 7.1（a）为电子标签的整体外观，看起来与传统服装吊牌没有任何区别。这个服装吊牌电子标签内部为图 7.1（b）所示的 Inlay。服装吊牌电子标签有软标签和硬标签两种。软标签可以直接使用普通 Inlay，硬标签则需要封装工序。

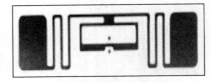

（a）电子标签的整体外观　　　　　　　　　　（b）服装吊牌电子标签内部的 Inlay

图 7.1　UHF RFID 服装吊牌电子标签

2．行李电子标签

由于机场对行李分拣的要求越来越高，因此行李电子标签已经在全球范围内广泛应用。图 7.2 所示为 2008 年中国香港机场使用的行李电子标签。图 7.2 中的电子标签是成卷的软标签，使用时需要把 Inlay 部分露在行李外部（贴在行李上的部分不包含 Inlay），这样读写器对电子标签进行读取时不会受到行李内部物品影响。随着技术的进步，现在主流的行李电子标签已经升级为 3D 标签或圆极化标签，这是因为行李在传送带上时，方向很难确定，偶极子标签存在一定的盲点。

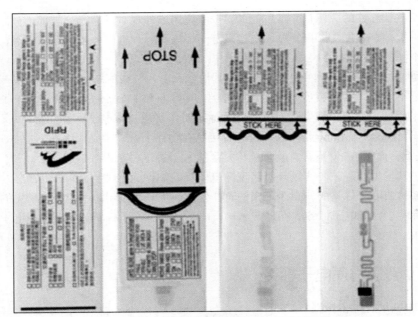

图 7.2　2008 年中国香港机场使用的行李电子标签

3．易碎纸电子标签

易碎纸电子标签是我国应用于防伪和溯源的一类电子标签，其特点是一旦电子标签被转移或商品开封，电子标签的天线就会损坏而无法工作。随着我国防伪技术和自主知识产权的不断升级，已经有大量的品牌将易碎纸电子标签用于防伪。图 7.3 所示为五粮液白酒的易碎纸电子标签。

< 110 >

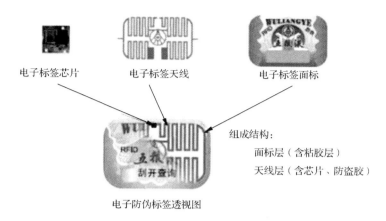

图 7.3　五粮液白酒的易碎纸电子标签

　　易碎纸电子标签有两种常见工艺：一种是铝天线转移工艺，一种是银浆工艺。铝天线转移工艺就是将 Inlay 的天线层和芯片从聚对苯二甲酸乙二醇酯（Polyethylene Terephthalate，PET）基材剥离，转贴在易碎纸上。此工艺的缺点是转移时良率很低，对成本影响很大。银浆工艺是在易碎纸上用银浆作为天线，再倒封装芯片。这个工艺最大的缺点是，由于基材是易碎纸，在倒封装芯片时良率很低。总的来说，这两种工艺都有自身的缺陷，导致成本较高，电子标签在运输和保存的过程中也容易损坏，导致识别存在一定的问题。

4．图书或档案电子标签

　　在图书及档案管理方面，电子标签的应用非常广，国内的高校图书馆已经基本统一使用微波电子标签作为图书管理的工具。图书或档案电子标签有两个特点：一是不需要在电子标签上打印信息，只需要将信息写入芯片；二是多个电子标签靠近时性能不可以受影响。既然不需要打印信息，就可直接使用湿 Inlay。多个电子标签靠近互相影响的问题可以通过合理的天线设计来改善。

　　图 7.4 所示为图书电子标签，其尺寸为 94mm×5.8mm，做成细长的原因有两点：一是电子标签很细时电子标签之间的天线影响会很小，多本书籍或档案堆叠时对性能的影响较小；二是图书电子标签是固定在书脊上的，只有很细的电子标签才易于固定。

图 7.4　图书电子标签

7.1.2　特种材质电子标签

　　随着微波 RFID 的应用越来越多，电子标签被使用在各种复杂的环境中，有的需要贴在金属物品的表面，有的则要经受压力和碰撞。基于市场的要求，各种新型材料和创新设计的微波特种材质电子标签应运而生。

1．抗金属电子标签

　　在特种材质电子标签家族中最常见的是抗金属电子标签。抗金属电子标签采用特殊的天线设计，从技术上解决了电子标签不能附着于金属表面使用的难题。产品可防水、防酸、防碱、防碰撞，可在户外使用。将抗金属电子标签贴在金属上能获得良好的读取性能，甚至比在空气中工作距离更远。抗金属电子标签分为四大类：PCB 抗金属电子标签、陶瓷抗金属电子标签、塑料抗金

< 111 >

属电子标签、超薄抗金属电子标签。

（1）PCB 抗金属电子标签

PCB 抗金属电子标签是一种基于印制电路板技术制造的特殊电子标签，实现读写功能。PCB 抗金属电子标签多采用特高频（900MHz）通信，具有较长的通信距离和高速数据传输能力。PCB 抗金属电子标签可以根据应用场景的需求进行定制，包括尺寸、形状、芯片类型、天线设计等方面的调整。PCB 抗金属电子标签包括 PCB 和天线。PCB 一般采用有机高分子材料，常见的如玻璃纤维 FR-4 增强的硬质材料加环氧树脂基板，能够耐受恶劣环境条件。另外 PCB 抗金属电子标签表面一般涂黑油或白油，具有优异的抗冲击性，在金属表面上工作时不易磨损，具有抗腐蚀、防水防尘等特点。

图 7.5 所示为很常见的 PCB 抗金属电子标签 9525，长度为 95mm，宽度为 25mm，其厚度一般为 3～4mm，表面的覆盖层可以丝印或打码，背面有背胶，可以贴在金属上。9525 主要应用于货架识别管理、仓储资产管理、仓储地标管理、室内设备管理、智能电网识别、银行资产管理、电信资产管理。其工作距离大于 6m（在有效辐射功率为 2W 环境测试）。PCB 抗金属电子标签具有较强的抗碰撞和抗腐蚀特性，一般长度大于 20mm，厚度大于 3mm。其固定方式多样，可以用螺丝、铆钉、强力胶、扎带、双面胶固定。PCB 抗金属电子标签由于结构简单、价格便宜，现在已经成为国内主流的抗金属电子标签。

图 7.5　PCB 抗金属电子标签 9525

（2）陶瓷抗金属电子标签

图 7.6 所示为几种陶瓷抗金属电子标签。陶瓷抗金属电子标签与 PCB 抗金属电子标签原理相同，其不同点在于陶瓷的介电常数比较大，可以在更小的尺寸上达到天线的长度要求。一般情况下，尺寸越小的陶瓷抗金属电子标签，其介电常数越大。陶瓷基板的另外一个优点在于耐高温，尤其是在超过 125℃或更高温的环境中，PCB 的基板会由于高温发生材料特性变化，从而使电子标签的性能或稳定性受到影响。而陶瓷抗金属电子标签由上千摄氏度的高温烧制而成，化学特性稳定，不会因为几百摄氏度的高温而发生变化。所以许多高温下的应用都选择陶瓷抗金属电子标签，如医疗器械、汽车电子设备、电力监测设备等。

图 7.6　陶瓷抗金属电子标签

同样，陶瓷抗金属电子标签也有一些问题：首先，陶瓷基板的成本比 PCB 高很多；其次，陶瓷基板在烧制的过程中掺杂及温度很难保证一致性，所以陶瓷抗金属电子标签一致性较差，一般需要人工调整工作频率；再次，陶瓷抗金属电子标签尺寸较小，其带宽很窄，使用环境若发生变

< 112 >

化，其工作性能很可能会有较大变化。上述问题是限制陶瓷抗金属电子标签快速发展的主要因素。

（3）塑料抗金属电子标签

塑料抗金属电子标签的常见形式为结实的塑料外壳包裹内部的天线和芯片，如图 7.7 所示。内部的抗金属电子标签也可以单独使用，只是不具备稳定性和防污染等特性。塑料抗金属电子标签一般厚度大于 5mm，有的厚度达到 10mm，尺寸各异，但是长度一般大于 30mm。这些具有结实的塑料外壳的抗金属电子标签可以承受很大的压力和特殊化学物品的污染。塑料抗金属电子标签凭借其卓越的性能和防护特性，成为应用非常广泛的抗金属电子标签，主要应用于回收型物流运输、工厂设备以及集装箱的追踪，也可用在金属、非金属材料和液体附近，适用于石油、天然气、军事、建筑和汽车等行业。

塑料抗金属电子标签的结构决定了它具有更好的量产能力以及批量生产带来的一致性。其内部的抗金属电子标签是通过将湿 Inlay 卷在一个塑料块上实现的。塑料外壳是注塑而成的，整个产品可以实现高精度的工业化控制和全产线的自动化生产。

图 7.7　塑料抗金属电子标签

（4）超薄抗金属电子标签

图 7.8 所示为超薄抗金属电子标签，其厚度一般为 0.8mm，以卷料形式封装，且可以通过 RFID 打印机进行写码。其最大特点就是超薄、柔性、可打印，是用于资产管理和 IT 管理的上佳选择。

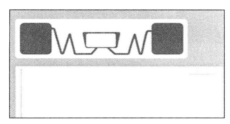

图 7.8　超薄抗金属电子标签

超薄抗金属电子标签的设计和生产都有一定的难度，其内部结构如图 7.9 所示，顶部是一个白标签，中间是一层高介电常数材料，底部使用黏合剂与离型纸（或 PET）。从天线设计的角度分析，由于该电子标签非常薄，天线距离金属衬底太近，电子标签的性能受限，因此对天线设计的要求非常高。从生产工艺的角度考虑，中间层的高介电常数材料需要一致性好且厚度均匀，生产中产生的一点点厚度不均匀都会对天线的性能有非常大的影响。

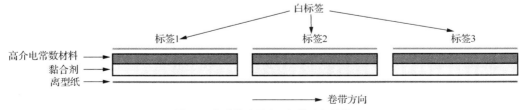

图 7.9　超薄抗金属电子标签内部结构

< 113 >

2．洗涤电子标签

目前，酒店、医院、浴场及专业的洗涤公司正面临每天都要处理成千上万件布草的交接、洗涤、熨烫、整理、储藏等工序的问题，如何有效地跟踪管理布草的洗涤过程、洗涤次数、库存状态和归类等是一个极大的挑战。洗涤电子标签配合读写器，将使洗衣管理变得更为透明，提高工作效率，解决以往无法通过其他技术解决的管理顽症，如大批量的待洗布草的统计、交接。

常见的洗涤电子标签有硅胶洗涤电子标签、织物洗涤电子标签等。

（1）硅胶洗涤电子标签

硅胶洗涤标签是最早出现的洗涤电子标签，如图7.10（a）所示，其设计思路非常简单，通过硅胶保护 Inlay 不受高温和化学腐蚀，通过硅胶具有弹性的特点保障洗涤时不会损坏衣物及标签，且具有一定的承压能力，可以减小内部 Inlay 的压力。

图7.10（b）为这种硅胶标签的设计图，上下两片硅胶都通过超声波焊接在一起。为了保证芯片与天线的连接强度，一般采用柔性电路板作为基材，而且会在芯片与天线连接处添加环氧树脂或其他保护材料。如果在芯片与天线连接处没有增加保护，则该电子标签的平均使用寿命一般不超过5次。

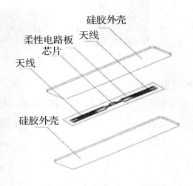

（a）硅胶洗涤电子标签外观　　　　　　（b）硅胶洗涤电子标签内部结构

图7.10　硅胶洗涤电子标签

（2）织物洗涤电子标签

织物洗涤电子标签是一种采用耦合式天线设计的电子标签。其中心为一个独立的小模块，小模块内部为一个圆形（或方形）近场天线和芯片封装在一起，如图7.11所示。小模块的尺寸一般为5～10mm。

（a）圆形模块织物洗涤电子标签　　　　　（b）方形模块织物洗涤电子标签

图7.11　织物洗涤电子标签

< 114 >

织物洗涤电子标签的天线通过缝纫的方式固定在织物上，通过耦合的方式与芯片产生电磁连接，天线的材质是不锈钢和一些韧性材料的合金，具有抗腐蚀和柔韧性强的特点。

织物洗涤电子标签在自动化洗涤过程中会遇到超高压和化学洗衣液的侵蚀，并会在高温高压的环境中反复使用，一般要求其寿命超过 200 次。这就要求其具有非常强的抗压、抗褶皱的能力。电子标签最脆弱的地方是天线与芯片的连接部分，为了解决这个问题，织物洗涤电子标签采用耦合天线技术，中间的小模块尺寸小，受外力影响小。而天线具有较强的柔韧性，不容易折断，从而增强了系统的稳定性。

对比硅胶洗涤电子标签，织物洗涤电子标签具有柔韧性好、使用寿命长等优点，是现在的主流洗涤电子标签。

7.2　微波电子标签芯片技术

微波电子标签的 3 个要素中最重要的是芯片，它决定了电子标签的功能和主要性能，也是设计最复杂、技术难度最高的部分。

7.2.1　电子标签芯片构造

电子标签芯片主要由 3 部分组成：数字部分、模拟部分和存储部分。其中数字部分的作用为协议处理、逻辑处理、全局运算控制处理等。模拟部分的作用是电源管理、调制解调、主频时钟，其中电源管理部分把接收的射频电磁波整流成为直流电给整个芯片供电，主频时钟为数字部分和存储部分提供振荡时钟，调制解调完成电子标签与读写器通信的信号处理工作。存储部分为 EPC、TID、用户数据等的存储区，现在的常用存储器为非易失性存储器（Non-Volatile Memory，NVM）或者 EEPROM，一般存储容量为几百比特。

图 7.12 所示为典型的微波电子标签芯片内部结构。左边是模拟部分，即模拟射频接口，天线连接在这里。模拟射频接口有 4 个主要器件：基准电压（为整个系统提供稳定电压）、整流器（起前端整流作用）、调制器、解调器。中间为数字部分，即数字控制，包括防碰撞、读写控制、访问控制、存储控制和射频接口控制。数字部分与模拟部分进行数据通信，并控制存储部分的读写操作。右边是存储部分，即 EEPROM，其内部有一个电荷升压电路，为写操作提供高电压。

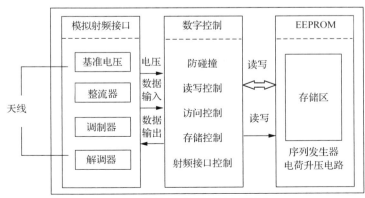

图 7.12　微波电子标签芯片内部结构

< 115 >

现在的电子标签芯片出厂形式为晶片（Wafer），一般一个 Wafer 包含几万颗到几十万颗芯片。一颗芯片在 Wafer 内只占非常小的一块面积。

7.2.2 电子标签芯片的存储分区及操作命令

微波电子标签芯片需要符合 EPC Gen2 标准（简称 Gen2 协议），即所有的微波电子标签芯片内部的存储结构大致一样。如图 7.13 所示，微波电子标签芯片存储部分分为 4 个区（Bank），分别是 Bank 0（保留区）、Bank 1（电子编码区）、Bank 2（厂商编码区）、Bank 3（用户存储区）。

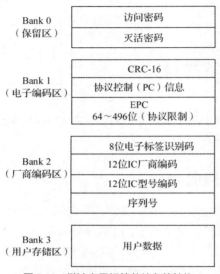

图 7.13　微波电子标签芯片存储结构

其中，Bank 0 为保留区，又称密码区，内部有两组 32 位密码，分别是访问密码（Access Password）和灭活密码（Kill Password），灭活密码俗称杀死密码。在使用锁定命令后，需要通过访问密码来对芯片的一些区域进行读写。当需要"杀死"芯片时，通过灭活密码可以将芯片彻底"杀死"。

Bank 1 为电子编码区，又称 EPC 区。根据 Gen2 协议，读写器最先读取的电子标签信息是 EPC，之后才能访问其他存储部分。EPC 区分为 3 个部分。

（1）CRC-16 部分共 16 位，通信时负责校验读写器获得的 EPC 是否正确。

（2）PC 部分共 16 位，控制 EPC 的长度，其前 5 位的二进制数乘以 16 为 EPC 长度，例如，96 位 EPC 的 PC=3000H，其前 5 位为 00110，对应的十进制数为 6，乘以 16 为 96 位。根据协议要求，PC 值可以为 0000H～F800H，相当于 EPC 的长度为 0 位、16 位、32～496 位。但是一般情况下特高频 RFID 应用中 EPC 的长度为 64～496 位，即 PC 值为 2000H～F800H。

（3）EPC 部分，这部分才是用户最终从应用层获得的产品电子编码。

Bank 2 为厂商编码区，每颗芯片都有自己的唯一编码。

Bank 3 为用户存储区，该存储区根据协议规定最小空间为 0，但是多数芯片为了方便用户应用，增加了用户存储空间，常见的存储容量为 128 位或 512 位。

Gen2 协议的命令很简单，操作命令只有 4 个：读（Read）、写（Write）、锁（Lock）、杀（Kill）。且电子标签的存储区状态只有两种：锁定、未锁定。

读命令和写命令都与存储区是否锁定相关。锁命令对 4 个区共有 4 个分解命令，分别是锁定

< 116 >

（Lock）、解锁（Unlock）、永久锁定（Permanent Lock）、永久解锁（Permanent Unlock），只要访问密码非全 0，即可执行锁命令。对应 4 个区的操作见表 7.1。

表 7.1　锁命令与存储区

操作	保留区	电子编码区	厂商编码区	用户存储区
锁定	可以	可以	已经永久锁定	可以
解锁	可以	可以	已经永久锁定	可以
永久锁定	可以	可以	已经永久锁定	可以
永久解锁	可以	可以	已经永久锁定	可以

读命令用于读取存储区的数据，如果存储区被锁定，可以通过 Access 命令以及访问密码对该区进行访问，见表 7.2。

表 7.2　读命令与存储区

操作	保留区锁定	保留区未锁定	电子编码区锁定	电子编码区未锁定	厂商编码区	用户区锁定	用户区未锁定
有访问密码读取	可以	——	永久可读	永久可读	永久可读	可以	——
无访问密码读取	不可以	可以	永久可读	永久可读	永久可读	不可以	可以

写命令与读命令类似，如果存储区未锁定，可以直接操作，如果存储区已经被锁定，则需要通过 Access 命令以及访问密码对该区进行访问，见表 7.3。

表 7.3　写命令与存储区

操作	保留区锁定	保留区未锁定	电子编码区锁定	电子编码区未锁定	厂商编码区	用户区锁定	用户区未锁定
有访问密码写入	可以	——	可以	——	不可改写	可以	——
无访问密码写入	不可以	可以	不可以	可以	不可改写	不可以	可以

杀命令是一条终结芯片生命的命令，而锁命令还可以解锁。只有保留区被锁定且灭活密码非全 0，才可以使用杀命令。一般情况下杀命令极少使用，只有在一些涉密或涉及隐私的应用中才可能需要把芯片"杀死"。如果在芯片被"杀死"后再来追溯该芯片的 TID，则只能通过解剖芯片的方法，解剖芯片花销巨大，所以在平时应用中尽量不要启动杀命令。同样，在项目里也要防止别人搞破坏，最好的方法是把保留区锁定，并保护好访问密码。

TID 是芯片最重要的标识符，是贯穿其生命周期的唯一可靠代码。在这一串数字中隐藏着很多密码。例如，一颗芯片的 TID 为 E20034120614141100734886H，E2 字段代表芯片类型，所有的微波电子标签芯片的电子标签类型都为 E2；003 字段为厂商代码，03 代表 Alien Technology（意联科技）公司，厂商代码开头可以为 8 或 0，如 Impinj（英频杰）公司的厂商代码一般为 801；412 字段代表芯片类型为 Higgs-3；后面的 64 位（0614141100734886H）为芯片的唯一识别编码，64 位能表示的数字有 2^{64} 个，无须担心出现重号的问题。

7.2.3　电子标签芯片的特殊功能

早期的电子标签芯片只支持 Gen2 协议和功能，也只在零售、物流中应用，但随着技术的进

< 117 >

步和需求的不断增加，芯片具备了越来越多的特殊功能，有的功能可以提高系统的稳定性，有的功能可提升灵敏度和适配性，有的功能有助于减少运营困难。

1. EAS 功能

EAS 是目前大型零售行业广泛采用的商品安全措施之一。如果把 EAS 技术引入特高频 RFID 芯片，使其同时具有 RFID 和 EAS 两个功能，则可以为零售、图书等行业提供更好的服务，减少系统开支。读写器可以通过特殊命令迅速发现没有检验或者出售的商品，并报警。图书管理也是同样的道理。如果项目中需要该功能，则可以采购 NXP 公司的特高频系列芯片，该系列芯片多数具备此功能。

2. 铅封功能

铅封是一种对重要物品箱体或包装使用的技术，也可以嵌入 RFID 技术。如图 7.14 所示，芯片的 4 个引脚中除了 RF 和 GND 接天线，另外的两个引脚之间的电器连接特性可以通过芯片内部进行识别，即可以在另外两个引脚之间连接一条导线，当导线被剪断时，芯片内部可以识别出电阻的变化，从而获知铅封被开启。此种技术可以替代传统的铅封和电子锁，用于小件物品的铅封，如酒类防伪、贵重物品包装、快递等行业。当然这个技术存在一定的局限性，电子标签芯片在没有射频场覆盖的情况下无法工作，只有在有读写器访问时才能发出报警信号，存在时效性问题。在实际应用中，若有使用铅封功能的需求，可以使用 NXP 公司的 G2iL+芯片。

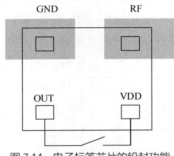

图 7.14　电子标签芯片的铅封功能

3. 数据交互功能

物联网需要把 RFID 网络和传感器网络结合在一起，此时就需要电子标签芯片具有数据交互功能。其实现方式为将数据输出，激活一个设备，或者把传感器的数据输入芯片，再通过射频通信与外界进行数据交互。

一些特高频 RFID 芯片已经增加了 I²C 接口或 SPI，可以配合其他设备工作。有些芯片嵌入了温度传感器、湿度传感器和模数转换器（ADC），可以直接在电力测温、冷链管理等项目中使用。如果有此类功能需求，则可以选择 IDS 微电子公司的 SL900A、Impinj 公司的 Monza X 和 EM 微电子公司的 EM4235。此类带有数据交互功能的芯片一般情况下不需要额外供电，但一些外接的设备依然需要电池供电。

在具体使用中，芯片内部可以有多种配置方式，比如只有当无源芯片被激活时才启动电池供电，这样做的好处是可以大大延长外接电池的寿命，不过系统的局限性是比较明显的。既然有电池存在，就可以使用其他无线技术，如有源 RFID 等，尤其是带有数字接口的微波电子标签芯片，如果不采用外接电源，且工作距离非常近，效果就会比较差，与有源 RFID 相比竞争力较弱。

< 118 >

4．电池辅助功能

当微波电子标签为无源电子标签时，很难拓展工作距离。如果给微波电子标签增加一块额外的电池辅助供电，工作距离则可以大大增加。电池辅助功能可应用于智能交通电子车牌等项目，大大提高车辆识别率。EM 微电子公司开发了带有电池辅助功能的芯片。

电池辅助的本质是给芯片增加额外的电池供电，在电子标签和读写器距离较远供电不足的情况下依然可以启动接收通路和反向散射电路，相当于电子标签芯片的接收机灵敏度提升，同时对反向散射的调制深度提升，从而增大整个系统的工作距离。但是电池辅助对系统的工作距离的拓展是很有限的，这与芯片内部的接收机解调电路相关，因为特高频 RFID 芯片的内部结构比较简单，无法采用传统的超外差式接收机，解调的灵敏度有限。影响系统工作距离的最主要因素是电子标签的反向调制信号强度。当电子标签远离读写器时，即使电子标签芯片接收通路可以解调读写器的信号，通过反向散射调制后的信号也太微弱，以至于读写器收到远距离传来的信号后无法解调。所以有源电子标签比传统的无源电子标签工作距离提升一般不超过 3 倍。

5．近距离加密保护功能

根据 Gen2 协议，微波电子标签的加密等级较低，且大部分数据区透明，容易引发信息安全问题，尤其是一些敏感信息。这就需要一种加密保护技术，该技术的特点是可以控制电子标签的灵敏度和工作距离，同时对数据区进行分区加密，安全要求高的数据必须在近距离通过特殊认证命令进行访问。例如，可设置读写器在某电子标签 5cm 范围内可通过特殊认证命令读取加密区数据，而在 5cm 外只能读取普通数据而不能读取加密区数据。需要注意的是，微波电子标签由于系统功耗较小，很难实现非常复杂的加密算法，无法达到金融支付安全等级，但对于一些普通数据的保密是足够了。如果需要近距离加密保护功能，可以选择 Impinj 公司的 G2iL+芯片，或者采用国标加密芯片。

6．阻抗自动调节功能

阻抗自动调节（Auto Tune）功能是 Impinj 公司的 Monza 6 电子标签芯片的一个新功能，它可以在电子标签启动时调整芯片的接收机，以最大限度地提高电子标签在当前环境下的灵敏度。

相同的电子标签在不同的应用环境中会表现出不同的性能。例如，贴标物品的材质以及堆叠方式都会对电子标签的工作频率和性能产生影响。在 Auto Tune 技术出现之前，电子标签制造商通过增加电子标签尺寸或专门为特定应用设计电子标签来减小这些影响。Auto Tune 技术通过电子标签芯片接收机的阻抗自动调节功能解决了上述问题。Auto Tune 不需要用户干预，是一个全自动的命令。

每个电子标签都有一个工作频率范围，在这个范围内它能提供最好的读取性能。电子标签的带宽就是这个频率范围的宽度。Auto Tune 增加了电子标签的带宽。与窄带电子标签相比，宽带电子标签更能"容忍"生产制造导致的性能不一致性、贴标物品的材质差异和环境变化。Auto Tune 降低了整个供应链的电子标签的最小存货单位（Stock Keeping Unit，SKU）数量，降低了复杂性和成本，还提高了零售商店中的电子标签灵敏度，为需要小尺寸的零售电子标签打开新的市场空间。

AutoTune 技术原理是调整电子标签芯片接收通路的阻抗，使其与天线阻抗匹配。虽然电子标签在设计时已经完成了完美的阻抗匹配，但电子标签在生产和使用过程中会存在失配的情况，此时电子标签的带宽和性能都会受到一定的影响。此时需要调整芯片内部的阻抗，使芯片和天线之间重新实现阻抗匹配，还可以在芯片内部设置多个开关电容，每个开关电容的大小不同，通过开关切换可以配置不同的芯片阻抗电容，从而实现阻抗匹配的优化。

7．存储纠错安全功能

由于特高频 RFID 采用超低功耗技术，其存储单元也是采用低功耗器件实现的，因此存在数

< 119 >

据存储稳定性问题。尤其是在写入功率不足时，存储单元的 0 和 1 的判断电平不够，在长时间放置漏电后，会存在存储判断错乱的现象，写入功率过大或过小都会引起写入失败。虽然该缺点在芯片设计时已采用差分存储单元的方式进行弥补，但依然会出现数据丢失的问题，即使概率很低（万分之几），依然对 RFID 项目有不小的影响。因此，多家芯片制造商都采用了存储纠错码（Error Correcting Code，ECC）。

ECC 能够实现错误检查和纠正，ECC 内存就是应用了这种技术的内存，一般多应用在服务器及图形工作站上，可提高计算机运行的稳定性和可靠性。

虽然采用 ECC 需要增加额外的存储空间保存校验码，但这些额外的投入对于数据的安全稳定是值得的。采用 ECC 已经成为现在特高频 RFID 芯片的主流选择，越来越多的 RFID 芯片供应商采用类似的方式来保证数据稳定。

8．储能功能

电子标签芯片的灵敏度是由其系统的功耗决定的，如果要提高灵敏度，就要减小芯片各部分的功耗，这是非常困难的。如果可以把微弱的能量收集并存储起来，等到收集的能量足够完成一次通信时再启动电子标签与读写器通信，就可以让电子标签工作在场强更低的环境中，从而提高灵敏度。这种储能的方案是用时间换灵敏度的策略，系统的极限是由电子标签芯片的解调极限决定的，一般极限可以做到-23dBm 左右。

该功能的硬件实现需要增加一个储能电容和一个芯片内部的电压检测模块。电子标签收到读写器的电磁波时，会通过电压检测模块判断收到信号的强度情况，如果信号足够强，则电子标签直接与读写器进行通信，无须打开储能部分；当收到的信号比较弱，无法直接驱动整个芯片电路时，则启动电源管理模块对电容充电，电容充电一段时间后，若电压检测模块检测到电容的电压足够支持一次通信，则启动电子标签芯片与读写器通信。

在实际应用中储能的时间非常关键，这与收到的信号强度相关，信号强度越弱，则储能时间越长，在灵敏度极限附近时，储能时间可能需要几十秒。

7.3 微波电子标签芯片举例

全球芯片出货量最大的 3 家特高频 RFID 芯片供应商为 Impinj 公司、NXP 公司和 Alien Technology 公司，本节将对每家公司的一款热卖芯片进行详细分析，分别是 Alien Technology 公司的 Higgs-3（简称 H3）、Impinj 公司的 Monza 4 和 NXP 公司的 Ucode 7。

7.3.1 Higgs-3

早在 2008 年，特高频 RFID 技术还不够稳定，电子标签芯片的灵敏度普遍只有-15dBm，稍有难度的项目都无法应对，特高频 RFID 的发展遇到了各种瓶颈。这时 Alien Technology 公司推出了 Higgs-3 芯片，其-18dBm 的灵敏度让世人惊叹，从而推动了中国香港的机场项目测试实施，给整个微波 RFID 行业带来了希望。

Higgs-3 芯片采用 0.18μm CMOS 工艺，一个晶片大概 6 万颗芯片，是最早提出 TID 96bit 的芯片。Higgs-3 芯片具有以下优点。

（1）EPC 区和用户数据区可以动态配置，EPC 可以扩展。实用性强，存储空间大，适用于各

< 120 >

种 RFID 项目。

（2）数据区可以分区锁定，提高安全级别，这对于一些特殊项目和有安全要求的项目非常重要。

（3）具有动态身份认证功能，相当于芯片内有一个加密硬件，与读写器之间通过私有认证算法进行通信，配合唯一 TID 可以营造一个完全可靠的物流、防伪、追溯体系。其最大的缺陷是 Alien Technology 公司不开放动态身份认证算法，至今只有 Alien Technology 公司的读写器支持此算法。

7.3.2　Monza 4

Monza 4（以下简称为 M4）芯片一个晶片约 6 万颗芯片。Monza 4 芯片的创新主要体现在 3D 天线、Tag-Focus、Fast-ID。

1．3D 天线

传统的偶极子天线在 90° 和 270° 存在巨大的盲点，如图 7.15 所示。此外，整个天线的工作距离在各个方向差别较大，天线随机摆放时最大工作距离与最小工作距离相差 6 倍，在应用中非常不便利，因此行业迫切需要一款全向性的天线，从而引出了 3D 天线的设计。

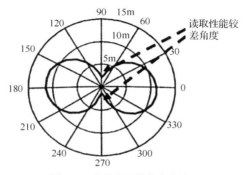

图 7.15　偶极子天线的方向性

在 M4 芯片出现之前，工程师们通过天线设计尽力实现 3D 功能，只是性能不尽如人意。图 7.16 所示为使用 M3 芯片和圆极化天线设计制作出来的伪 3D 天线，其工作距离最远不到 4m，沿着 *xy* 平面旋转时，增益差超过 3dB，如果在 *xyz* 球面分析，会存在约 10dB 盲点角度，无法达到真正的 3D 效果。

（a）伪3D天线

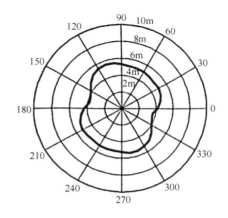

（b）伪3D天线的方向性

图 7.16　伪 3D 天线及其方向性

< 121 >

M4 芯片采用真 3D 天线技术（True 3D Antenna Technology）。如图 7.17 所示，真 3D 天线较伪 3D 天线工作距离大幅增加，最大工作距离与最小工作距离相差 1.25 倍（方向增益差小于 2dB），且在电子标签的 xyz 球面的任意角度最大增益差小于 3dB，是真正的 3D 天线。

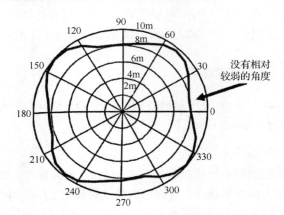

（a）真3D天线　　　　　　　　　　　（b）真3D天线的方向性

图 7.17　M4 的真 3D 天线及其方向性

M4 电子标签可以实现真 3D 天线技术的原因不是改进了天线设计，因为无论如何改进天线设计，在常用 Inlay 的尺寸和材质下，都是无法实现真 3D 天线设计的。M4 电子标签的真 3D 天线技术源于芯片设计的整体改造，其芯片由传统的 2 个引脚馈电变为了 4 个引脚馈电，其内部结构也发生了变化，共有 2 组整流电路，且 2 组整流电路之间的相位差为 90°。关键点在于 90°的相位差，通过计算或仿真可知，2 个相交偶极子天线之间如果相位差为 90°，则整体天线会成为一个圆极化电子标签，且从各个方向看都为圆极化，从而实现了真 3D 天线技术。

2．Tag Focus

Tag Focus 是指当读写器在工作时，能量弱的电子标签会有更多的机会与读写器通信，从而提高多标签效率。该功能的基本原理为，M4 芯片内部有一个能量检测装置，每个电子标签将接收的读写器能量大小记录下来，超过阈值的为强标签，其他的为弱标签。Impinj 公司读写器的多标签盘点机制比较特殊，电子标签被标识为 A 和 B 两种状态，电子标签在 A 状态下可被读写器识读，读写器读取电子标签后，电子标签先从 A 状态转换为 B 状态，再从 B 状态切换到 A 状态，然后下电，再上电，如此反复。在多标签读取的过程中，读取的时间是由那几个弱标签决定的，很多时候需要反复读取多次才能识别所有的弱标签。M4 电子标签工作在 Tag Focus 模式下，弱标签有更多的通信机会，更容易被识别。

3．Fast-ID

M4 芯片的 Fast-ID 命令是一个被广泛应用的扩展命令，根据 Gen2 协议，读写器进行盘点时电子标签只是返回 EPC，而 Fast-ID 返回的数据为 EPC+TID，大大降低了过去读取 TID 的时间。经过测试，使用 Fast-ID 命令读取 TID 的时间大概是使用传统方式批量读取 TID 时间的三分之一左右。Fast-ID 命令对于一些需要同时获得 EPC 和 TID 且对批量读的速度有要求的项目非常有帮助。

7.3.3　Ucode 7

NXP 公司的 Ucode 7 芯片采用 0.14μmCMOS 工艺，一个晶片约 12 万颗芯片，成为第一个

< 122 >

实现一个 8 英寸（约 20.3cm）Wafer 量产 12 万颗芯片的产品。与此同时，Ucode 7 芯片也带来了一些创新的技术，主要包括 EAS、标签电源指示（Tag Power Indicator）、并行编码（Parallel Encoding）。

在 2010 年之前，NXP 公司已将 EAS 技术集成在特高频 RFID 芯片中，Ucode 7 也具有 EAS 功能。其实 EAS 功能仅占用芯片存储器的 1bit，数字逻辑几乎没有变化。此功能已在 7.2.3 节介绍。

标签电源指示功能主要是为批量生产准备的，因为在生产、卷带测试和初始化时，两个 Inlay 之间的距离非常近，读写器很难判断当前的电子标签是不是被选中的电子标签，写入的数据很可能是错的。芯片会根据自己收到的能量和阈值来确定自己是不是被指定的芯片。当然，采用更合适的近场天线技术解决也可行，不过对环境的要求比较高。如果由于一些原因无法架设合适的近场天线或天线之间的距离受限，那么最好的办法就是使用标签电源指示技术。

并行编码技术是针对传统 Gen2 协议的批量写操作的。在传统的写操作中，必须先选中第一个电子标签进行写操作，再选中第二个电子标签进行写操作。由于电子标签出厂时 EPC 区的后 35 位已经是唯一的串码，因此客户应用只需要更改 EPC 前面的字段，且所有电子标签的写入内容都一样。传统的写入方法只会浪费时间。

Ucode 7 芯片在 Select 命令中加入了编码状态字（Encoding bit），再接着发 Query=0，即可唤醒所有 Ucode 7 芯片，并同时写入所有数据。这样，整箱服装可以不开箱批量写入产品信息，如箱内有 20 件衣服，则写入效率提高 20 倍，在物流盘点时可以实现不停顿通过。

7.4　其他微波 RFID 芯片举例

7.4.1　860MHz～960MHz RFID 收发芯片

常见 860MHz～960MHz RFID 收发芯片有 Impinj 公司的 R500、R1000、R2000，AMS（奥地利微电子）公司的 AS3992、PHYCHIPS（物理芯片）公司的 PR9200 等。

1．Impinj R2000

Impinj R2000 是一款高性能、低功耗的 UHF 集成读写器芯片，遵守 Gen2 协议，工作频率为 860MHz～960MHz。芯片内部集成了全部与无源电子标签进行数据通信所需的射频和基带功能模块，采用现代数字信号处理技术和专用自干扰消除技术，即使天线反射强度很高也能确保读取的可靠性。

Impinj R2000 内部结构如图 7.18 所示。内部集成模块包括 LNA（低噪声放大器）、混频器、ADC（模数转换器）、DAC（数模转换器）、PA（功率放大器）、VCO、Modem（调制解调器）等。集成射频包络探测器用于发送和接收时的功率探测，与微控制器的接口可使用高速同步串行总线或 4 位并行总线。整个芯片架构可以分为发送和接收 2 个通道，在数字核心模块的控制下完成与电子标签的数据通信。

发射器同时支持 IQ（I 代表 In-phase，即同相；Q 代表 Quadrature，即正交）调制和极化调制，其中 IQ 调制支持 SSB-ASK（单边带幅移键控）和 PR-ASK（反向幅移键控），极化调制支持 DSB-ASK（双边带幅移键控）。这两种调制信号均由数字核心模块产生，经 DAC 转换为模拟信号，再通过滤波、上变频后送至芯片内部的集成功率放大器。可以增加外部线性放大器，以增大输出

< 123 >

功率，从而增加电子标签的工作距离。Impinj R2000 内部自带的功率放大器可以识别距离 2m 以内的电子标签，具体工作距离由读写器使用的天线决定。如果在 Impinj R2000 外部扩展功率放大器，Impinj R2000 读写器的工作距离可以达到 10m。

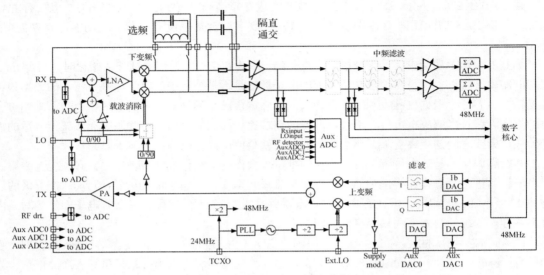

图 7.18　Impinj R2000 内部结构

接收器能抑制发射器的载波泄漏干扰，可以使用外接的本振信号，也可以使用芯片内部的本振信号执行接收器的下变频混频，如从发射通道的功率放大器引入。接收的信号使用内部 LNA 放大，下变频完成后，通过可调电容"隔直通交"，然后送至中频放大器。中频模拟滤波器具有可编程的带宽以适应不同的数据传输速率，可调节其增益以缩小 ADC 需要的动态范围，滤波后的 IQ 信号送至 ADC 转换为数字信号。数字核心模块可以实现精确可控的数字滤波，并对信号进行解调。

芯片的工作时钟来源于 24MHz 的外接温度补偿晶体振荡器（Temperature Compensated Crystal Oscillator，TCXO）。DAC 直接使用 24MHz 的工作时钟；ADC 需要 48MHz 的工作时钟，通过内部集成的倍频器获得。

Impinj R2000 包含一个集成的 VCO，其环路滤波器外置，以便合成器满足严格的相位及噪声要求，具有很高的灵活性。Impinj R2000 支持 2 种类型的接口，低速的并口，数据传输速率可达 20Mbit/s，高速的串口，数据下行速率可达 150Mbit/s，数据上行速率可达 450Mbit/s。两种接口使用相同的引脚，接口类型在上电复位时确定。两种接口的操作电压都是 3.3V。

2．AMS AS3992

AMS AS3992 是特高频单片读写器芯片，完整支持 Gen2 协议，以及 ISO 18000-6 Type A 和 ISO 18000-6 Type B 的直接模式。芯片支持频率调节，通过设置内部的编程选项，能满足各种特高频 RFID 应用需求。

AMS AS3992 的内部结构如图 7.19 所示。芯片包含数据发送和接收所需的完整模拟和数字功能，集成了 PLL、VCO、电压调节、ADC、DAC、配置寄存器等模块，与 MCU 可以使用 8 位并口或 4 位 SPI 通信。

芯片的发射器能够产生 50Ω 内阻、20dBm 的功率输出，可以进行 ASK 或 PR-ASK 调制，调制系数可调节。集成的电压调节模块保障整个芯片稳定的电源供应。

< 124 >

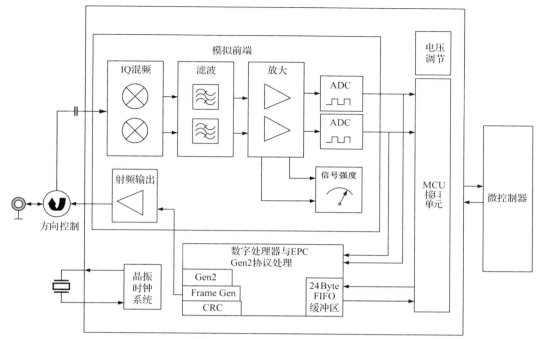

图 7.19　AMS AS3992 内部结构

发射器具有数据编码功能，能够自动产生帧同步、前导码等信号及进行 CRC 运算；接收器可以对 AM 信号和 PM（Phase Modulation，调相）信号进行解调，其接收灵敏度可达-86dBm，具有自动增益控制功能，可以选择接收器的增益、带宽及数据接收速率。接收器可以对接收的数据帧进行 CRC 并将其解析为字节数据，主机 MCU 可以通过 24 个字节的 FIFO 缓冲区将接收的数据读出。

AMS AS3992 采用 64 引脚的 QFN（方形扁平无引脚）封装，通信接口电压范围为 1.8～5.5V。内部集成电压调节模块具有 20mA 的电流输出能力，可以为 MCU 或其他外部电路供电。

AMS AS3992 使用 20MHz 晶振，可以工作在 Powerdown（掉电）、Standby（待机）和 Active（活动）模式，是特高频 RFID 读写器特别是手持设备的理想选择。

AMS AS3992 与电子标签的通信采用 RTF，向电子标签发送和接收数据可以采用以下两种模式。

（1）普通模式。此模式下使用芯片内部硬件编码器和解码器，通过 24 个字节的 FIFO 缓冲区发送和接收数据，协议数据都在芯片内部处理。

（2）直接模式。此模式下数据由 MCU 主机系统直接处理，硬件编码器和解码器被旁路，MCU直接实时处理射频前端数据。

3．Phychips PR9200

Phychips PR9200 是 Phychips 公司出品的特高频单片读写器的片上系统（System on Chip，SoC）芯片，内部集成了高性能 UHF 射频接口、Modem、ARM Cortex-M0 处理器、64KB Flash存储器（闪存）、16KB SRAM（静态随机存储器），完整遵守 Gen2 协议，广泛应用于各种移动及固定特高频 RFID 读写器。

Phychips PR9200 工作频率为 840MHz～960MHz，使用 2.6～3.3V 单电源供电，可以接收 FM和米勒码的信号，数据传输速率可以为 40kbit/s、80kbit/s、160kbit/s、320kbit/s 和 640kbit/s，采用

< 125 >

64 引脚 6mm×6mm FBGA（倒装芯片球栅阵列）封装。

Phychips PR9200 内部结构如图 7.20 所示。

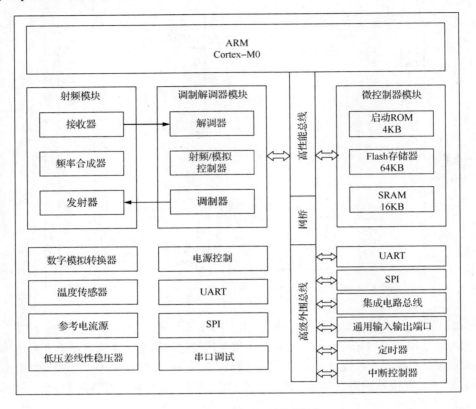

图 7.20 Phychips PR9200 内部结构

整个芯片可以分为三个组成部分：射频模块、调制解调器模块和微控制器模块。从协议层次的角度看，Modem 和 RF 属于物理层，而 MCU 属于高层。高层协议栈的实施由 Cortex-M0 使用 C 语言完成。介于物理层和高层之间的是外部存储器接口（External Memory Interface，EMI），高层可以通过读写外部存储器实现对底层的操作。

从电气角度看，射频模块是模拟部分，调制解调器模块和微控制器模块是数字部分，模拟部分和数字部分在 Phychips PR9200 内部是分开的，二者的供电电源也需要分开，否则将严重影响系统性能。

Phychips PR9200 芯片包含一个 32 位低功耗的 ARM Cortex-M0 内核，该内核使用精简指令集和 19.2MHz 主时钟。该芯片还包含 64KB Flash 存储器、16KB SRAM 和 4KB 启动 ROM（只读存储器）、UART、快速 I^2C、SPI、通用输入输出端口（General-Purpose Input /Output Ports，GPIO）、定时器、WDT（Watchdog Timer，看门狗定时器）、软件调试接口等。

Modem 位于 RF 和 MCU 之间。Modem 的发送模块将已调制数据发送到 RF，接收模块从 RF 接收电子标签数据。发送和接收 FIFO 缓冲区用于保存介于 Modem 和 RF 之间的有效数据。

RF 本身可以分为三个组成部分：发送通道、接收通道和频率合成器。来自电子标签的反射信号通过接收通道传送给 Modem，Modem 将已调制信号通过发送通道发送给电子标签。频率合成器用于将信号频率在 RF 频率和基带频率之间转换。

< 126 >

7.4.2　低于 1GHz 的多频点 RFID 收发芯片

某些 RFID 收发芯片可以在低于 1GHz 的多个频点工作，常见的有 IA4420、CC1110Fx 和 CC1111Fx、ADF7020 等。

1．IA4420

IA4420 是单片、低功耗、多通道射频收发一体芯片，工作频率为 315MHz/433MHz/868MHz/915MHz。芯片集成了完整的模拟射频功能和基带收发器功能，包含 PLL、PA、LNA、IQ 混频器、基带滤波和放大器、IQ 解调器等组件，仅需外部晶振和旁路滤波即可构成工作电路。

IA4420 内部集成的 PLL 使 RF 设计简单易行，芯片允许快速跳频。旁路多径衰减和干扰使无线连接的可靠性大幅提高，可编程的接收器基带宽度能适应各种偏差，高性能的 PLL 允许在任一频段使用多个通道。

IA4420 的全集成特性极大减轻了微控制器的负担，它集成了数据过滤、时钟提取、数据结构识别、FIFO 缓冲区和 TX（传输）数据寄存器等。芯片的自动频率控制（Automatic Frequency Control，AFC）特性允许使用低精度振荡器，从而降低成本，芯片还可以向微控制器提供时钟信号，避免使用两个晶振的情况。在低功耗应用方面，IA4420 支持基于内部唤醒定时器的低占空比运行，最低待机电流可低至 $0.3\mu A$。

IA4420 使用 2.2～5.4V 的外部供电电压，芯片封装为 16 引脚的 TSSOP（薄型微缩型小尺寸封装），主要应用于远程控制、家居安防与报警、无线键盘/鼠标及其他 PC 外设、玩具遥控、胎压监测、遥感测量、远程自动抄表等场合。

2．CC1110Fx/CC1111Fx

CC1110Fx/CC1111Fx 是高性能、低成本的无线收发 SoC 芯片，可以工作在低于 1GHz 的 ISM/SRD（Short Range Device，短距离设备）频段，工作频率为 315MHz、433MHz、868MHz、915MHz 等。其内部集成了一个 8051 MCU，包含 8KB/16KB/32KB 非易失性 Flash 存储器和 1KB/2KB/4KB 数据存储器，可实现在系统编程（In-System Programming，ISP）功能。芯片使用 2.0～3.6V 的宽范围电压供电，主要应用于无线报警和安全系统、工业管理与控制、构建无线传感网络等场合。

CC1110Fx/CC1111Fx 采用 6mm×6mm 的 QFN36 封装，内部可以分为 3 个模块：CPU 相关模块、射频模块和电源、测试和时钟分配相关模块。

芯片包含一个增强的 8051CPU 内核，使用标准 8051 指令集。由于机器周期从标准 8051 的 12 个时钟周期升级为 1 个时钟周期，且避免了总线浪费，因而指令执行速度远高于标准 8051CPU。CPU 相关模块中扩展了大量片上资源，包括 SRAM、Flas 存储器、DMA（直接存储器访问）控制器、调试接口、定时器、WDT、USART（通用同步/异步收发器）、ADC、I^2S（集成电路内置音频总线）、AES 运算模块等。CC1111Fx 在 CC1110Fx 的特性基础上增加一个全速 USB 2.0。CC1110Fx 有 21 个 GPIO，CC1111Fx 有 19 个 GPIO。

射频模块包括接收通道和发送通道。从天线接收的信号经过 LNA 放大和正交下变频变成中频信号，芯片对中频信号利用 ADC 进行数字化后做进一步处理；发射器则直接利用频率合成器将片内 VCO 信号和中频信号合成为射频信号。

芯片内部有一个低压差电压调节器和一个电源管理控制器。其中电压调节器用来给芯片内部的数字电路提供 1.8V 的电源；电源管理控制器可以控制芯片工作在 1 种激活模式（Active Mode）和 4 种电源模式（PM0、PM1、PM2 和 PM3），共 5 种状态，其中 Active Mode 为全功能模式，PM3 为最低功耗模式。通过工作模式的切换及对时钟振荡器的管理，可以降低芯片的电源消耗，

< 127 >

获得最佳工作状态。

为便于调试和测试芯片，多个芯片内部的射频状态信号可以通过芯片部分引脚输出。调试和测试功能的配置需要通过芯片的 RF 寄存器进行设置。

3．ADF7020

ADF7020 是 ADI（亚德诺半导体公司）出品的低功耗、高集成度的芯片，且支持 FSK/ASK/OOK（On-Off Keying，通断键控，ASK 的一种特例）调制的射频收发器，可以工作在 431MHz～478MHz 及 862MHz～956MHz 两个频段。FSK 调制时数据传输速率为 0.15kbit/s～200kbit/s，ASK 调制时数据传输速率为 0.15kbit/s～64kbit/s。

芯片内部集成了完整的收发器功能，内置 7 位 ADC、温度传感器、全自动频率控制回路补偿、数字接收信号强度指示和收发开关等，仅需少量外部器件便可以构建功能强大的系统，特别适合于有低成本和小体积要求的应用。

ADF7020 的发射器包括一个 VCO 和低噪声 PLL，允许使用跳频扩频（Frequency-Hopping Spread Spectrum，FHSS）。发射器的输出功率为-16dBm～13dBm，可以 0.3dBm 的间隔编程，接收灵敏度最高可达-119dBm，芯片的 RF 频率和调制方法均可以通过简单的 3 线接口编程。芯片的供电电压为 2.3～3.6V，不使用时可以进入掉电模式，在掉电模式下，电流消耗小于 1μA。

ADF7020 支持多个可编程特性，包括接收的线性度、灵敏度和中频带宽等。芯片电流消耗在接收模式时为 19mA，在 10dBm 输出的发送模式时为 26.8mA。其主要应用于低成本无线数据传输、远程控制、无线计量、无钥匙入口、家居自动化、过程控制、无线语音等场合。

7.4.3　2.45GHz RFID 收发芯片 nRF24L01

nRF24L01 是由 Nordic（诺迪克）公司生产的支持高斯频移键控（Gauss Frequency Shift Keying，GFSK）的单片无线收发芯片，工作在 2.4GHz～2.4835GHz 的世界通用 ISM 频段，支持自动应答、自动重发、多管道数据接收、CRC 运算等功能。芯片 SPI 的数据传输速率为 0～8Mbit/s，无线数据传输速率为 1Mbit/s 或 2Mbit/s，具备 126 个可选的工作频道，频道间切换时间短。其主要应用于无线键盘/鼠标、安防系统、遥控装置、遥感测量、智能运动装备、工业传感器等。

1．芯片引脚及内部结构

nRF24L01 芯片封装如图 7.21 所示。工作电压为 1.9～3.6V，输入引脚可耐受 5V 电压。

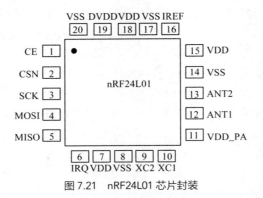

图 7.21　nRF24L01 芯片封装

nRF24L01 内部结构如图 7.22 所示。整个收发芯片由集成频率合成器、功率放大器、FIFO 缓冲区、解调器、CRC 编解码、GFSK 滤波等部分组成。芯片输出功率、频道选择、执行协议等参

< 128 >

数的设置都可以通过 SPI 实现。芯片的电流消耗非常低，当发射功率为-6dBm 时，发射模式消耗的电流为 9.0mA；工作在 2Mbit/s 接收模式的电流消耗为 12.3mA。内置的掉电和休眠模式可以实现更低的功率消耗。

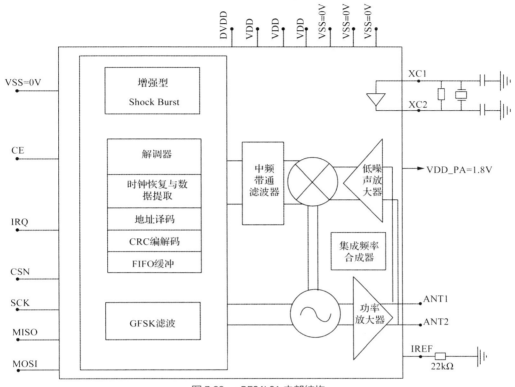

图 7.22　nRF24L01 内部结构

nRF24L01 的引脚功能见表 7.4。

表 7.4　nRF24L01 的引脚功能

引脚	名称	类型	说明	引脚	名称	类型	说明
1	CE	数字输入	RX 或 TX 模式片选	11	VDD_PA	电源输出	+1.8V 直流
2	CSN	数字输入	SPI 片选	12	ANT1	射频	天线接口 1
3	SCK	数字输入	SPI 时钟	13	ANT2	射频	天线接口 2
4	MOSI	数字输入	SPI 子机输入	14	VSS	电源	地
5	MISO	数字输出	SPI 子机输出	15	VDD	电源	+3V 直流
6	IRQ	数字输出	可屏蔽中断	16	IREF	模拟输入	参考电流
7	VDD	电源	+3V 直流	17	VSS	电源	地
8	VSS	电源	地	18	VDD	电源	+3V 直流
9	XC2	模拟输出	16MHz 晶振引脚 2	19	DVDD	电源输出	去耦电路电源正极
10	XC1	模拟输入	16MHz 晶振引脚 1	20	VSS	电源	地

2．操作模式

通过设置 CE 引脚的电平和芯片内部 CONFIG 寄存器中 PWR_UP 位和 PRIM_RX 位的值，nRF24L01 可以工作在不同的操作模式，见表 7.5。

< 129 >

表 7.5　nRF24L01 的操作模式

模式	PWR_UP	PRIM_RX	CE	FIFO 缓冲区状态
RX mode	1	1	1	—
TX mode	1	0	1	数据在 TX FIFO 缓冲区中，持续发送
TX mode	1	0	1→0 至少 10μs 高电平	数据在 TX FIFO 缓冲区中， 直至当前数据包发送完
Standby-Ⅱ	1	0	1	TX FIFO 缓冲区为空
Standby-Ⅰ	1	—	0	无数据传输
Power Down	0	—	—	

除了发送模式（TX mode）和接收模式（RX mode），芯片还有 Standby 模式和 Power Down 模式。其中 Standby-I 用于系统快速启动时减少芯片电流消耗，此模式下部分晶振电路被激活；与 Standby-I 相比，Standby-Ⅱ激活了另外的部分时钟缓冲器，电流消耗比 Standby-I 大。

在 RX mode 下，芯片持续解调来自接收通道的信号，收到的有效数据包将被存放在 RX FIFO 缓冲区中，如果 RX FIFO 缓冲区已满，则收到的数据包被丢弃。

TX mode 在芯片发送数据包时激活。要发送的数据包存放在 TX FIFO 缓冲区中，当 CE 引脚持续不小于 10μs 的高电平时，将启动数据包发送。在一个数据包发送完毕之前，芯片将保持 TX mode。发送完一个数据包后如果 CE=0，那么芯片返回 Standby-I；如果 CE=1，那么随后的操作取决于 TX FIFO 缓冲区的状态。如果 TX FIFO 缓冲区不为空，那么芯片保持 TX mode 并继续发送下一个数据包；如果 TX FIFO 缓冲区为空，那么芯片返回 Standby-Ⅱ。

在 Power Down 模式下，芯片消耗的电流最小，整个芯片的功能关闭，但芯片所有寄存器的值能够保持，且可以通过 SPI 读出。

3．数据包的处理方式

nRF24L01 有两种数据包处理方式：Shock Burst 方式和增强型 Shock Burst 方式。

（1）Shock Burst 方式

Shock Burst 方式下允许使用低成本、低速的 MCU 与 nRF24L01 连接，而 nRF24L01 本身实现高速无线通信。nRF24L01 承担所有与射频通信相关的高速信号处理，与 MCU 使用 SPI 通信，SPI 的数据传输速率由 MCU 决定，允许单片机与 nRF24L01 低速通信而与无线射频部分高速通信，因此 Shock Burst 方式大大降低了应用系统的电流消耗。

（2）增强型 Shock Burst 方式

增强型 Shock Burst 方式可以使双向通信链接协议执行起来更加容易且有效。在一个典型的双向通信中，接收方收到数据包后会向发送方回送应答，以便检测数据是否丢失，如果数据丢失可以重传。在增强型 Shock Burst 方式下，nRF24L01 可以对接收到的数据进行应答以及重传丢失的数据包，而这些功能都无须 MCU 参与。增强型 Shock Burst 方式由于在芯片中集成了数据传输及应答和重传功能，提高了数据传输的效率，降低了电流消耗和数据"碰撞"的风险，降低了对 SPI 通信性能的要求和软件开发难度。

7.5 微波读写器开发举例

由于微波 RFID 读写器具有工作距离远、多目标识别速度快、抗干扰及穿透能力强、电子标

< 130 >

签尺寸小等优点，相关技术及协议标准已成为全球 RFID 产业和研究部门关注的热点。ISO/IEC18000-6 就是该频段的一种 RFID 空中接口标准，本节基于该标准提出一种微波 RFID 读写器的设计方案。

7.5.1 系统基本参数

ISO/IEC 18000-6 系列标准包含了 ISO/IEC 18000-6A、ISO/IEC 18000-6B 和 ISO/IEC 18000-6C，其中 ISO/IEC 18000-6C 兼容 Gen2 协议。三类标准的比较见表 7.6。

考虑到兼容性和通用性的要求，本读写器设计方案支持 ISO/IEC 18000-6 系列的三类标准，不同的参数由软件设计实现。读写器可以根据不同的命令，以指定或者轮询的方式读取某种或者全部电子标签。读写器与上位机的通信通过异步串口实现。读写器和电子标签之间的通信方式为半双工通信。在通信过程中，读写器优先，它为电子标签提供能量和载波，电子标签采用反向散射的方式调制载波，实现对读写器命令的应答。

表 7.6　ISO/IEC 18000-6 三类标准比较

<table>
<tr><th colspan="2" rowspan="2">比较项目</th><th colspan="3">协议类型</th></tr>
<tr><th>ISO/IEC 18000-6A</th><th>ISO/IEC 18000-6B</th><th>ISO/IEC 18000-6C</th></tr>
<tr><td rowspan="4">读写器到电子标签</td><td>工作频率</td><td>860MHz～960MHz</td><td>860MHz～960MHz</td><td>860MHz～960MHz</td></tr>
<tr><td>数据传输速率</td><td>33kbit/s</td><td>10kbit/s 或 40kbit/s</td><td>26.7kbit/s～128kbit/s</td></tr>
<tr><td>调制方式</td><td>30%～100%ASK</td><td>10%或 100%ASK</td><td>DSB-ASK，SSB-ASK，PR-ASK</td></tr>
<tr><td>编码方式</td><td>PIE</td><td>曼彻斯特编码</td><td>PIE</td></tr>
<tr><td rowspan="5">电子标签到读写器</td><td>副载波频率</td><td>未用</td><td>未用</td><td>40kHz～640kHz</td></tr>
<tr><td>数据传输速率</td><td>40 kbit/s～160kbit/s</td><td>40 kbit/s～160kbit/s</td><td>FM0: 40 kbit/s～640kbit/s
米勒副载波：5 kbit/s～320kbit/s</td></tr>
<tr><td>调制方式</td><td>ASK</td><td>ASK</td><td>ASK 或 PSK</td></tr>
<tr><td>编码方式</td><td>FM0</td><td>FM0</td><td>FM0 或米勒副载波</td></tr>
<tr><td>UID 长度</td><td>64 位</td><td>64 位</td><td>32～192 位</td></tr>
<tr><td colspan="2">防碰撞算法</td><td>动态时隙 ALOHA 算法</td><td>二进制树型搜索算法</td><td>时隙随机算法</td></tr>
</table>

7.5.2 微波读写器硬件设计

系统硬件由两部分构成：基带模块和射频模块。基带模块主要实现信息处理、存储和转发；射频模块主要实现发送信号的调制、功率放大及接收信号的低噪声放大和解调。

1. 基带模块

基带模块的主要功能是实现对射频模块的控制，提供对 ISO/IEC 18000-6 的软件支持，响应上位机命令，并处理和传输电子标签信息。基带模块的微处理器采用 TI 公司基于 16 位 RISC（精简指令集计算机）架构的 MSP430F1611。该 MCU 具有 48KB Flash 存储器与 10KB RAM（随机存储器），指令周期仅为 125ns，能快速地处理大量的数据。

MSP430F1611 集成了片上 ADC 和 DAC，支持 UART、SPI、I^2C 等通信方式，并提供 5 种低功耗模式，能最大化电源效率。读写器和上位机通过异步串口通信，由于系统采用 3.3V 供电，因此选用 MAX3232 实现 LVTTL（低电压晶体管晶体管逻辑）电平和 RS-232 电平转换。

< 131 >

2．射频模块

射频模块主要采用 ADI 生产的芯片 ADF7020 实现。在接收模式下，ADF7020 相当于一个传统的超外差接收器，射频输入信号经过低噪声放大器放大后翻转进入混频器，通过混频器产生中频信号，中频信号经滤波放大后进入解调器解调，然后直接输出解调后的数字信号，解调信号的同步由芯片提供的时钟信号完成。在发送模式下，数字信号经过调制后再变频经功率放大器发射出去。

3．关键电路设计

ADF7020 完整地集成了射频发送和接收回路，仅需少数几个外部分立器件，大大简化了电路设计。系统的关键电路是射频模块的环路滤波器、阻抗匹配电路和功率放大电路。环路滤波器是频率合成器的关键部分，直接影响无线通信的载波质量、接收和发送信噪比等重要参数。环路滤波器可以利用 ADI 旗下的软件 SRD Design Studio 进行设计和仿真，通过频域分析、瞬态分析和频谱分析选择合适的参数，最终参数值可以根据仿真结果和实际硬件微调。本系统采用了常见的 3 阶环路滤波器，如图 7.23（a）所示。其中，C_1 将来自电荷泵（CPOUT 引脚）的脉冲转化为直流电压，R_1 和 C_2 用于控制电路中存在的二阶极点引起的不稳定性，C_3 用于滤除 R_1 和 C_2 给直流控制电压带来的纹波。由于采用 ASK 调制方式，发射功率的突变引起的高频电荷泵脉冲会导致输出频谱拓宽，因此应该将环路滤波器带宽设计为信号频率的 10 倍左右，这样有利于快速而精确地锁定频率。

射频收发端主要有阻抗匹配、低通滤波和功率放大电路（简称功放），如图 7.23（b）所示。L_1 为内部功放提供偏置电压，C_4 起隔断直流信号的作用，同时 L_1、C_4 构成匹配网络，使得输出功率最大。由于要求的发射功率比较高，因此采用了两级功放。一级功放采用 MPS（芯源系统）公司的 MNA-5，工作频段为 0.5GHz～2.5GHz，最大输出功率能达到 19dBm。二级功放采用 RFMD（威迅联合半导体）公司的 RF2162，工作频率为 800MHz～960MHz，最大输出功率能达到 31dBm。低通滤波器（Low-Pass Filter，LPF）采用 Murata（村田）公司的片状多层 LC 滤波器 LFL18924MTC1A052，其中心频率为 924.5MHz，带宽为 70MHz。

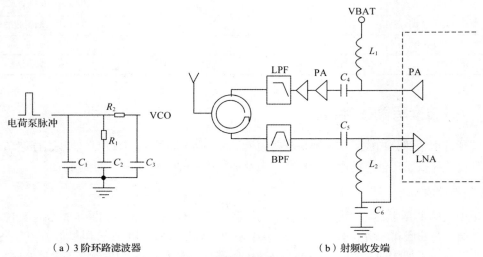

（a）3 阶环路滤波器　　　　　　　　　　（b）射频收发端

图 7.23　关键硬件电路设计

射频接收端主要由带通滤波器和阻抗匹配电路组成。带通滤波器采用 Murata 公司的 SAFCH915MALOT00，具有良好的带外衰减性能。阻抗匹配电路由 C_5、C_6、L_2 构成，同时实现单端信号到差分信号的转换。射频发射端和接收端通过环行器连接到平板天线上，环行器采用 Mini-Circuits（微型电路）公司的双向耦合器 BDCN-17-25。

< 132 >

基带模块和射频模块的接口电路如图 7.24 所示。MSP430F1611 的 SPI 与 ADF7020 的收发数据和时钟引脚相连。ADF7020 的命令和配置接口与 MSP430F1611 的 I/O 口的 P1.0 相连，模拟其通信时序。其中，CE 是片选信号；INT/CLK 在接收模式时作为芯片的中断输出，P1.1 配置成上升沿触发的中断模式；SREAD 和 SDATA 分别是数据读取和写入信号；SCLK 是同步时钟；ADF7020 配置数据的低 4 位为寄存器地址，SLE 的上升沿用于将配置数据写入对应地址的寄存器。详细的寄存器配置数据见 ADF7020 的数据手册。

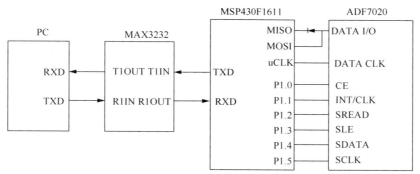

图 7.24　基带模块和射频模块的接口电路

ADF7020 采用半双工的通信模式，收发切换采用内部开关控制，通过编程寄存器 0 的第 27 位实现。发送模式下可以将差分的接收端短路；接收模式下发送未经调制的信号给电子标签提供载波，通过编程寄存器 8 的第 13 位实现。

7.5.3　微波读写器软件设计

1．协议封装

（1）编码解码

ISO/IEC 18000-6A 和 ISO/IEC 18000-6C 的前向链路采用的编码方式是 PIE，ISO/IEC 18000-6B 的前向链路采用曼彻斯特编码；反向链路都采用 FM0 编码（ISO/IEC 18000-6C 协议还可以采用米勒码），三种编码方式如图 7.25 所示。

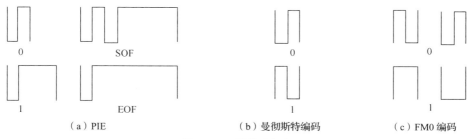

（a）PIE　　　　　　　　　　（b）曼彻斯特编码　　　　　　　　　（c）FM0 编码

图 7.25　三种编码方式

PIE 通过脉冲间隔的不同长度来区分信息 0 和 1、SOF（帧起始符）和 EOF（帧结束符），可以将 0 编码为 01，1 编码为 0111，SOF 编码为 01011111，EOF 编码为 01111111。曼彻斯特编码的特点是每一个码元中间都有跳变，0 编码为 01，1 编码为 10。FM0 编码的特点是 1 的开始和结束会发生电平跳变，0 的开始、中间和结束都会发生电平跳变，因此将 01 和 10 解码为 0，00 和 11 解码为 1。

< 133 >

（2）数据帧格式

读写器发往电子标签的数据帧一般包含帧头、分隔符、命令、标志、参数、数据和 CRC 等字段；电子标签发往读写器的数据帧一般包含帧头、标志、参数、数据、CRC 等字段。每种类型的读写器和电子标签的数据帧字段数和各个字段的内容不尽相同，不同的命令和数据有不同的帧格式。

（3）防碰撞算法

读写器和电子标签的基本通信过程如下。

① 读写器工作范围内的电子标签收到载波能量，上电复位。

② 读写器与电子标签进行防碰撞仲裁。

③ 读写器选择单个电子标签进行读写操作，其他电子标签暂时休眠。该电子标签响应命令后进入休眠状态。

④ 读写器搜索其他电子标签，进入第②步，循环操作，直到识别出所有电子标签。

ISO/IEC 18000-6 的三类标准定义了不同的防碰撞算法：ISO/IEC 18000-6A 采用动态时隙 ALOHA 算法；ISO/IEC 18000-6B 采用二进制树型搜索算法；ISO/IEC 18000-6C 采用时隙随机算法。

2. 读写器工作流程

读写器首先初始化系统，包括设置串口波特率，以及 ADF7020 的工作频率、调制方式、调制深度和发射功率等参数，然后尝试与上位机建立连接，响应上位机命令。成功建立连接后读写器即发送读取命令，然后转为接收模式，同时发送稳定的未调制载波，检测磁场范围内是否有电子标签存在。如果正确读到电子标签，则向上位机发送电子标签信息；如果检测到碰撞，则进行防碰撞仲裁，直到把磁场范围内的电子标签全部读取完毕。

读写器可以根据上位机命令设置为只读某一种电子标签，或者循环读取所有电子标签。读写器发送给上位机的信息包含电子标签识别码和电子标签类别等信息。读写器工作流程如图 7.26 所示。

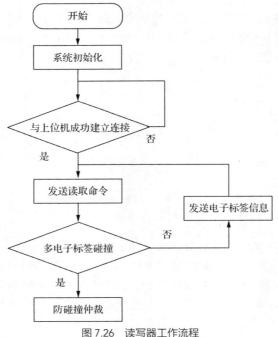

图 7.26　读写器工作流程

< 134 >

7.6　微波有源电子标签设计

大多数特高频 RFID 系统采用通过射频场从读写器获取电源的被动式电子标签（无源电子标签）。这样有利于减小电子标签尺寸和降低成本，但是会限制工作范围和数据存储能力。带电池的主动式电子标签（有源电子标签）可以提供较大的工作范围和更强的可靠性，不过其尺寸较大，也更贵一些。采用低功耗单片机 MSP430F2012 和无线数字传输芯片 IA4420，可以设计一种不但工作范围大、可靠性强，而且成本更低、寿命更长的主动式电子标签。

7.6.1　设计方案分析

本次设计的主动式电子标签应具有低成本、低功耗、工作距离长且可调、电池供电等特性。分析主动式电子标签的这些特性要求，形成设计方案如下。

（1）低成本

在基于 RFID 的电子识别系统中，用于标示物体的电子标签总是有较大的使用量，电子标签的单价直接影响系统整体造价，应尽可能降低电子标签成本。

从器件选型入手，选用集成度高的 MCU 和无线高速数字传输芯片，尽量减少外围器件，不仅可以降低硬件成本，还避免了生产过程中的统调工作，降低了生产成本。本设计方案选用 MSP430F2012 单片机，内部 PLL 电路可以节省一般单片机必需的外部晶振；内建电源电压监测欠压复位（Brown-Out Reset，BOR）模块，省去了外部复位电路；选用 IA4420 无线数字传输芯片，这是目前同类无线数字传输芯片中外围器件最少的一种（仅需一个 10MHz 晶振）；差分天线接口可直连设计在 PCB 上的微带天线。这些都使得本设计方案的硬件成本降到了最低。

（2）低功耗

主动式电子标签采用电池供电，为了延长电池使用寿命，系统对低功耗性能要求严格。MSP430 F2012 单片机拥有 0.5μA 的待机电流和 220μA（1MHz，2.2V）的运行功耗，是目前业界公认的低功耗单片机；IA4420 的低功耗待机模式电流消耗低至 0.3μA。这两大芯片为本设计方案的低功耗性能提供了基础保证。低功耗设计一方面要从器件的选择入手，另一方面要设计合理的运行时序，在完成电子标签功能的前提下，使电路在大多数时间处于待机状态。

（3）长距离及距离可调

无线信号在自由空间中的视距传输距离与系统总增益的对数成正比，在不增加发射信号强度的情况下，选择高接收灵敏度的无线数字传输芯片可以达到增加传输距离的效果。

IA4420 具有 -109dBm 的接收灵敏度和最大 8dBm 的射频信号输出功率，室外开阔地实测传输距离达 200m 以上。在无线系统中，总增益每增加或减少 6dB，传输距离延长或缩短 1 倍。IA4420 的信号输出功率有 0dBm、-3dBm、-6dBm、-9dBm、-12dBm、-15dBm、-18dBm 和 -21dBm（共 8 级可调），配合 0dBm、-6dBm、-14dBm、-20dBm 可调的接收端 LNA 增益，实现了电子标签工作距离的大范围多级可调。

（4）电池供电

本设计方案选用单节 CR2032 纽扣式锂锰电池，该电池额定电压为 3V，容量为 200 mAh，

< 135 >

建议间歇放电电流小于 15mA。CR2032 具有每年低于 1% 的内在超低漏电及极其平坦的放电曲线（这两种特性均可明显延长电池使用寿命）。本设计方案省去电池和器件之间的稳压电路，直接由电池给系统供电，也节省了稳压电路带来的静态电流消耗，使电池寿命进一步延长。为防止发射状态下较大的电流造成电池电压瞬态降低，本设计方案使用较大容量电容与电池并联。

直接用电池为单片机供电，一个值得注意的问题是更换电池时，电池导线的机械接触会引发电源噪声，使单片机复位不完全而产生随机错误操作。MSP430F2012 内部集成零功耗欠压复位模块，可以在电压低于安全操作范围时执行完全复位，很好地解决了这一问题。

7.6.2 系统软硬件设计

1．硬件电路设计

主动式电子标签硬件电路结构简单，主要包括微控制器 MSP430F2012 和射频收发芯片 IA4420 及少量外围器件，如图 7.27 所示。

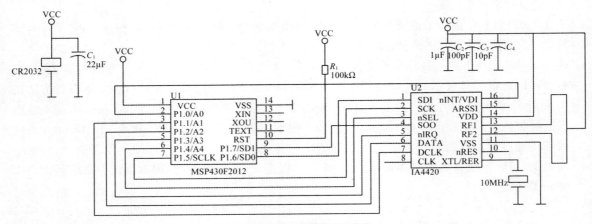

图 7.27　主动式电子标签硬件电路

MSP430 是 TI 公司的一个超低功耗单片机系列，完美地结合了功耗低、速度快等优点。CPU 采用 16 位精简指令集，集成了 16 个通用寄存器和常数发生器，极大地提高了代码的执行效率。该系列单片机还将大量的外围模块整合到片内，适合构建较完整的片上系统；提供了 5 种低功耗模式，主要面向电池供电的应用。本设计方案选用的是 MSP430 系列中成本更低、性能更高的新型单片机 MSP430F2012。

IA4420 是 Integration Associates（联合伙伴）公司推出的一体化无线数字传输芯片，RF 功能完全内置，外部只要一个 10MHz 晶振即可工作。

2．RFID 通信协议

本设计方案遵从 ISO/IEC 18000-7 中关于主动式电子标签通信协议的物理层、数据链路层的所有约定。载波频率设定为 433.92MHz，读写器与电子标签之间的通信都使用 FSK 调制的曼彻斯特编码，数据传输速率为 27.7kbit/s。通信协议的其他具体内容可以参考该国际标准。

< 136 >

习题

1. 常见的电子标签反向散射的调制方式有哪几种？
2. ISO/IEC 18000-6 三类标准分别使用何种防碰撞算法？
3. 载波泄漏对读写器有何影响？通常使用什么方法解决载波泄漏问题？
4. 常见的无源电子标签有哪些？
5. 常见的微波 RFID 收发芯片有哪些？

< 137 >

第 **8** 章 　 RFID 与传感技术的结合

大部分 RFID 系统中电子标签的信息是固定或相对固定的，电子标签不能实时感知环境变化，即不具备传感功能。而传感技术在物联网中是必不可少的，因此，越来越多的研究将 RFID 技术和传感技术这两大物联网感知技术结合起来，实现功能更强大的感知层设计。

8.1 电子标签内嵌传感模块

目前有很多研究者将 RFID 和传感技术结合起来，在电子标签中集成了传感器的敏感元件，使其既有传感器的感知特性，又具有 RFID 系统的非接触、无源等优点。

具有传感功能的电子标签一般由芯片、天线和传感器模块构成，常被称为 RFID 传感器。一些复杂的 RFID 传感器内部还有各种接口电路、信号调理电路。芯片的作用主要是接收天线信号，将传感器采集的信息编码发送给读写器。天线的作用主要是耦合、辐射电磁能量，以提供芯片正常工作所需的能量。此外，传感器与读写器通信时，还需要用到各种防碰撞算法以提高数据传输的效率和稳定性。

一般将 RFID 传感器的功能总结为以下几点。

（1）存储监测对象的状态数据。

（2）采集读写器天线发射的射频电磁能量。

（3）遵循既定的空中接口协议进行数据传输。

（4）在多对多的应用场景下保证数据的稳定传输。

图 8.1 所示为一个 RFID 温度传感器。它由一个无源射频天线和一个射频温度传感集成电路（芯片）组成。芯片与无源射频天线连接，通过射频天线获取来自信号采集终端的射频能量用以供电，同时接收指令信号，对测温点进行实时测温。

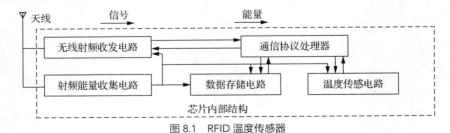

图 8.1　RFID 温度传感器

图 8.2 所示为一种同时检测振动和温度的 RFID 传感器，工作频率为 915MHz，箭头方向表示数据信号的流动方向。在 RFID 传感器内部同时嵌入加速度传感器芯片和温度传感器芯片，双天线与读写器之间通过空中接口协议 ISO/IEC 18000-6 进行数据通信。其中加速度传感器芯片选择 LIS3DH 三轴加速度传感器，测量精度为 ±2g，量程为 1Hz～5.3kHz；温度传感器芯片选择 EVAL01-FENIX-RM，测量精度为 0.5℃，温度范围为-40℃～85℃，可以短时间工作在 125℃。两个传感器芯片均由 RFID 芯片供电，RFID 芯片选型为 ROCKY100，为了使其能够稳定输出 2.5V 的工作电压给 MCU（MSP430），除了采用双天线的射频通信方案，还单独增加了一块锂电池作为备用电池，保证在某些极端环境下传感器能够继续工作一段时间。天线 1 同时进行射频信号的接收和发送，而天线 2 只进行射频信号的接收，双天线的结构保证了足够的能量供应。

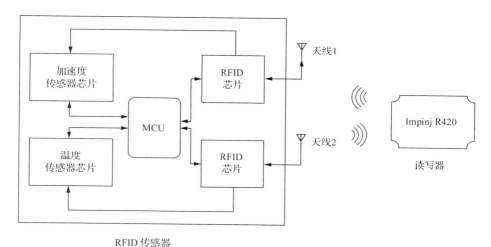

图 8.2　同时检测振动和温度的 RFID 传感器

此外，还有研究者在电子标签中集成了加速度传感器、车轮轴位传感器、气体浓度传感器、电流传感器等，以获取对象的身份和相关参数。

以上示例均通过将传感器敏感元件（模块）集成于电子标签来实现对应的 RFID 传感功能。

8.2 基于时域编码的电子标签

8.2.1 基于时域反射的 SAW 电子标签

声表面波（Surface Acoustic Wave，SAW）技术是 20 世纪 60 年代末发展起来的新型技术。声表面波就是沿压电材料基片表面传播的弹性波，基片厚度如果增加，弹性波的幅值便随之减小。

声表面波器件采用压电材料作为谐振器的基底，再在压电材料上镀上金属薄膜，用于制作压电基片上的叉指换能器（Inter Digital Transducer，IDT）和反射栅，或者制作两个叉指换能器。叉指换能器的结构如图 8.3 所示，它的作用是实现声与电的转换。其中，M 为叉指换能器的叉指周期，a 为指条宽度，d 为指条间隔，W 为声孔径。

< 139 >

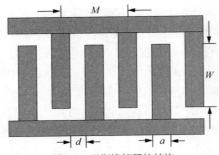

图 8.3　叉指换能器的结构

叉指换能器工作原理：电信号通过输入叉指换能器转变成声信号，声信号在叉指换能器的基片表面传播，之后反射栅（输出换能器）对传播来的信号进行处理并将其回送给输入端，最终将信号传送出去。

声表面波无源电子标签（应答器）由三部分组成：①单端口谐振器；②反射栅（反射栅由多个按编码排列的反射体组成）；③和谐振器连接的小天线（电子标签天线）。

SAW 电子标签的反射栅是由多个反射体组成的，用以携带一些编码信息，从而进行射频识别。反射栅一般纵向排列，一个声道中有多个反射体，如图 8.4 所示，电子标签反射栅携带电子标签的编码信息，信号经过反射栅可以延迟一段时间再传输出去，这样可以使信号带有不同的编码信息，进而实现电子标签的识别功能。反射栅反射原理：反射体所放置的位置不同，反射声波的位置也就随之不同，传输给天线的信号间隔在时间上便存在了差异，这便实现了编码信息的传递。

图 8.4　反射栅的排列示意

反射栅阵列是 SAW 电子标签比较重要的部分，因为其携带着反射栅编码，可以使 SAW 电子标签获得有效、准确的识别功能。反射栅编码和通信系统中的数字信号编码类似，常见的反射栅编码技术有 OOK、PPM、PSK 和正交频率编码等。其中正交频率编码是比较新的编码技术，现在被大量采用，PPM 是相对成熟的技术，在工程当中也有广泛的应用。

SAW 电子标签的工作原理是，SAW 电子标签通过天线收到读写器发射的线性扫频信号后，通过叉指换能器将电磁波转换成 SAW，SAW 信号沿着压电基片表面传播，在遇到反射栅时发生反射和透射，反射信号又沿着原路径返回，后经叉指换能器转换成电磁波信号，透射信号继续沿着 SAW 传感器的压电基片表面传播，再次遇到反射栅发生透射和反射，直到遇到最后一个反射栅，如图 8.5 所示。SAW 的传播速度相对于电磁波的波速很慢，大概为 3500m/s，其在 SAW 传感器上会产生微秒级的延迟。

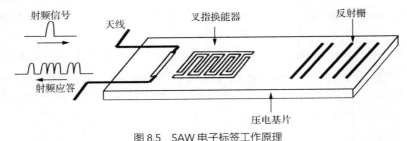

图 8.5　SAW 电子标签工作原理

< 140 >

　　电子标签上的反射栅是呈编码形式的，因此经过它的反射，信号就会携带特定的编码信息，这样一来，由谐振器转换的脉冲信号就会包含编码信息，信号再由电子标签天线传送给读写器，读写器再进一步进行处理。

　　SAW 电子标签的优点很多，在性能方面优越于传统 IC 电子标签。SAW 电子标签的工作频率一般为射频频段。SAW 电子标签是无源电子标签，抗干扰能力很强。SAW 电子标签的主要特点有以下几点。

　　（1）工作距离远，一般可以达到数米甚至数十米。

　　（2）可以在 IC 电子标签无法工作的环境当中应用，如在金属或液体中。

　　（3）很容易与天线进行匹配，而且匹配效果良好。

　　（4）内部仅有谐振器，没有集成电路，因此制作工艺简单，可满足市场化需求。

　　（5）可识别高速运转的物体，突破了传统 IC 电子标签仅限于静止物体识别的局限，识别速度可达 300km/h。

　　（6）在强电磁干扰下或者在温差极大的情况下（−100℃～300℃）都可以正常使用。

　　将 SAW 传感器置于被测环境中，环境因素的改变，包括温度、振动、应变等都会影响声表面波的传播，从而改变传播过程中的声速。同时环境因素也会引起压电材料物理或者化学性质的变化，如压电材料的相速度、介电常数、弹性常数和压电常数等，进而引起谐振频率的改变。因此可以利用谐振频率的变化来表征被测量的变化。

　　以温度为例，SAW 温度传感器的谐振频率可以由公式 $f = v / \lambda$ 来描述，其中 v 表示声速，λ 表示波长。温度主要在两个方面对 SAW 传感器产生影响：一方面温度变化引起压电材料参数（如弹性常数、压电常数等）变化，进而影响声表面波在介质中的传播速度 v；另一方面因为热膨胀系数的存在，SAW 的波长同样会随着温度的变化而改变。综合考虑以上两点，可以将频率的相对变化描述为

$$\frac{\Delta f_T}{f} = \frac{\Delta v_T}{v} - \frac{\Delta \lambda_T}{\lambda} = \frac{\Delta v_T}{v} - \alpha \qquad (8\text{-}1)$$

式（8-1）中，Δf_T 为温度为 T 时的频率偏移，$\Delta \lambda_T$ 和 Δv_T 分别是温度为 T 时的波长和声速变化，热膨胀系数 α 是波长的相对变化 $\Delta \lambda_T / \lambda$。

　　目前 SAW 传感器主要用于温度、压力、扭矩等会影响金属反射栅形状的物理量测量。例如，将 SAW 传感原理引入无源无线压力传感器设计，以新型材料硅酸镓镧作为压电材料，将两个反射栅的相位差作为压力传感器的输出信号，部分消除了环境温度变化带来的影响，而设计较高的 SAW 器件中心频率（433.92MHz 附近），可提高 SAW 压力传感器的灵敏度。还有，可采用 120° 对称间隔布置的无线信号收发天线解决 SAW 扭矩传感器信号的绕射问题，使 SAW 扭矩传感器灵敏度模拟测试结果为 1.15kHz/(N·m)。

　　由于 SAW 传感器不仅对各个方向的应变敏感，对于温度也敏感，因此，使用表面黏合 SAW 传感器实现应变测量具有挑战性。针对这种情况，可在建立应变测量的优化模型时，考虑将不同谐振频率的 SAW 传感器并行集成，如图 8.6 所示。若两个传感器的叉指电极层设计尺寸保持一致，二者的谐振频率将保持相同，将二者并行放置，同时对二者的叉指电极层的尺寸、放置进行重新设计，保证其 SAW 波长的一致性，在收到来自相同方向的应变信号时，两个传感器会表现出略有差别的谐振频率和应力反馈。在加载应力载荷后，SAW 应变传感器的谐振频率变化主要由无应变下的温度变化和在一定温度下的应变变化两部分组成，从而实现应变和温度的解耦。

< 141 >

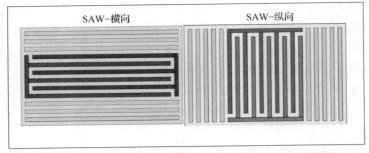

图 8.6　SAW 应变温度解耦传感器集成示意

8.2.2　基于时域不同编码方式的无芯片电子标签

　　基于时域编码的无芯片电子标签中，经常采用的编码技术有 OOK、相位调制与脉冲位置调制等。OOK 编码是最简单的编码方法，逻辑状态 0 和 1 分别由特定时间间隔内是否存在询问信号的反射来确定。在 2006 年，基于 OOK 编码的无芯片电子标签被提出，该电子标签由在预定位置并行插入的弯曲共面波导（Coplanar Waveguide，CPW）传输线和表面贴装器件（Surface Mount Device，SMD）电容器组成，实现了 4bit 编码。之后人们使用贴片代替 SMD 电容器，得到了可以印刷的全平面结构电子标签。再后来人们提出一种基于磁感应波（Magneto-Inductive Waves，MIW）延迟线的无芯片电子标签，与传统延迟线相比，较短的 MIW 延迟线就可以实现相同的延迟。同时，为了实现最大化耦合，人们使用方形开口谐振器（Split Ring Resonators，SRR）布局延迟线，但该电子标签受限于 MIW 延迟线的高损耗，很难实现较高的编码容量。

　　以上编码方式的电子标签示例如图 8.7 所示。

  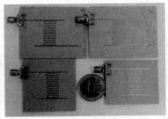

（a）OOK 编码电子标签　　（b）OOK 编码的平面结构电子标签　　（c）基于 MIW 延迟线的电子标签

图 8.7　基于时域不同编码方式的无芯片电子标签示例

8.2.3　基于时分复用的无芯片电子标签

　　基于时分复用的新式无芯片电子标签，编码信息被包含在电子标签所产生的调幅信号中，可编码的位数仅受电子标签所占用的区域限制。此类电子标签通常由谐振元件或金属带组成，这些谐振元件在预定的等距位置被蚀刻或印刷在介质基板上。此类电子标签的工作原理与上述无芯片电子标签完全不同，其读写器是平面微波结构，通常由一个谐振单元和微带线组成，谐振单元耦合到馈线并由谐波信号馈电。将读写器感应部分的谐振器放置在距离电子标签较近的位置，电子标签运动可调制馈线输出端口处的馈电信号幅值，工作原理如图 8.8 所示。这种调幅方法利用了读写器的谐振单元与电子标签的谐振单元或金属带之间的电磁耦合，在馈送信号的频率下调制传输系数的大小。

< 142 >

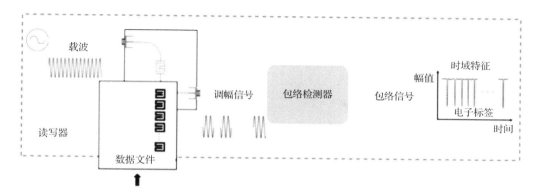

图 8.8   基于时分复用的无芯片电子标签工作原理

图 8.9 所示为一种用于探测温度的时分复用无芯片电子标签，是由超宽带天线和延迟线构成的。由于延迟线的长度变化会引起电子标签后向散射信号的变化，因此通过调节延迟线的长度对电子标签进行编码。

图 8.9   用于探测温度的时分复用无芯片电子标签

8.3 基于频域编码的无芯片 RFID 技术

基于频域编码的无芯片电子标签又称为频谱条形码，是目前无芯片电子标签领域内被研究最多的，由不同频率下调谐的谐振器组成。该类型电子标签的编码信息主要使用电子标签的反射信号的频谱特性来传递，电子标签的 ID 由电子标签唯一的频率特性来表示。编码信息由每个谐振器提供，编码的有无由电子标签的频率响应幅值或者相位中是否存在奇异点来确定。

根据不同的工作方式，可以将基于频域编码的无芯片电子标签分为后向散射型（Back Scattering）和转发型（Retransmisson）。

后向散射型的无芯片电子标签由不同尺寸的编码谐振器构成，电子标签可以接收读写器的询问信号并辐射带有编码信息的后向散射信号。后向散射型无芯片电子标签的基本工作流程：读写器在设定的频段范围内进行扫频，当电子标签落在读写器的工作区域时，电子标签在谐振器作用下反射的回波信号具有携带编码信息的频谱特性，该回波信号被读写器接收并处理，可根据回波信号的频谱特性识别不同的电子标签。

转发型的无芯片电子标签通常包括收发天线和连接收发天线的馈线，若干个谐振器分布在馈线上。但目前该类型的无芯片电子标签的尺寸都比较大，难以大规模使用。

图 8.10 所示为一款基于圆形微带贴片天线谐振器的无芯片 RFID 金属裂纹传感器，传感器主要由编码部分和传感部分构成。其中编码部分采用 4 个偶极子谐振器，传感部分采用圆形微带贴

< 143 >

片天线谐振器。在编码部分的谐振器的背部分布有金属地板，减少传感器贴在金属表面时金属对编码部分的影响。传感部分的背面没有金属地板。将传感器放置在实际环境中测量，测量结果显示，当金属裂缝水平放置时，随着裂缝的宽度增大，圆形微带贴片天线的谐振频率向低频偏移，验证了该传感器在实际环境中工作的可行性。

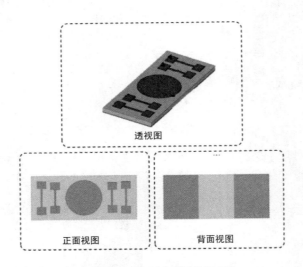

图 8.10　无芯片 RFID 金属裂纹传感器

图 8.11 所示为一款无芯片 RFID 角度传感器，该传感器采用介电谐振器结构，不同直径的介电谐振器均匀分布在焦点圆的圆周上（R_{DR} 为介电谐振器分布半径，R_L 为透镜半径，θ_{inc} 为入射角，$\Delta\theta$ 为角度差）。由于不同直径的介电谐振器的谐振频率也不一样，因此可以根据不同的谐振频率判断出处于谐振状态的是哪一个谐振器，进而根据谐振频率得到读写器入射波的角度。该传感器以 18°为间隔，从−36°到+36°放置 5 个不同直径的介电谐振器。实测结果显示，该传感器在不同角度的谐振频率对应了放置在该角度的介质谐振器的谐振频率，验证了可以根据谐振器的谐振频率测得读写器发射入射波的入射角度。

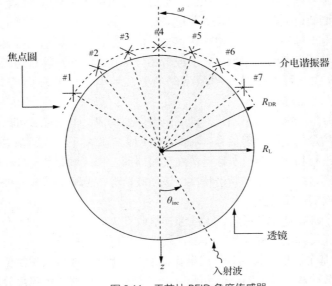

图 8.11　无芯片 RFID 角度传感器

< 144 >

基于频域编码的无芯片 RFID 技术还可实现阻值、湿度、介电常数等参数的测量。

8.4 基于幅值/相位编码的无芯片 RFID 技术

基于幅值/相位编码的无芯片电子标签的作用相当于一个平面微带贴片天线，通过调节介质基板上金属贴片的相关参数或天线负载的阻抗大小，便能够使电子标签的反射信号的幅值、相位发生改变，从而实现信息编码。

图 8.12 所示为一种基于相位编码的无芯片电子标签，电子标签包含一个单回路电感和叉指电容。叉指电容不仅可以在单一表面上制作，而且可以很容易地通过连接或断开分支来改变电容值，这样就可以轻松调节 *LC* 谐振器的谐振频率，从而提高编码密度。图 8.13 所示为方形贴片谐振电子标签，电子标签内是加载高阻抗开路支节的谐振方形贴片。由于电子标签的散射信号具有明显的相位特性，所以可以利用散射信号的相位进行编码，编码容量为 3bit。图 8.14 所示为利用 C 形谐振器设计的一种相位编码电子标签，电子标签含有 5 个不同尺寸的 C 形谐振器，由于谐振器的尺寸变化可引起其相位偏移，同时也会引起其谐振频率的变化，因此可以结合两种编码方式提高编码容量。图 8.15 所示为一种基于群时延编码的 2bit 无芯片电子标签，它由两个不同长度的级联 C 形馈线构成，电子标签在两个频点可以产生与馈线长度相对应的两个不同的时延，于是可以通过改变馈线的长度实现电子标签的编码。图中 w 为馈线宽度，l 为馈线长度，g 为馈线间隔。

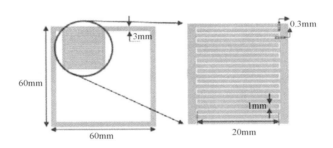

图 8.12　*LC* 谐振器电子标签

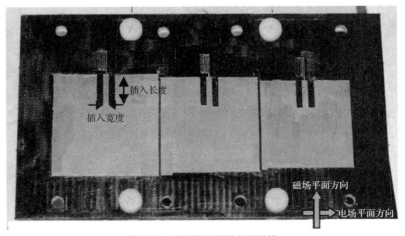

图 8.13　方形贴片谐振电子标签

< 145 >

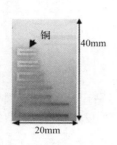

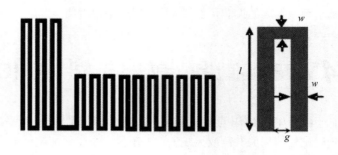

图 8.14　C 形谐振器电子标签　　　　　　　　图 8.15　2bit 无芯片电子标签

　　基于幅值/相位编码的无芯片电子标签的尺寸和编码容量都不是很理想。另外，在实际环境中电子标签反射波的相位和幅值易受多径干扰和工作距离的影响，因此要在复杂的现实环境中检测出电子标签反射波相位和幅值的微小变化并非易事。

　　在上述多种无芯片电子标签中，基于频域编码的后向散射型电子标签越来越成为无芯片电子标签领域中的研究焦点，因为其具备小型化、大容量以及可印刷的潜力。而后向散射型电子标签中的变极化电子标签因具有很强的抗干扰能力，更适合在实际的复杂环境中进行识别，降低了无芯片电子标签检测的难度。

　　综上所述，目前基于 RFID 的传感系统应用主要有两种形式。一种是将传感器集成于 RFID 电子标签中，利用电子标签中的芯片存储传感信息和 ID。另一种是利用无芯片 RFID 技术，包括基于时频编码、频域编码、幅值/相位编码的无芯片 RFID 技术。由于去除了硅基芯片，无芯片电子标签可以实现较低成本的生产，进而可以实现批量生产，同时电路结构也更加简单，更有利于在恶劣环境下工作。

习题

1. SAW 电子标签的结构包括哪些部分？请阐述利用 SAW 电子标签测量温度的工作原理。
2. 基于时域编码、频域编码的电子标签的原理和特点分别是什么？
3. 请列举 3 个以上利用电子标签来实现参数检测的具体应用场景（最好是真实的应用实例）。

< 146 >

第 9 章　RFID 应用开发

9.1　RFID 应用场景举例

9.1.1　RFID 在电子证件中的应用

RFID 在电子证件方面应用广泛，电子护照、我国二代身份证和港澳通行证都是常见的 RFID 应用实例。该类证件通常采用 13.56MHz 高频 RFID 芯片，一般来说，此类芯片的有效工作距离在 3cm 内。

1. RFID 在电子护照中的应用

1998 年，国际民用航空组织在将芯片技术应用到护照制作中后，电子护照的研发工作在各个国家陆续展开，电子护照技术开始被应用到出入境的证件检查工作中。1998 年 3 月，马来西亚率先推出了存储有生物特征信息的电子护照。2000 年 2 月，马来西亚才开始陆续签发符合国际民用航空组织标准的电子护照。目前，第一代电子护照在全球广泛使用。德国是第一个正式启用第二代电子护照的国家，其于 2007 年 11 月在欧盟首次签发了第二代电子护照。相对于第一代电子护照，第二代电子护照除了存储持证者面部特征信息，还存储指纹信息，让护照的安全性得到了保证。

我国于 2009 年启动了电子护照研发项目，随后在 2012 年 5 月 15 日，全国统一签发电子普通护照。该电子护照内置芯片，芯片中存有持证人的指纹等生物特征信息。之后我国又对其进行了升级，护照内嵌入高性能 RFID 智能芯片，这是目前公共安全领域内无源 RFID 高端芯片的典型应用。

2. RFID 在我国二代身份证中的应用

我国二代身份证使用的是非接触式 IC 卡，芯片采用的是兼容 ISO/IEC 14443 TYPE B 标准的 13.56MHz 的电子标签。二代身份证集成了个人安全数据存储和数字防伪技术，提高了安全性和可机读性。

我国二代身份证系统总体上可分为两个部分：制发卡系统和应用系统。

（1）制发卡系统。整个制发卡系统由我们公安部门进行管理。第一步，由芯片制造商制作符合我国二代身份证相关技术规范要求的非接触式 IC 卡芯片；第二步，将制作好的 IC 卡芯片移交给封装厂进行封装，制作出符合技术规范要求的卡片；第三步，有关部门对卡片进行初始化设置，在初始化设置完成后，下发到各级公安制证中心。

接下来就是个人进行二代身份证的申领。申领二代身份证时，本人到公安部门填写申请资料，并进行现场拍照。资料与个人照片会被上传至人口基础信息库，申请递交给制证中心。制证中心收到申请后，从人口基础信息库下载资料信息，然后进入身份证制作流程，个人相关信息及照片被印制在卡片上。在完成卡片印制后，制证中心将经过加密的数据用特种设备写入芯片，并烧断熔丝，使芯片内容不可更改。

（2）应用系统。我国二代身份证的应用系统结构复杂，形式多样，二代身份证专用读写器是其主要组成部分。在各个应用环节中，二代身份证读写器实现了身份证卡片信息读取功能，将读写器与各个应用系统结合便可实现二代身份证信息采集和核验功能。

相较于传统的证件，电子证件优势明显，但同时也存在一些不足。采用了 RFID 技术的电子证件有以下几点优势。

（1）增强了防伪性能。在证件中嵌入芯片，将各种个人基本信息存储在芯片中，并且利用加密技术对被存储的信息进行加密处理，既可实现证件与持证人的核验功能，又能确保存储于芯片中的数据的安全性，从一定程度上可防止证件被篡改、伪造。

在核验证件时，通过设备采集持证人的生物特征信息，如面容特征、虹膜、指纹等，接着将采集到的信息与证件当中的持证人特征信息进行对比，即可确认持证人的合法身份。电子证件在提升伪假证件制作难度的同时，又为持证人身份鉴别提供了准确可靠的依据。传统证件的人工核验方式可靠性较差；电子证件通过 RFID 技术即可读取数据，并可进行数据的自动核对，方便快捷又可靠。

（2）快捷高效的手续办理。电子证件在提升证件安全性的同时，还缩短了证件核验时间，相对于传统的核验流程，更加快捷方便。传统证件在进行信息核验时，若证件上的照片和本人有较大差异，则须人工反复比对相貌等特征信息，耗时又不能保证准确。而电子证件发行后，可以使用机器直接获取持证者的面部特征，并可由计算机进行特征信息比对。这种方式更加准确、快速，为持证人办理各类手续等创造了便利条件，也使相关工作流程变得更为科学、合理。

电子证件虽然为持证人提供了各种便利，但目前仍存在以下几点不足。

（1）隐私存在安全隐患。电子证件虽然有着加密技术的安全保障，但却不是万无一失的。目前市面上仍然存在少数设备能够直接复制芯片中的信息，因此，如果电子证件未被妥善保护，仍有可能被伪造。

（2）证件芯片易受损害。电子证件内置的电子元件较为敏感，物理上的弯折，长时间的极端温湿度环境，都可能损害电子证件。虽然我国身份证及护照都有有效期，但是若保管不妥善，芯片仍有可能在有效期内损坏。

（3）证照自动识别精确度不够。目前，电子芯片中照片的存储形式是平面图，而电子证件持有者现场采集的头像会受环境、表情、发型等影响，这会导致自动识别精确度不够。

9.1.2　RFID 在产品防伪中的应用

市面上常见的防伪技术有水印图案、变色油墨、产品和包装上面的特殊标记等，成本较低，安全性较差，极易在短时间内被模仿。而 RFID 技术的出现打破了这个局面，提供了全新的防伪方法。

RFID 在产品防伪领域的一般应用流程：首先，在电子标签的芯片中存入产品的特殊编码信息，同时将该信息存入服务器的数据库；然后，在产品的流通过程中，通过读写器对产品上的电子标签进行数据读取，读写器将读取到的信息通过中间件传递给服务器，服务器比对该信息与数据库中的信息，并将比对结果反馈回来，从而完成对产品的验证。

< 148 >

RFID 的原理决定了其安全性，因为电子标签的数据是独特的编码信息，这个编码可以不加密，与这个编码对应的数据存储于另一个用于认证的数据库中，将电子标签与所代表的数据分离开来。在读取电子标签数据后，读写器将电子标签唯一编码发送至产品认证服务器，产品认证服务器对该请求进行安全验证后，搜索数据库并调出所需数据，数据由服务器加密后发送给读写器。这样，只要攻击者无法进入数据库，恶意获取的编码信息就是没有任何意义的，不通过安全验证，攻击者得不到任何有用的信息，这样即可使产品得到保护。

此外，电子标签的完整性与数据完整性是一致的，电子标签损坏后，数据也会损坏。在数据和物理的双层保证下，RFID 技术可以确保产品防伪认证的唯一性和可靠性。

9.1.3　RFID 在安全管理中的应用

常见的公共安全领域包括食品和药品以及公共场所等方面的安全管理。

在食品和药品等领域，RFID 技术的诞生意义重大。目前，RFID 技术在医药领域主要应用于药品/器械的防伪、召回、流通和管理，确保合理用药，患者身份识别。

RFID 技术可以帮助厂商和消费者及时了解商品的详细情况，包括其流通情况、溯源信息等，某些特殊的电子标签还能帮助厂商把握商品的物流仓储情况并加以控制。例如，许多食品和药品等必须在特定的温度和低污染环境下储存、运输。一些智能电子标签可以在储运过程中实时监控商品所在环境的温度：电子标签借助特殊的芯片、天线、传感器等实时监测温度，并在环境温度达到阈值时发出警示。电子标签也可通过核对商品库存数据判断商品的销售情况。

此外，RFID 技术改善了商品的防伪效果，尤其在药品包装中，它的防伪功能已大大超过传统的条码，这有效地保障了公共安全。药品追溯流程如图 9.1 所示。

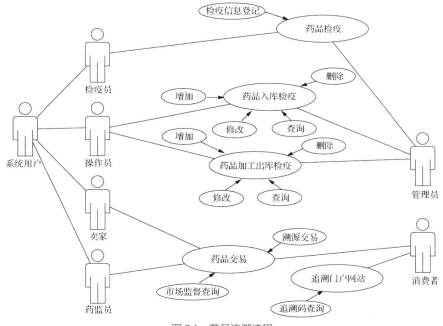

图 9.1　药品追溯流程

在校园安全管理方面，RFID 在出入管理系统中应用较多，结合门禁、监控以及报警设备，可实现校园安全实时管理。也有相当一部分 RFID 是在校园公共设备管理中应用的。以常规门禁

< 149 >

系统为例：首先，持卡学生在读写器上刷卡，由读写器写入卡号；其次，后台软件将卡号与持卡人信息以及门禁权限存入数据库；然后，当持卡学生要通过门禁时，只须刷卡，卡号就会被读取并传入后台，与数据库中存储的信息进行比对；最后，若信息比对成功，持卡学生则可顺利通过门禁。这是电子标签的一个简单应用，存在的安全隐患相对较多。有更高安全要求的系统会采取安全标准更高的电子标签，并且会在卡片中写入加密信息，以提高系统的安全性。

9.1.4　RFID 在医疗卫生领域的应用

医疗设备一般有两种管理模式：一是医疗设备的静态信息收集管理，包括设备的各类参数、价格等，属于设备的静态管理；二是医疗设备的状态信息监测管理，包括设备的工作状态、维护状态、维修状态等，属于设备的动态管理。相对而言，动态管理对于设备本身及其使用单位更有意义，通过动态管理监测设备的运行情况，有助于高效地利用设备，并且能主动维护设备，以降低故障发生率。通过动态管理收集数据后，可运用大数据技术实现医疗设备资源的最大化利用。

利用 RFID 技术可以建立一套标准统一的高效管理系统。RFID 技术在医疗设备管理上的应用可以分为 4 个部分。

1．提供常规信息

常规信息主要包括设备的自身信息，如参数、规格和设备状态，以及设备的日常维护、维修信息，如设备的日常维护项目、维护周期和维护人员等。这一系列信息写入电子标签后，可供设备厂商进行相关查询，方便设备的日常维护。

2．提供设备使用信息

设备使用信息主要包括设备的使用单位、维护单位、归属单位、设备的资质认证信息以及设备所使用的耗材信息等。这些信息有助于提高医疗设备的使用率，推进医疗设备共享。

3．实现信息通信

信息通信使用统一的标准化信息格式和通信协议。医疗设备信息既可以通过计算机进行管理，也可以利用手机（配合 NFC 技术）进行便捷查询。

RFID 技术在医疗设备管理中的应用可以提高设备维护和维修的效率。简单地读取电子标签，便可以查询数据库中该医疗设备过往的故障和维护信息，以及维护人员信息，这使医疗设备维护更加轻松和具有针对性。

此外，医疗设备的使用单位可以通过 RFID 技术统计医疗设备的使用情况，以便对医疗设备进行管理，包括对医疗设备进行共享和更换，进而避免医疗设备资源的浪费。

4．优化门诊流程

传统的门诊流程总时间长而医生问诊时间短，无法快速精确地向患者传递信息，患者隐私存在泄露的风险。

从整体来看，可以从减少门诊流程总时间和增强隐私保护两个方面入手提升门诊的工作效率。从这两个需求出发，采用 RFID 的解决方案如下。

（1）将患者信息绑定在 RFID 腕带中，患者在门诊流程中佩戴腕带。腕带提供排队叫号等功能，提示患者前往对应诊室。

（2）医生可通过腕带获取患者相关信息，包括但不限于患者个人信息、既往病史等。医生可在腕带中记录诊断结果和对应的化验单。

< 150 >

（3）在进行化验时，将对应试管的电子标签与腕带绑定，患者可凭借腕带获取化验结果。

（4）医生根据诊断结果将药方记录到腕带中，患者凭借腕带前往收费处结账、交还腕带并打印发票。最后，患者前往药房取药，结束门诊流程。

9.1.5　RFID 在交通领域的应用

在我国 ETC 常应用于高速公路出入口，以实现高速收费功能，是目前最先进的车辆路桥收费方式。在传统的人工收费方式下，车辆通过时间为十几秒，而 ETC 仅需要短短两三秒，可见 ETC能有效减少停车收费造成的延误和拥堵。2019 年，中国 ETC 服务平台上线。

1．ETC 相关模式标准

ETC 系统利用 RFID 技术、采取电子标签识别的方式，能在车辆移动的情况下快速识别车辆，从而达到自动化缴费并通关的管理功能。由于 ETC 车载设备为微波有源电子标签，因此读写器的有效工作距离能达到十几米。ETC 设备的工作频率一般在 5.8GHz 附近，中国、日本和美国等大多数国家使用 5.8GHz～5.9GHz 频段。

大多数国家采用 5.8GHz～5.9GHz 频段的主要原因有以下几点。

（1）欧洲通信标准体系被多个国家参照，因此无线电频段分配大致相同。

（2）相较于较低频段，较高频段的抗干扰能力较强，而且噪声较小。

（3）5.8GHz～5.9GHz 频段的设备制造产业相对成熟，整体成本较低，更具有可扩展性。

2．ETC 的工作方式

ETC 系统的主要组成部分包括车道控制系统、收费站后台管理系统、管理中心、银行对接系统及网络。

车道控制系统负责收费站的闸门、显示器等外设的控制，还具有控制读写器与电子标签的通信等功能。车道控制系统将信息回传至收费站后台管理系统，由收费站后台管理系统统一管理。管理中心为整个 ETC 系统的核心，负责整个 ETC 系统的数据交换处理、收费结算、不同系统对接，以及整个系统的统筹管理。ETC 系统结构如图 9.2 所示。

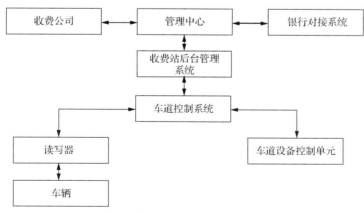

图 9.2　ETC 系统结构

我国目前的 ETC 办理流程简便快捷，车主可通过支付宝、微信小程序或者官方 ETC 微信平台进行免费申办，通过线上线下相结合的方式完成线上申办、线下送货上门、自主安装激活。

当车主驾车驶入高速公路入口收费站时，处于休眠状态的 ETC 电子标签被微波信号激活，开

< 151 >

始工作。激活后的有源电子标签会主动发送相关信息，其被天线接收后，如果读写器确认信息有效，则在电子标签中写入收费站代码和时间等相关信息。当车辆驶入高速公路出口收费站时，经过相同的激活过程，读写器读取车辆以及入口收费站信息，对信息进行处理并将结果传输至管理中心扣费，然后打开闸门放行。

如果车辆持无效电子标签或无电子标签，在经过收费站时，天线在确认无效性的同时，会关闭闸门以对车辆进行拦截，并且会启动摄像头记录车辆信息，随后将车辆信息及相关时间信息等一并记录到系统中，作为后续处理的依据。

管理中心与银行收到收费站汇总的收费信息后，由银行对接系统进行扣费。如果用户账户余额过低，银行会通知其预存费用，当账户余额低于最小额度时，相应的电子标签会被标记为无效电子标签。

9.1.6 RFID 在物流领域的应用

在物流仓储中引入 RFID 技术，可以提升物流仓储的管理效率，降低成本。物流仓储入库流程如图 9.3 所示。

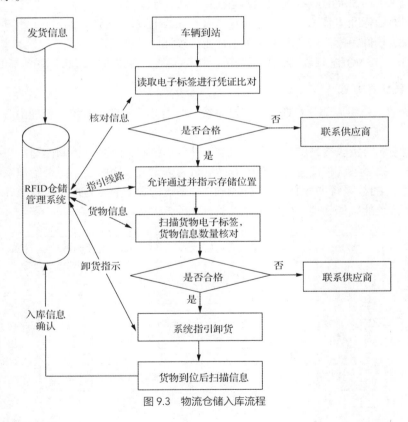

图 9.3 物流仓储入库流程

1. 货物装配

在装配阶段，首先将货物信息统一记录到对应的电子标签中，并对货物进行分类包装；其次将电子标签嵌入包装；然后由计算机利用相关算法，根据不同货物及其目的地进行路径规划；最后按照相应路径开始运输货物。

< 152 >

2．运输过程

按照路径规划结果进行货物运输，在运输过程中，采用 GPS 对货物进行定位监测，配合车载的电子标签和读写器，将车厢中的货物信息通过网络传输至服务器，以对货物进行运输过程监测。

3．入库过程

仓储部门在装配阶段便能收到相关货物的信息，并会利用货物信息对现有的仓库空间进行货物仓储位置分配。在货物运输到仓储区域时，仓储部门会对货物进行核验并卸货。

4．货物核验

在货物入库阶段的核验环节，工作人员采取仓库固定读写器和手持读写器相结合的方式读取货物信息，并将其与服务器中该仓库分配到的货物信息进行自动比对，核验完毕后，打印清单，完成货物入库。

RFID 仓储系统通过全程电子化运作，降低了物流成本，提高了仓储效率，同时极大地简化了物流仓储入库与出库流程。

9.2　RFID 应用系统构建

构建 RFID 应用系统涉及多方面的工作，包括标准选择、频率选择、元件选择、系统架构搭建、接口方式的确定等。

9.2.1　标准选择

一个完整的 RFID 系统要能够正常工作，必须确定电子标签和读写器之间的通信协议、无线频率、电子标签编码系统和数据格式、产品数据交换协议、软件系统编程架构、网络与安全规范等。具体可以归纳为以下四大类标准。

1．产品电子编码类标准

电子标签是一种只读或可读写的数据载体，所携带的数据中最重要的就是其 UID。UID 通常是全球唯一，有时仅要求在某个范围内局部唯一。当前全球的三大 RFID 标准化组织 ISO/IEC、EPCglobal 和 UID 都有关于产品电子编码的详细规定。

2．通信类标准

通信类标准包括读写器与电子标签之间的无线通信接口及读写器与应用系统软件或中间件的应用接口。ISO/IEC 的各种技术标准如 ISO/IEC 18000、ISO/IEC 14443、ISO/IEC 15693 对读写器与电子标签之间的无线通信接口都有详细规定，而应用接口如 USB、RS-232、蓝牙、Wi-Fi 等也都有相应的标准规范。

3．频率类标准

电子标签与读写器之间的无线通信频段有多种，分为低频、高频和微波，而且基本都是 ISM 频段，这些频段应用的 RFID 系统一般都有相应的国际标准予以支持。

< 153 >

4．应用类标准

RFID 在行业上的应用类标准包括动物识别、道路交通、集装箱识别、产品包装、自动识别等。构建 RFID 系统时必须遵守所在行业的 RFID 应用类标准。

9.2.2 频率选择

工作频率是 RFID 系统最重要的技术参数之一。工作频率的选择在很大程度上决定了电子标签的工作距离、应用范围、技术可行性及系统成本。RFID 系统本质上是一种无线通信系统，占据一定的空间通信信道。在空间通信信道中，RFID 系统以电磁反向散射耦合或电感耦合的方式传送数据信息。因此 RFID 系统的工作性能必定要受电磁波空间传输特性的影响，相关产品的生产和使用必须符合国家与国际相关标准。

频率选择是 RFID 技术中的一个关键问题，频率标准直接影响 RFID 技术的应用。频率选择既要适应应用需求，又要考虑各国对无线电频段和发射功率的规定与限制。RFID 应用占据的频段或频点在国际上有公认的划分，典型工作频率有 125kHz、134kHz、13.56MHz、27.12MHz、315MHz、433MHz、860MHz～960MHz、2.45GHz、5.8GHz 等。

不同于低频和高频，微波 ISM 频段存在各个国家或地区规定不一致的问题。其中典型的是 860MHz～960MHz 频段，美国使用 902MHz～928MHz，欧洲使用 865MHz～868MHz，日本使用 952MHz～954MHz，我国一般使用 920MHz～925MHz。

9.2.3 元件选择

RFID 应用系统的元件选择主要包括读写器的选择、电子标签的选择等方面。

1．读写器的选择

（1）读写器工作频率。工作频率是读写器重要的工作参数，除了根据实际系统需要选择适合的低频、高频或微波频段的工作频率，有时还要求读写器可以识别多个工作频率的电子标签，这时就要选择支持多个频点的混合频率读写器。

（2）读写器的性能。根据读写器的性能高低，可将读写器分为智能读写器和非智能读写器。智能读写器成本较高，可以读取不同频率的电子标签信息，同时具有过滤数据和执行指令的功能；而非智能读写器的功能单一但价格便宜。

具体选择哪一种读写器，要根据实际需要、成本预算、未来升级等因素综合考虑。例如，在具体操作中，有时需要多个读写器读取单一型号的电子标签信息，如读取传送装置上的电子标签信息，这时可以选用功能较简单的读写器。但是如果零售商的产品来自不同的供货商，可能就需要使用智能读写器获取不同电子标签中的货物信息。

（3）读写器的结构形式。读写器按结构形式可以分为固定式读写器和移动式读写器。固定式读写器位置固定，使用电压适配器供电，可以认为其能量供应是无限的，只须专注于读写性能的发挥。

移动式读写器通常都是手持式的，其使用方式灵活，但大多使用电池供电，对节能要求较高，读写距离受能量限制通常比固定式读写器短。

（4）读写器天线。移动式读写器一般使用内置天线，而固定式读写器既可以使用内置天线，也可以通过天线接口使用外部天线。

具有内置天线的固定读写器的优点是容易安装，信号从读写器到天线的传输过程中衰减也较

< 154 >

少。外部天线使用灵活，但有传输衰减，馈线的分布参数在设计时也需要考虑。

2．电子标签的选择

（1）电子标签工作频率。电子标签的工作频率通常都是单一的，其工作频率直接决定了读写距离、读写速度等性能。

（2）电子标签的性能。电子标签的性能包括容量、是否可读写、读写速度、读写距离等几个方面。只读电子标签容量小，电子标签内部只有一个识别码，多用于考勤、门禁、物流、物品定位等场合。可读写电子标签容量大，除了识别码还可以存储其他内容，常用于金融等行业。

电子标签的读写距离主要与工作频段和是否有源有关。微波电子标签工作频率高，读写距离远；同类型的电子标签，有源电子标签的读写距离远大于无源电子标签。

（3）电子标签的结构形式。电子标签的结构形式主要分为卡片式和其他形状。卡片式结构有相应的国际标准，其使用对象一般是人，而其他形状的电子标签主要根据使用条件进行设计。例如，生猪防疫系统使用的电子标签做成圆形的耳标，宠物电子标签做成针状便于皮下植入，赛鸽电子标签做成脚环，婴儿防盗电子标签则做成手环，包装箱上的电子标签做成薄片便于粘贴等。

（4）电子标签天线。电子标签的天线一般和电子标签芯片集成在一起，天线形状直接影响电子标签的性能。卡片式的电子标签由于天线面积较大，因此读写距离较远；微波电子标签通常需要天线足够小，以便贴到目标物品上。此外天线的方向性也很重要。电子标签天线可以分为全向天线和定向天线。无论物品在什么方向，全向天线的极化都能与读写器的询问信号相匹配，提供最大可能的信号给电子标签芯片。

9.2.4　系统架构搭建

典型的 RFID 应用系统由电子标签、读写器、应用系统软件和中间件组成。

1．RFID 应用系统特性

RFID 应用系统需具备以下特性。

（1）可用性。可用性是基本要求，应用数据应该在系统的各组成部分之间畅通无阻，消除物理层、边缘层、集成层及相邻层之间所有端点故障，确保数据穿越整个基础架构和应用协议栈可靠地传递至正确的目的地。

（2）可伸缩性。RFID 应用系统的设计应该为将来发展留有余量，即不仅在处理正常数量的数据时工作状况良好，处理同时到来的海量数据时也不能发生阻塞。

（3）安全性。RFID 应用系统要采取必要的加密、认证等安全措施，保护数据不被泄露和窃取。

（4）互操作性。读写器通信协议标准化，只要遵守协议，不同厂家生产的读写器都可以接入应用系统正常工作；中间件接口标准化，不同的应用系统软件都可以使用标准接口与中间件互通互连。

（5）集成。应用系统对从读写器获取的海量数据进行归类、集成、分析，抽象出有用的结论应用于整个系统。

（6）管理。管理包括设备管理和对读写器的配置。中央配置主机应能够将配置推行至边缘和整个应用系统中的读写器。

2．RFID 应用系统运行环境

一个 RFID 应用系统性能的良好发挥与许多环境因素有关。RFID 应用系统的运行环境包括硬

< 155 >

件环境、软件环境、外部环境等方面。

（1）硬件环境。此处讨论的硬件环境主要是 RFID 应用系统中使用的 MCU 及其外围设备，MCU 需满足读写器及与读写器通信的上位机的要求。

读写器通常是一个典型的嵌入式系统。在使用射频接口芯片的读写器中，射频数据的收发以及编码、解码通常由射频收发芯片完成，对 MCU 没有特殊要求，从低端的 51 单片机到高端的 ARM Cortex 都可以使用；而如果射频收发芯片工作于直通模式，数据的实时编码和解码工作需要由 MCU 完成，则对 MCU 的性能有较高要求。除了与电子标签的通信，读写器 MCU 的选择还要考虑读写器其他功能要求，如与上位机的通信、对输入输出设备的支持等。

RFID 应用系统的上位机一般是 PC 或服务器，应根据系统的实际需要选择。系统规模、是否需要数据库支持、数据的吞吐量、通信方式等是选择上位机硬件配置的主要因素。

（2）软件环境。RFID 应用系统的软件环境相对比较宽松，可以在现有的任何操作系统上运行基于任何编程语言的任何软件。

计算机操作系统包括 Windows、Linux、UNIX 及 DOS，编程语言包括 C、C++、C#、BASIC、Java 等。

（3）外部环境。外部环境主要指读写器和电子标签的工作环境。除了环境的温度、湿度、电磁辐射等因素会影响 RFID 应用系统的性能，射频场附近的金属和遮挡对读写器的读写能力影响尤为明显。对于贴附于金属表面的电子标签，可以将铁氧体薄膜置于电子标签和金属之间进行隔离，降低金属对电子标签性能的影响。

9.2.5 接口方式

此处的接口方式主要指读写器与其上位机的通信接口类型。读写器的对外接口方式可以分为有线和无线两种类型，其中常用的有线接口方式有 RS-232、RS-485、USB、RJ45、PS/2、ABA、Wiegand（韦根）等，常用的无线接口方式有蓝牙、Wi-Fi、ZigBee 等。下面详细介绍其中的几种接口方式。

1．RS-232

RS-232 是 PC 上的通信接口之一，也是由电子工业协会制定的异步传输标准。通常 RS-232 接口采用 9 个引脚（DB-9）或 25 个引脚（DB-25），一般计算机上会有两组 DB-9 的 RS-232 接口，分别称为 COM1 和 COM2。通信时一般只使用接收（RXD）、发送（TXD）、地（GND）3 条线，其中双方的 RXD 和 TXD 交连，GND 直连。

RS-232 规定的数据传输速率有 300kbit/s、600kbit/s、1200kbit/s、2400kbit/s、4800kbit/s、9600kbit/s、19200kbit/s、38400kbit/s、57600kbit/s、115200kbit/s。RS-232 的传输距离较短，一般用于 20m 以内的通信，具体通信距离还与数据传输速率有关，例如，在数据传输速率为 9600kbit/s 时，使用普通双绞屏蔽线的传输距离可达 30～35m。

读写器的 MCU 一般都具备 TTL 电平的 RS-232，需要通过电平转换芯片转换为标准 RS-232，常用的电平转换芯片有 MAX232、SP3232 等。

2．RS-485/RS-422

RS-232 可以实现点对点通信，但不能实现联网功能，随后出现的 RS-485 解决了这个问题。RS-485 采用两线制接线方式的总线拓扑结构，在同一总线上可以挂接多个节点。

RS-485 采用差分方式传输信号，传输距离可达 1200m。RS-485 在总线电缆的首端和末端都

< 156 >

并接终端电阻，终端电阻一般取值为 120Ω。

RS-485 使用半双工传输，数据的发送和接收使用同一对馈线。当采用两组 RS-485 进行 4 线制全双工差分传输时，则称为 RS-422。一般计算机上通常没有专门的 RS-485/RS-422 接口，一般使用 RS-232/485 转换器将 RS-232 转换为 RS-485/RS-422。读写器则常使用 MAX485 芯片将 MCU 的 UART 转换为 RS-485。

3．USB

USB 用一个 4 针（USB 3.0 标准为 9 针）插头作为标准插头，采用的菊花链形式可以把所有的外设连接起来，最多可以连接 127 个外设。USB 具有传输速度快、使用方便、支持即插即用和热插拔、连接灵活、独立供电等优点，在读写器中获得广泛应用。需要特别说明的是，许多读写器虽然有 USB 接口，但实际上是一个 USB 的虚拟串口，执行的仍然是 RS-232 通信协议。读写器中常用的 USB 转串口芯片有 CP2102、CH340 等。

4．RJ45

RJ45 是布线系统中信息插座连接器的一种，连接器由插头（水晶头）和插座（模块）组成，插头有 8 个凹槽和 8 个触点。RJ45 插头与双绞线端接有 T568A 和 T568B 两种接法。

两种接法唯一的区别是线序不同。在 T568A 中，与 RJ45 插头相连的 8 根线分别为白绿、绿、白橙、蓝、白蓝、橙、白棕、棕。在 T568B 中，与 RJ45 插头相连的 8 根线分别为白橙、橙、白绿、蓝、白蓝、绿、白棕、棕。实际使用中一般采用 T568B 接法。RJ45 接口一般采用 TCP/IP 协议族，但许多读写器使用 RJ45 接口，采用的仍然是 RS-232 通信协议。

5．PS/2

PS/2 是一种计算机兼容型接口，可以用来连接键盘及鼠标。PS/2 的键盘接口和鼠标接口在电气特性上十分类似，主要的差别在于键盘接口需要双向通信。

PS/2 键盘接口共有 6 个引脚，其中只有 4 个引脚有意义，分别是 Clock（时钟）、Data（数据）、+5V（电源）和 Ground（电源地）。PS/2 键盘接口靠计算机的 PS/2 接口提供+5V 电源，另两个引脚 Clock 和 Data 必须接大阻值的上拉电阻。它们平时保持高电平，有输出时才被拉到低电平，之后自动上浮到高电平。

PS/2 通信协议是一种双向同步串行通信协议。通信双方通过 Clock 同步，并通过 Data 交换数据。任何一方如果想抑制另一方通信，只需要把 Clock 拉到低电平。

使用 PS/2 键盘接口的读卡器通常模拟键盘输出，依靠 PS/2 接口供电，刷卡时上传到计算机的数据等同于从键盘输入的数据。

6．Wiegand

Wiegand 是由摩托罗拉公司制定的一种通信协议，特别适用于门禁系统的读卡器。Wiegand 接口连接 DATA0 和 DATA1 两条线，分别用来传输数据 0 和数据 1，如图 9.4 所示。无数据传输时，两条线都是高电平；当传输数据 1 时，DATA0 为高电平，DATA1 为低电平；当传输数据 0 时，DATA0 为低电平，DATA1 为高电平。也就是说，无论传输数据 0 还是数据 1，两条数据线上的电平都是异或关系，每一位数据的持续时间为 50～100μs，数据间隔为 1600～2000μs。

Wiegand 有很多数据格式，标准的 Wiegand26 是最常用的格式，还有 Wiegand34、Wiegand36，Wiegand44 等。以下分别说明 Wiegand26 和 Wiegand34。

< 157 >

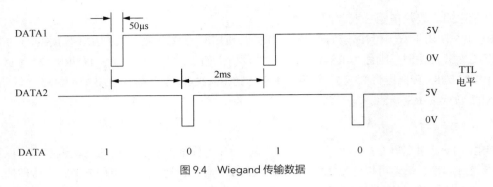

图 9.4　Wiegand 传输数据

（1）Wiegand26

Wiegand26 数据格式如下：

E XXXX XXXX XXXX YYYY YYYY YYYY O

其中，E 为后面 12 位"XX……XX"的偶校验，"XX……XX YY……YY"为要传输的 24 位有效数据，O 为其前面 12 位"YY……YY"的奇校验。Wiegand26 每次传输的有效数据为 24 位（3个字节）。

（2）Wiegand34

Wiegand34 与 Wiegand26 类似，格式如下：

E XXXX XXXX XXXX XXXX YYYY YYYY YYYY YYYY O

其中，E 为后面 16 位"XX……XX"的偶校验，"XX……XX YY……YY"为要传输的 32 位有效数据，O 为其前面 16 位"YY……YY"的奇校验。Wiegand34 每次传输的有效数据为 32 位（4个字节）。

在 RFID 系统中，Wiegand26 和 Wiegand34 常用来传输卡片识别码。一般 UID 都大于或等于4 个字节，使用 Wiegand34 可以传送低位 4 个字节，如果使用 Wiegand26，则只传送 UID 的低位3 个字节。

7．无线接口

在某些特殊条件下，读写器使用有线接口比较困难或者无法满足系统要求，此时就需要考虑使用无线接口方式。常用的无线接口方式有 Wi-Fi、蓝牙、Zigbee 等。

（1）Wi-Fi

需要接入互联网的读写器一般通过以太网或 Wi-Fi 与局域网或广域网相连接。Wi-Fi 是一种允许电子设备连接到一个无线局域网（WLAN）的技术，通常使用 2.4GHz UHF 或 5GHz SHF 的 ISM频段。Wi-Fi 的主要优势在于不需要布线，可以不受布线条件的限制，因此非常适合移动办公用户，并且由于发射信号功率不超过 100mW，低于手机发射功率，且不与人体直接接触，因此是一种安全健康的无线连接方式。

Wi-Fi 的国际标准是 IEEE 802.11。IEEE 802.11 最初主要用于解决办公室局域网和校园网中用户与用户终端的无线接入，业务主要限于数据存取，数据传输速率最高只能达到 2Mbit/s。

由于 IEEE 802.11 在传输距离和速率上都不能满足日益增长的需要，IEEE 又相继推出了一系列新标准，其中以 802.11a、802.11b，802.11g、802.11n 和 802.11ac 应用较为广泛和成熟。

Wi-Fi 接口的读写器将读到的数据通过无线局域网利用 TCP/IP 协议族发送到上位机，上位机通常位于局域网内，也可以通过网关连接外网。

< 158 >

（2）蓝牙

蓝牙是一种无线技术标准，可实现固定设备、移动设备和个人域网（Personal Area Network，PAN）之间的短距离数据交换，使用 2.4GHz～2.485GHz 的 ISM 频段的 UHF 无线电波。

蓝牙技术从低（蓝牙 1.1 和蓝牙 1.2）到高（蓝牙 5.4）有多个版本，数据传输速率、通信性能和可靠性各有差别。蓝牙 5.4 于 2023 年 1 月发布，为现阶段最高级的蓝牙协议标准。蓝牙 5.4 的新特性主要体现在以下 4 个方面。

① 支持带响应的周期性广播（Periodic Advertising with Response，PAwR）。PAwR 是一个新的 BLE（低功耗蓝牙）逻辑传输层，是一种支持无连接、双向、一对多的低功耗拓扑技术。

② 支持加密的广播数据（Encrypted Advertising Data，EAD）。该特性提供了一种标准化的方法来加密广播包中的数据，加密后的广播数据只能被拥有相同密钥的设备解密。在两个设备建立通用属性配置文件（Generic Attribute Profile，GATT）连接之后，才会生成加密广播包的密钥。

③ LE GATT（低功耗蓝牙通用属性配置文件）安全级别特征。设备现在可以使用 LE GATT 安全级别特性来表示设备的安全模式和安全等级。

④ 广播编码选择。当发送 BLE 扩展广播时，可选择使用哪种编码方式来发送。

此外，蓝牙 5.4 实现了单个接入点与数千个终端节点进行双向无连接通信，这一特性主要针对电子货架标签（Electronic Shelf Label，ESL）市场。

（3）ZigBee

ZigBee 是一种低速短距离传输的无线网络协议，底层是采用 IEEE 802.15.4 标准的媒体访问层与物理层。IEEE 802.15.4 是一种经济、高效、低数据传输速率（<250kbit/s）、工作在 2.4GHz 和 868/915MHz 的标准技术，用于个人区域网和对等网络，它是 ZigBee 应用层和网络层协议的基础。

ZigBee 主要用于近距离无线连接。它依据 IEEE 802.15.4 标准，在数千个微小的传感器之间实现通信。这些传感器只需要很少的能量，就能以接力的方式通过无线电波将数据从一个网络节点传到另一个网络节点，所以它们的通信效率非常高。

9.2.6　RFID 项目实施

RFID 项目的实施可以分为起步、测试和验证、试点实施、实施 4 个阶段。

1．起步阶段

在起步阶段主要开展一些基础性、前瞻性、全局性的工作，包括确定用户需求、规划整体方案、建立开发环境、选择合作伙伴等。

（1）确定用户需求

这是关键的第一步。用户需求分析是指在系统设计之前和设计、开发过程中对用户需求所做的调查与分析，是系统设计、系统完善和系统维护的依据。完成用户需求调查后，应对用户需求进行细化，对比较复杂的用户需求进行建模分析，以帮助开发人员更好地理解需求。

在完成需求的定义及分析后，需要将此过程书面化，要遵循既定的规范将需求形成书面文档，邀请同行专家和用户一起评审，尽最大努力正确无误地反映用户的真实意愿。需求评审之后，开发方和用户方的责任人要做书面承诺和确认。

（2）规划整体方案

方案的整体规划严格基于用户需求分析，并根据用户所处行业的发展特点和发展方向"量身定做"。在明确对象和任务的基础上，首先进行整体设计，确定系统架构，然后规划系统信息流和作业流程。

< 159 >

以 RFID 在仓库管理系统中的应用为例，仓库管理的主体是仓库管理员，其管理对象包括库存品（仓库中保管的物品）、库位和库管设备（用于仓库管理的设备，如叉车）。仓库管理的主要作业任务有入库、出库、移库、盘库、生成报表等。

仓库管理系统总体设计基本思路：给每个库位贴电子标签，在进行仓库管理作业时，读取库位电子标签识别码，就可判定当前作业的位置；在物品入库时，给每个库存品贴电子标签，在进行仓库管理作业时，读取物品电子标签的识别码，即可确定作业物品；架设无线网络时，要覆盖整个仓库作业区，保证所有作业数据实时传输；在叉车上安装固定无线数据终端，作业人员配手持式无线数据终端，无线数据终端具有接收作业指令、确认作业位置与作业物品是否准确、返回作业实况等功能；使用自动导引车（Automatic Guided Vehicle，AGV）作为平台，在上面安装读写器、控制设备、无线通信设备，安装读写器等设备的 AGV 每天在设定时间自动对进行盘点，并把盘点结果传输给仓库管理系统。

仓库管理系统设计可采用三层架构：第一层是采集层，主要通过 RFID 设备及其他自动识别设备采集数据，包括库位电子标签、物品电子标签、无线数据终端、AGV 等；第二层是移动层，通过无线通信技术，把采集来的数据传输到中心数据库，包括无线接入设备和相关的网络设备；第三层是管理层，对采集的数据进行管理，包括数据库服务器、网络服务器等设备和仓库管理系统软件。与三层架构相对应，仓库管理系统的信息流可以分为上行和下行两个方向，上行的顺序是采集层、移动层、管理层，下行的顺序是管理层、移动层、采集层。

仓库管理系统由三部分组成：仓库管理中心子系统负责仓库管理数据库的集中管理与维护，负责进货计划、出库计划的制订和指令下达，打印生成各种管理报表；仓库管理现场子系统负责发行入库电子标签、进行实时库存管理（库位管理）、通过无线网络发布仓库管理作业指令；仓库管理执行子系统完成入库、出库、移库、盘库等作业的具体操作，并返回执行实况。

仓库管理系统的作业流程包括库位电子标签的制作与安装、入库作业流程、出库作业流程、移库作业流程、盘库作业流程等。以入库和出库作业流程为例，入库作业流程包括收货检验、制作和粘贴电子标签、现场计算机自动分配库位、作业人员运送物品到指定库位、无线数据终端把入库实况发送给现场计算机、更新库存数据等；出库作业流程包括中心计算机下达出库计划，现场计算机编制出库指令并由数据终端下载，作业人员按数据终端提示到达指定库位、从库位上取出指定数量的物品并改写库位电子标签内容、将物品运送到出口处并取下物品电子标签、向现场计算机发回完成出库作业信息、更新中心数据库等。

（3）建立开发环境

RFID 应用系统的开发环境包括硬件开发环境、软件开发环境和测试环境。硬件开发环境指用于开发的计算机物理系统；软件开发环境指运行于计算机硬件之上的驱动计算机及其外围设备实现 RFID 应用系统开发的软件系统，包括操作系统、开发软件及相关周边软件等；测试环境是完成 RFID 应用系统测试工作所必需的计算机硬件、软件、网络设备、检测设备、模拟数据等的总称。

（4）选择合作伙伴

RFID 应用领域有大批的制造商和服务提供商，从中选择那些在技术和解决方案上有优势的公司进行合作是应用项目顺利实施的重要前提。选择合作伙伴时除了考虑其能否提供完全满足要求、价位合理的产品和服务，还应综合考虑其经验和核心能力、产品和解决方案的专注程度、售后服务是否完善等。

在经验和核心能力方面，应该选择技术和市场驱动的公司，而不是产品驱动的公司，公司应该有 RFID 应用系统的成功先例，具备相关产品或工程经验。

在产品和方案的专注程度方面，要考察 RFID 项目是不是公司业务中的优先项目或重点项目，

< 160 >

是否有完整的管理团队和充足的资金来支持这个业务的发展。

在售后服务方面，项目实施完成后，支持和维护是一个长期的任务。合作伙伴的产品和工程技术人员应该能随时参与需要的对话沟通，解答问题，并听取反馈意见。他们应该在用户使用 RFID 应用系统的整个过程中提供持续的技术支持，帮助解决各种问题。

2．测试和验证

在经过了起步阶段的准备工作并规划了整体方案之后，应对方案进行细化并测试和验证方案的正确性和可行性。测试和验证可以分为硬件验证、软件验证、系统功能验证等。验证时应尽量模拟实际工作场景，最好有专门的测试场地，应依次对电子标签与读写器的可用性，中间件、边缘层、读写器之间及业务集成层与上层应用软件之间的通信，编码方案的合理性等进行测试和验证。

3．试点实施

试点实施的目标是开发出一个可预期、范围可调节的系统，进一步验证项目方案的可行性。在试点实施的过程中要小心测量、精心记录，尽量减少错误，同合作伙伴和用户一起建立最终的作业流程。要标记重要事件，以便详细规划系统实施情况；不要一味赶进度，要不时地评估目前的解决方案。

经过试点实施，可建立确定的业务流程和步骤，在接近实际工作场景的条件下测试 RFID 设备，并验证系统的精确性，为今后的业务打下坚实基础。

4．实施

实施是 RFID 应用系统建设的实质性阶段，包括项目准备工作、项目计划执行和项目控制三个过程。项目准备工作包括项目动员、计划核实、资源保证等。项目计划执行是指通过完成项目范围内的工作来完成项目计划，在项目计划执行的整个过程中可以建立工作核准制度，所有项目有关人员之间都要保持顺畅沟通，并编写项目执行报告。项目控制就是监控和测量项目实际进展，捕捉、分析和报告项目的执行情况，若发现实施过程偏离了计划，就要找出原因，采取行动，使项目回到计划的轨道上。

在实施阶段，要寻求各种机会提高效率，并为流程建立起度量标准，用以量化改进幅度，为实现高的投资回报率打下基础。在试点实施时选取的方案应该是一个可调节、可升级的系统，以便用较低的成本进行实施。

9.3 基于低频 RFID 技术的赛鸽竞翔系统

赛鸽竞翔是指信鸽在相同的气候、时间等条件下进行比赛，以同距离先到或不同距离平均速度最高者为赢家。科技的发展使赛鸽竞翔运动越来越网络化和电子化，电子脚环感应踏板是现代赛鸽竞翔中一项重要的电子设备，本节主要讨论电子脚环感应踏板的工作原理及硬件和软件设计。

9.3.1 比赛规则与形式

中国信鸽协会为规范信鸽比赛活动，制定了中国信鸽协会比赛规则。赛鸽竞翔的形式多样，

< 161 >

其中以公棚比赛最为流行。

公棚比赛要求信鸽爱好者分别将各自未出窝的信鸽送到所选定比赛的公棚中，公棚专业人员对所送的信鸽在相同条件下进行饲养、训练，然后让它们参加比赛。一般情况下比赛都是在秋季进行的，参赛的信鸽在同一地点、同一时间放飞，在同一地点归巢，按照速度快慢来计算名次。在这种公棚比赛中，竞翔的一切客观条件均相同。

信鸽电子脚环（见图 9.5）和电子脚环感应踏板是现代赛鸽竞翔中必不可少的电子设备。在赛鸽竞翔中，电子脚环感应踏板的灵敏度和精度直接影响比赛的进程和最终名次，因此决定着比赛的公平性和公正性。基于 RFID 技术的 125kHz 电子脚环感应踏板接收范围大，灵敏度高，目前在各类信鸽比赛中得到越来越广泛的应用。

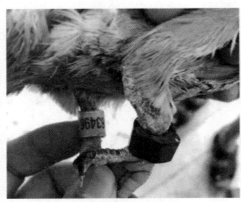

图 9.5　信鸽电子脚环

9.3.2　电子脚环感应踏板的工作原理

赛鸽竞翔中，信鸽归巢时低速掠过电子脚环感应踏板，电子脚环在电子脚环感应踏板的磁场中得电并向电子脚环感应踏板发射信号，微处理器通过射频接口芯片的接收通道接收该信息，然后将其解码得到电子脚环识别码。

由于单格电子脚环感应踏板探测范围有限，因此常使用的是 4 格或 6 格电子脚环感应踏板。6 格电子脚环感应踏板使用 6 个独立的天线，若 6 个天线同时工作将产生 6 个天线射频磁场，各个磁场之间会产生同频干扰，尤其以相邻的两个磁场之间最为严重，不相邻磁场之间的干扰相对较轻，可以忽略。为此，可以采用交替扫描法，将 6 格电子脚环感应踏板按位置顺序编号为 1～6 号，将彼此相隔一个电子脚环感应踏板的 1、3、5 号和 2、4、6 号电子脚环感应踏板分别归为一组，微处理器每次仅扫描其中的一组，而将另一组天线磁场关闭。这样便可以有效解决同频干扰问题。电子脚环发送一个完整的编码大约需要 32ms，经实际测试，两组感应踏板的扫描切换时间为 80ms 性能较佳。

9.3.3　电子脚环感应踏板的硬件设计

如图 9.6 所示，整个系统以 ATMEGA64 为主控芯片，采用一个 12MHz 晶体振荡器，为 6 个 HTRC110 接收模块提供振荡脉冲，HTRC110 接收模块驱动天线电路产生磁场。被接收的电子脚环识别码信号经 HTRC110 接收通道送至 ATMEGA64 进行解码，解码后得到的电子脚环识别码经串口 1 送出。当需要扩大扫描接收范围时，可以将多块电子脚环感应踏板串联，组成一个大的串

< 162 >

行通信通道。系统还配备了 LED 指示，当某个天线收到电子脚环信号时，对应的 LED 闪烁。

1．主控芯片电路

由于电子脚环感应踏板在任意时刻都需要同时扫描 3 路接收信号，所以不仅要求处理器的速度快，而且需要多个定时器；当多个电子脚环感应踏板串联时，还需要 2 个串口，因此在综合考虑下，选用美国 Atmel 公司的高性能、低功耗的微处理器 ATMEGA64 作为本系统的主控芯片。

该微处理器具有 53 个可编程的 I/O 口、两个全双工 UART 串口、4 个通用计数器和定时器阵列、SPI 串口、4KB 内部数据 RAM、64KB Flash 存储器，可以在系统中编程，可工作在多种休眠和掉电模式。

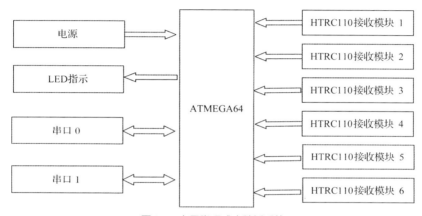

图 9.6　电子脚环感应踏板系统

2．HTRC110 接收模块电路

HTRC110 接收模块电路如图 9.7 所示。接收模块电路产生 125kHz 射频场，给电子脚环提供工作所需的能量，并接收来自电子脚环的识别码信号。接收模块通路中的主芯片使用 HTRC110，HTRC110 可以实现 125kHz 载波上的调制与解调，芯片只提供读写通道，具体的数据编码方式由实际选用的电子脚环类型决定。在实际的应用中一般选用 HITAG 系列或 EM 系列的电子标签来设计电子脚环，将电子脚环设定为主动发送的 64 位 ID 卡格式。这种格式使用曼彻斯特编码，数据传输速率为 2kbit/s。

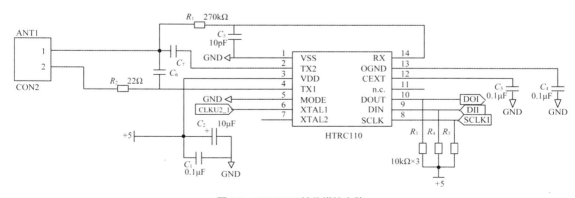

图 9.7　HTRC110 接收模块电路

< 163 >

电路中 HTRC110 的时钟选用 12MHz 有源晶振，同时为主 CPU 和 6 个 HTRC110 接收模块提供时钟。HTRC110 使用 3 线通信，DOUT、DIN、SCLK 引脚加上拉电阻后与微处理器的 I/O 口相连接。CON2 插座用于外接天线，6 组天线线圈均匀排列在电子脚环感应踏板上。工作时，6 个接收通道轮流接收信号。工作的通道开启天线，接收 DOUT 引脚上输出的电子脚环识别码信号。不工作的通道关闭天线，以避免相邻线圈间的同频干扰。

3．通信电路

通信电路负责传送电子脚环识别码信号和控制信号。当多个电子脚环感应踏板串联工作时，本级电子脚环感应踏板还负责接收下一级电子脚环感应踏板上传的信号并将其发送至更上一级电子脚环感应踏板。串口 0 用于接收上一级电子脚环感应踏板下发的控制信号，并向上一级电子脚环感应踏板传送电子脚环数据；串口 1 用于接收下一级电子脚环感应踏板上传的电子脚环数据，并向下一级电子脚环感应踏板传送控制信号。

如图 9.8 所示，电子脚环感应踏板通信电路使用一片 MAX232，利用两个接收通道和两个发送通道将 TTL 电平转换为标准 RS-232 电平。

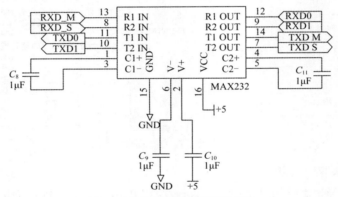

图 9.8　电子脚环感应踏板通信电路

9.3.4 电子脚环感应踏板的软件设计

电子脚环感应踏板软件主要由扫描接收程序、通信程序及时钟节拍服务程序三部分组成。扫描接收程序实现对 6 路 HTRC110 接收通道的交替循环扫描，是软件设计的重点。通信程序按一定的协议通过串口发送扫描到的电子脚环识别码，当多级电子脚环感应踏板串联工作时，通信程序接收从下一级电子脚环感应踏板发送来的信息并将其上传至上一级电子脚环感应踏板。时钟节拍服务程序实现定时管理，包括电子脚环解码的脉宽计算、多级电子脚环感应踏板串联工作时各电子脚环感应踏板之间的步调协调等。电子脚环感应踏板软件设计流程如图 9.9 所示。

1．扫描接收程序

系统开机并进行初始化后设定 HTRC110 工作于接收模式，接收来自磁场中的电子脚环识别码信号。当信鸽低空掠过电子脚环感应踏板时，信鸽携带的电子脚环进入感应磁场，电子脚环上的天线电路得电复位，再以 2kbit/s 的数据传输速率回送曼彻斯特编码调制的电子脚环识别码信号。调制波经 HTRC110 芯片解调后从 DOUT 引脚输出曼彻斯特编码信号。该信号上升沿为 1，下降沿为 0。每两个数据沿之间的时间间隔为 512μs，连续 0 或连续 1 之间插入一个状态转换沿，状态

< 164 >

转换沿和数据沿之间的时间间隔为 256μs。程序中使用 16bit 定时器 1 作为计时器，记录每两个跳变沿之间的时间间隔。然后根据时间间隔和跳变沿的方向解码数据。系统每次扫描 3 个互相间隔的电子脚环感应踏板，扫描时间持续 80ms，之后关闭当前扫描的电子脚环感应踏板的天线，开启另一组 3 个电子脚环感应踏板的天线进行扫描。

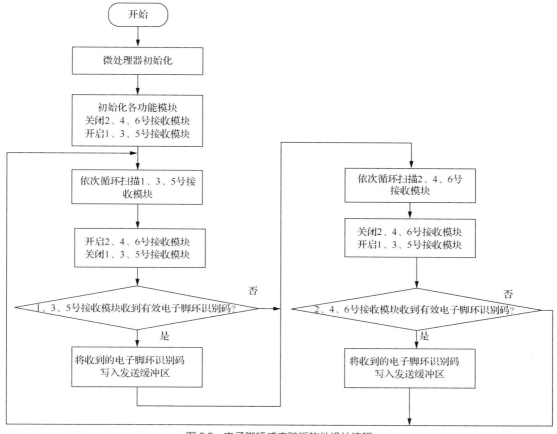

图 9.9　电子脚环感应踏板软件设计流程

2．通信程序

通信程序主要实现 3 个功能：传送电子脚环识别码、传送控制信号、传送同步信号。电子脚环感应踏板读到有效的电子脚环识别码后将其写入串口 0 的发送缓冲区，同时将串口 1 接收的下一级电子脚环感应踏板上传的电子脚环数据也写入串口 0 的发送缓冲区，通过串口 0 向上一级电子脚环感应踏板发送电子脚环数据，最后一级电子脚环感应踏板将所有电子脚环数据发送至鸽钟。控制信号实现鸽钟对所有电子脚环感应踏板的检测与监控，仅由鸽钟发送。在串联电子脚环感应踏板的最后一级，将串口 1 的发射端和串口 0 的接收端短接。这样每个电子脚环感应踏板的两个串口和鸽钟的串口就组成了一个大的通信环路。通过这个串行通信环路，鸽钟可以实现对电子脚环感应踏板的轮询、检测等。

3．时钟节拍服务程序

当需要宽度较大的探测区域时，可以将多个电子脚环感应踏板首尾相连。当多个电子脚环感应踏板串联工作时，为克服相邻电子脚环感应踏板之间的同频干扰，必须使所有串联的电子脚环

< 165 >

感应踏板同步工作，即相邻的天线总是交错打开与关闭。在程序中，和鸽钟直接相连的电子脚环感应踏板被定义为主机，由主机每隔一段时间发送同步信号，使与主机串联的所有电子脚环感应踏板工作步调一致。

电子脚环感应踏板上电复位后，每个电子脚环感应踏板先将自己定义为主机，并通过串口 1 对外发送同步信号，同步信号为一个字节。当 1、3、5 号接收模块开启，2、4、6 号接收模块关闭时，发送同步信号 0x00；反之，当 1、3、5 号接收模块关闭，2、4、6 号接收模块开启时，发送同步信号 0xff。下面串联的电子脚环感应踏板收到同步信号后同步关闭或开启天线。主机在工作的过程中如果收到了来自串口 0 的同步信号，则自动转变为子机，不再主动发送同步信号，而是转发收到的同步信号；同样，如果一段时间没有收到同步信号，则自动由子机转变为主机，产生并发送同步信号。

9.4 基于高频 RFID 技术的酒店门锁系统

电子门锁是现代酒店实现管理电子化、智能化的重要电子设备。相较于传统的机械锁，基于 RFID 技术的电子门锁使用方便，易于管理，安全性高，可实现对开锁用户分优先级自动管理，对房间入住信息实现自动统计与报表输出等。

本实例是基于 M1 卡的电子门锁，具备 RFID 电子门锁的所有优点，并强化了抗干扰和节能设计，目前在各类酒店、旅馆中得到越来越广泛的应用。

9.4.1 系统整体分析

M1 S50 和 M1 S70 是符合 ISO/IEC 14443 Type A 国际标准的非接触式逻辑加密卡，M1 S50 内共有 1024 个字节的非易失性存储空间，分为 16 个扇区，每个扇区包含 4 个数据块，每个扇区都有独立的密码 A 和密码 B，扇区内的每个数据块都可单独设置存取条件。M1 S70 存储结构与 M1 S50 类似，存储空间为 4096 个字节，分为 40 个扇区。

旅客入住酒店时，酒店前台将旅客的入住时间、退房时间、房间号等信息写入已授权卡片指定扇区的数据块。客人在选定的房间门锁前刷卡，门锁射频读卡模块使用定时红外线扫描，在探测到卡片后启动读卡程序，读出卡片的全球唯一识别码和卡内的旅客入住信息，并比对房间号和入住与退房时间，决定是否开门，最后将事件记录在门锁的 EEPROM 中。

卡内使用一个字节作为卡类型标识，除了客人卡，还可制作管理卡、清洁卡、楼层卡、报警卡、时钟卡等不同功能的卡片，并设置不同的权限。卡内的门锁操作记录可以使用 M1 S70 采集，以便定期导出进行汇总统计。

在各元件进行严格的休眠与掉电模式切换的节能情况下，系统使用 4 节 7 号高能电池可稳定工作 18 个月。

9.4.2 系统硬件设计

门锁系统硬件设计如图 9.10 所示，整个系统以 ATMEGA88V 为主控芯片，外围电路包括 MFRC522 读卡模块、门锁电机控制模块、红外线探测模块、EEPROM 存储模块及电源、实时时钟、声光指示模块等功能模块。ATMEGA88V 定时进行红外线探测，当探测到红外线有遮挡时启动

< 166 >

MFRC522 读卡模块进行读卡操作，根据卡内信息决定是否进行开门操作，并通过实时时钟获得时间信息，最后将事件记入 EEPROM 存储模块；如果识别到设置卡，则对系统进行参数设置。声光指示模块可以在卡片和门锁的操作过程中指示不同的状态，ISP 接口实现应用程序的下载和更新。

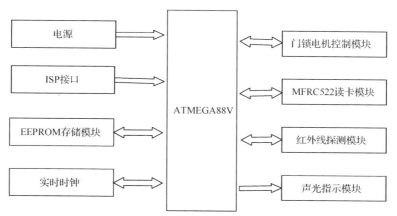

图 9.10 门锁系统硬件设计

由于门锁工作时对能耗的要求非常苛刻，主控芯片需满足运行速度快、耗电少、内部资源够用等要求，因此综合考虑选用美国 Atmel 公司的高性能、低功耗的 AVR 8 位微处理器 ATMEGA88V 作为本系统的主控芯片。该微处理器采用先进的 RISC 架构（工作于 16MHz 时性能高达 16MIPS），掉电模式下最低仅需电流 0.5μA。

1. MFRC522 读卡模块

读卡模块读取卡片信息供单片机来控制门锁或进行参数设置，并在导出记录时将记录信息写入 M1 S70。射频接口芯片选用了体积小、电压低、功耗低的 MFRC522，以满足门锁电机控制模块对体积和能耗的要求。MFRC522 支持 ISO/IEC 14443 Type A 及 CRYPTO1 加密协议，最大工作距离为 6cm，具备硬件掉电、软件掉电和发射器掉电等多种节电工作模式。MFRC522 读卡模块接口电路如图 9.11 所示。

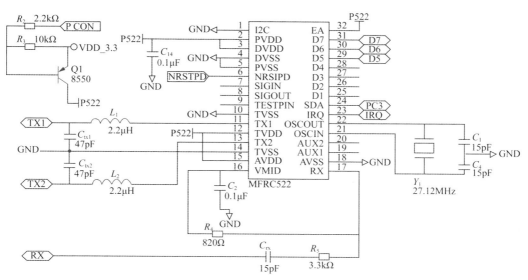

图 9.11 MFRC522 读卡模块接口电路

< 167 >

MFRC522 与单片机之间的通信可以使用的接口有 UART、I²C、SPI，本设计选用 SPI。硬件电路板分为两个部分，天线、红外线探测模块及声光指示模块组成 PCB 前板，其他元件组成硬件底板，TX1 和 TX2 连接 PCB 前板上的天线。Q1 控制 MFRC522 的电源，在单片机休眠时 MFRC522 完全断电，以节省能量，延长更换模块电池的间隔时间。

2．门锁电机控制模块与红外线探测模块

门锁电机控制模块与红外线探测模块电路如图 9.12 所示。门锁电机控制模块用一片 BA6287 驱动。BA6287 的供电电压范围为 4.5～15V，最大输出驱动电流可达 1A。M+和 M−分别接门锁直流电机的正负极，FIN 和 RIN 接单片机的 I/O 口。BA6287 可实现电机的正转、反转、刹车及芯片本身的掉电休眠模式，非常适合于门锁电机的驱动控制。

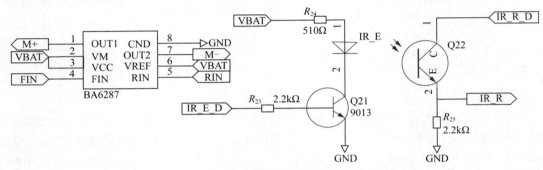

图 9.12　门锁电机控制模块与红外线探测模块电路

红外线探测模块用于探测天线区域内是否有卡片存在。探测时，单片机将 IR_E_D 置高电平，Q21 导通，二极管 IR_E 向模块正前方区域发射红外线，并置位 IR_R_D 电压。当射频场内有卡片时，发射的红外线通过卡片反射回来被 Q22 接收，Q22 导通，IR_R 电压高于基准值，单片机据此启动 MFRC522 读卡电路。反之当没有卡片时，红外线没有反射，Q22 不导通，此时 IR_R 电压为基准值。

9.4.3　系统软件设计

门锁电路的软件设计主要由射频卡探测与读写程序、门锁驱动与状态指示程序及门开关记录保存与导出程序三部分组成。射频卡探测与读写程序实现卡片探测与卡片操作，门锁驱动与状态指示程序根据读取的卡片信息对电机进行驱动，并显示门锁的当前状态信息，这两部分是软件设计的重点。门开关记录保存与导出程序将门开关记录记入 EEPROM 并可导出到 M1 S70，供主机采集与分析使用。门锁电路软件设计如图 9.13 所示。

1．射频卡探测与读写程序

红外线探测到射频场内有卡片后，单片机启动 MFRC522 进行读卡操作。由于 MFRC522 每间隔 250ms 探测一次卡片，在间歇期内 MFRC522 处于掉电休眠状态，因此读卡的第一步是给 MFRC522 上电复位，然后进行端口和 MFRC522 寄存器配置，之后开启天线进行卡呼叫、卡防碰撞、卡选择和卡认证等操作。只有获得授权的卡片才能通过卡认证，之后单片机根据卡类型进行判断：如果是 M1 S50，则读取两个块的卡内配置信息，并根据这些信息调用门锁驱动程序执行开、关门操作或进行系统参数设置；如果是 M1 S70，则调用门开关记录导出程序，将模块内存储的门开关记录写入 M1 S70。

< 168 >

如果通过红外线探测到场内有卡片，但卡呼叫未成功，则可能是有其他物体遮挡红外线或有可见光干扰，此时单片机将启动 ADC 基准值的动态平滑机制，将本次采样值加入样本，同时剔除最早的样本、计算样本平均值，并将其作为下次的 ADC 基准值。经过较短时间的采样平滑后，基准值实现跟随外部干扰变化动态调整，从而消除干扰的影响。

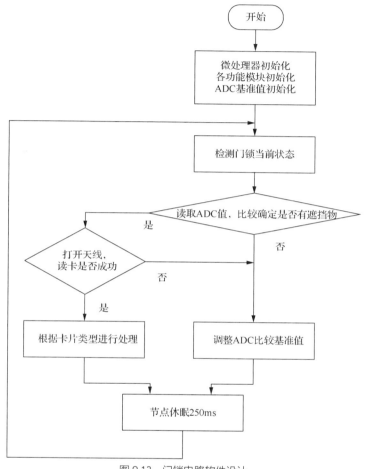

图 9.13　门锁电路软件设计

2．门锁驱动与状态指示程序

门锁驱动与状态指示程序根据读取的 M1 S70 配置信息进行操作。卡片内的配置信息占用卡片的两个块，共 32 个字节，第一个块的 16 个字节格式固定，第二个块根据不同的卡类型存储不同的信息，卡片数据结构如图 9.14 所示。

00	01	02~06	07~0B	0C	0D	0E	0F	10	11~16	17~1C	1D~1E	1F
卡类型	FLAG	BEGIN	END	楼号	楼层	房号						

图 9.14　卡片数据结构

（1）卡类型。1 个字节的卡类型标识不同功能类型的卡片。常见的卡类型可以分为两大类，开门卡和设置卡。开门卡可以实现开关门，如客人卡、楼层卡、清洁卡、楼号卡、应急卡、常开卡等；设置卡用来设置模块参数，如退房卡、管理卡、房号设置卡、时钟设置卡、勿扰卡、报警卡等。

< 169 >

（2）FLAG。标志字节，可以设置 8 个标志，如是否允许开反锁、是否比较开门时间、是否比较房号等。

（3）BEGIN 和 END（开始时间和结束时间）。格式为年、月、日、时、分，只有在这两个时间之间才能开门。当卡片为时钟设置卡时，使用 BEGIN 来设置系统时钟。

（4）楼号、楼层和房号。房号有 2 个字节，第一个字节为主房间号，第二个字节为子房间号。有些高级套房内部有子房间，并具有独立的门锁控制。没有子房间的客房在比较时忽略子房间号。

第二个块的内容根据不同的卡类型，其意义有所不同，例如，清洁卡可用来设置清洁区域号和清洁时间段，设置卡用来存放模块的授权码等。

门锁驱动程序根据上述信息对门锁电机进行驱动或将设置卡的设置参数写入 EEPROM。

门锁状态指示程序用来显示门锁的当前状态。门锁状态使用一个蜂鸣器和一个双色 LED（红灯和绿灯）来表示。正常开门时蜂鸣器和绿灯同时动作 0.5s；发生错误时蜂鸣器和红灯同时动作 0.2s；设置卡设置成功后蜂鸣器和绿灯同时动作 0.2s；客人在房间内将门反锁时，绿灯每隔 5s 动作一次；用开门卡开门后，若 5s 后门未正常关闭，则蜂鸣器和红灯每隔 1s 动作一次；电池电压低则蜂鸣器发出旋律可变的报警声。

3．门开关记录保存与导出程序

系统扩展了 EEPROM 存储模块来存储系统参数和门开关记录，其采用了 AT24C64 来实现。AT24C64 的容量为 8KB，其中前 256 个字节（00H～FFH）用来存储系统参数，包括卡密码、楼号、楼层、房间等。AT24C64 剩余的存储空间（100H～1FFFH）用来存储门开关记录，每条记录的长度为 16 个字节。门开关记录数据结构如图 9.15 所示。

00	01～04	05～0A	0B	0C～0F
卡类型	卡序列号	操作时间	操作类型	备注

图 9.15　门开关记录数据结构

卡类型占用 1 个字节，记录所刷卡片的类型；卡序列号记录卡片 4 个字节的序列号；操作时间记录刷卡的年、月、日、时、分、秒，占用 6 个字节；操作类型记录门开关的类型，包括正常开门、常开卡开门、常开卡关门、机械钥匙开门等。一片 AT24C64 共可以存储 496 条记录。

门锁中的记录使用 M1 S70 导出。M1 S70 的容量为 4KB，除去制造商块和每个区的区尾块，每张 M1 S70 可以记录 215 条记录，导出全部模块中的记录共需要 3 张 M1 S70。当用授权的 M1 S70 刷卡时，门锁电机控制模块自动将 EEPROM 中记录读出，然后依次写入 M1 S70，每条记录对应一个块。写完第一张卡片后，模块自动等待第二张卡片进入射频场，直到写完第三张卡片。如果等待超过 10s 未检测到卡片，程序将超时退出。

9.5　基于微波 RFID 技术的 ETC 系统

随着道路交通需求的快速增长和高速公路建设力度的加大，人工收费方式和半自动收费方式面临巨大挑战，基于 RFID 技术的 ETC 系统以其不停车、无须人工干预、无现金的三大特点，获得了公路管理部门的大力推广。

< 170 >

9.5.1　ETC 系统概述

ETC 系统属于全自动收费方式，是各国正在努力开发并推广普及的一种用于公路、桥梁和隧道的新型电子自动收费技术。它在车载单元（On-Board Unit，OBU）与微波天线之间采用专用短程通信（Dedicated Short Range Communication，DSRC）技术，在不需要司机停车和其他收费人员采取任何操作的情况下，自动完成收费处理全过程。

ETC 系统的关键技术主要集中在以下几方面。

（1）自动车辆识别（Automatic Vehicle Identification，AVI）技术：通过 DSRC 技术完成路侧设备对车载设备的一次信息读写，即完成收付费交易所必须的信息交换过程。

（2）自动车型分类（Automatic Vehicle Classification，AVC）技术：在 ETC 车道安装车型传感器测定和判断车型，以便按照车型进行收费。

（3）DSRC 技术：OBU 采用 DSRC 技术建立与路侧单元（Road Side Unit，RSU）之间的微波通信链路。

（4）违章车辆抓拍系统（Video Enforcement Systems，VES）：主要由数码相机、图像传输设备、车辆牌照自动识别系统等组成。对不安装 OBU 的车辆用数码相机实时抓拍，并传输到收费中心，通过 AVI 技术识别违章车辆，并完成费用的补收手续。

9.5.2　ETC 系统构成

ETC 系统主要由车辆自动识别系统、中心管理系统和其他辅助设施等组成。其中，与 RFID 技术紧密相关的车辆自动识别系统包括 OBU、RSU 及 DSRC 三部分。

1．OBU

OBU 又称车载设备或车载电子标签，一般安装于车辆前面的挡风玻璃上并通过 DSRC 与 RSU 进行通信。OBU 中存储车辆识别信息，在 ETC 系统中，车辆高速通过 RSU 时，OBU 和 RSU 之间利用微波通信，识别车辆合法性并获得车型、费用等信息，自动扣除费用。

OBU 有多种不同的分类方式。

OBU 根据供电方式可以分为有源 OBU 和无源 OBU。有源 OBU 的工作距离长，一般可达 30～100m，缺点是受电池工作时间限制；无源 OBU 体积小，安装方便，缺点是工作距离短，一般在 10m 以内。

OBU 根据通信方式可以分为主动式 OBU 和被动式 OBU。主动式 OBU 一定含有电源，自身具备发射能力，工作距离较长；被动式 OBU 既可以是有源的，也可以是无源的，工作距离较短。

OBU 根据读写方式可以分为只读型 OBU 和读写型 OBU。只读型 OBU 的内容只能被读出，而不可被修改或写入，较多地应用于桥梁、隧道环境下按通过次数计费的开放式收费系统；读写型 OBU 的内容既可被读出，也可被写入或修改，适合按里程计费的封闭式收费系统。

OBU 根据电子标签结构可分为单片式 OBU 与双片式 OBU。单片式 OBU 不支持 IC 卡操作，它由一个存有车辆属性（标识码等）的芯片和一个小型微波发射机组成。属性数据只能一次性写入，不能更改；双片式 OBU 支持 IC 卡操作，它由一张 IC 卡和车载微波收发机组成，IC 卡中有一个微型 CPU 或专用集成电路，具有一定的计算、处理和存储数据能力，因此它比单片式 OBU 功能多，不但可作为 OBU 使用，而且可充当信用卡和金融卡，作为 OBU 使用时，IC 卡要插入车

< 171 >

载机，由车载机完成 OBU 与路侧设备之间的双向通信。

2. RSU

RSU 安装在路侧并通过 DSRC 技术与 OBU 进行通信。RSU 对其覆盖范围内的 OBU 进行识别，并完成对 OBU 的认证、加密访问、电子钱包扣款等操作，实现车辆身份识别、费用扣除等功能。

RSU 的基本结构如图 9.16 所示，RSU 主要由控制单元和射频单元两部分组成。控制单元包括电源模块、数字处理模块、SAM（Secure Access Module，安全访问模块）等。其中电源模块主要完成对电源的处理，包括整流、滤波、稳压，实现系统输入电压到各个模块所需直流电压的转换；数字处理模块主要实现 RSU 的基带信号数字处理和 ETC 应用层协议功能，并提供与车载机的通信接口；SAM 提供必要的安全机制以防止外界对 RSU 所存储或处理的安全数据进行非法攻击。射频单元实现射频锁相环时钟产生、前向信号的调制和功率放大、后向信号的解调和放大，以及微波信号的接收与发送。

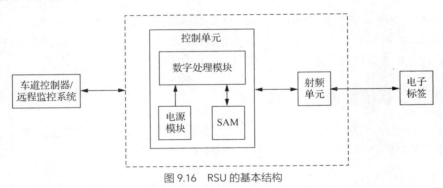

图 9.16　RSU 的基本结构

RSU 通过 DSRC 与 OBU 通信，并通过应用接口与车道控制器或远程监控系统通信。高速公路 ETC 系统的 RSU 中的控制单元和射频单元一般采用两个独立的实体设计。

3. DSRC

DSRC 是一种高效的无线通信技术，它可以实现特定小区域内（通常为数十米内）对高速运动目标的识别和双向通信，如车辆的"车—路"和"车—车"双向通信，实时传输图像、语音和数据信息，将车辆和道路有机连接起来。DSRC 广泛地应用在不停车收费、出入控制、车队管理、信息服务等方向。

DSRC 曾有 3 个主要的工作频段：800MHz～900MHz、2.45GHz 和 5.8GHz。我国采用的是5.795GHz～5.815GHz ISM 频段，下行链路的数据传输速率为 500kbit/s，上行链路的数据传输速率为 250kbit/s。

DSRC 是 OBU 和 RSU 保持信息交互的通道，参照 OSI 模型，DSRC 的逻辑分层结构包含物理层、数据链路层和应用层，如图 9.17 所示。

（1）物理层。物理层提供媒体信道，规范了传输媒体及其上下行链路的物理特性参数，主要包括载波频率、数据传输速率等。

（2）数据链路层。数据链路层控制物理层的原始数据流，定义帧的具体结构，提供可靠传输、差错控制、流量控制等。

（3）应用层。应用层在数据链路层提供的服务的基础上提供特定的应用服务，如实现通信初始化和释放、广播服务支持、远程应用相关操作等。

< 172 >

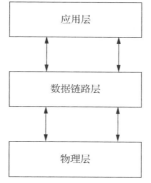

图 9.17　DSRC 的逻辑分层结构

9.6　EAS 系统简介

超市给顾客带来极大的方便，同时商品失窃的风险也大大增加。EAS 系统是目前大型零售行业为防止商品失窃而广泛采用的安全措施之一。

9.6.1　EAS 系统概述

1．EAS 系统组成

EAS 系统主要由检测器、电子标签和解码器/开锁器三部分组成。

检测器一般为超市出入口或收银通道处的检测装置。在收到顾客为购买某商品应付的正确款项后，收银员就可以对粘贴在商品上的电子标签进行解码，授权该商品合法地离开某指定区域。而未经解码的商品在经过检测器（多为门状）时，会触发报警，从而提醒收银员、顾客和商场保安进行及时处理。

电子标签分为软标签和硬标签：软标签成本较低，可直接黏附在较"硬"商品上，不可重复使用；硬标签成本较软标签高，但可以重复使用。硬标签须配备专门的开锁器，多用于服装类柔软的、易穿透的物品。EAS 系统中使用的电子标签的数据量通常是 1bit，电子标签只有 1 和 0 两种状态。检测器检测电子标签后只能出现两种结果，分别是"检测器工作区有电子标签"和"检测器工作区没有电子标签"。1bit 电子标签不需要芯片，可以采用射频法、微波法、分频法、电磁法和声磁法等多种方法进行工作。

解码器是使软标签失效的装置。解码器多为非接触式设备，有一定的解码高度，当收银员收银或装袋时，软标签无须接触解码器即可解码。也有将解码器和激光条码扫描器合成到一起的设备，做到商品收款和解码一次性完成，方便收银员的工作，此种方式则需要和激光条码供应商相配合，排除二者间的相互干扰，提高解码灵敏度。开锁器是快速、方便、简单地将各种硬标签取下的装置。

2．EAS 系统的性能指标

衡量 EAS 系统性能的重要指标是检测率和误报率。

检测率反映 EAS 系统检测天线在设计安装宽度内对一定尺寸的电子标签的检测能力。检

< 173 >

测天线的场分布并不均匀，不同原理的 EAS 系统检测率也有差异，正常 EAS 系统的检测率应在 85%以上。

误报率是指天线在正常使用情况下，在单位时间内因受环境或非电子标签物体的影响而产生误报警的概率。在现实生活中往往能找到具有与电子标签相类似的物理特性的物体，当该物体经过检测天线时，就可能产生误报警。

9.6.2 射频法 EAS 系统

1. 射频法 EAS 系统工作原理

射频法 EAS 系统一般由发射器和接收器两部分组成，如图 9.18 所示。其基本原理是利用发射天线将某一频率的交变磁场发射出去，在发射天线和接收天线之间形成一个扫描区，而在其接收范围内利用接收天线将交变磁场接收还原，再利用电磁波的共振原理搜寻特定范围内是否有有效电子标签存在，该区域内出现有效电子标签即触发报警。

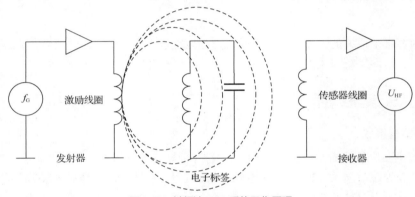

图 9.18　射频法 EAS 系统工作原理

电子标签采用 LC 振荡电路进行工作，LC 振荡电路将频率调谐到某一振荡频率上。当在扫描区内检测器产生的交变磁场频率与电子标签的谐振频率相同时，电子标签的振荡电路产生谐振，同时振荡电路中的电流对外部的交变磁场产生反作用，并导致交变磁场幅值减小。检测器如果检测到交变磁场幅值减小，就报警。电子标签使用完毕后，用解码器将电子标签销毁。

2. 射频法 EAS 系统抗干扰性能

射频法 EAS 系统受金属屏蔽影响严重，这是射频法 EAS 系统在实际使用中的主要局限之一。当大块金属进入系统的检测区域，或者是有金属购物车、购物篮经过时，被检测商品上即使有有效电子标签，有时也会因为金属屏蔽而不产生报警。

射频场周围环境中还存在大量杂乱的通信信号，包括 WLAN 信号、通信基站信号、电台信号等，这些通信信号被 EAS 系统接收后同样会大大影响 EAS 系统对电子标签的识别能力。可以通过提升系统灵敏度、增加滤波、改善自适应算法等方式提高射频法 EAS 系统的抗干扰性能。

习题

1. 目前，RFID 的工作频率主要有哪些？各频段有何特点？主要适用于哪种场合？

< 174 >

2. 读写器常用的对外接口方式有哪些?

3. 某读卡器读到的射频卡卡号为 02A5DE633BH, 如果用 Wiegand26 输出该卡号右端的 3 个字节, 试写出要输出的 26 位二进制数, 并指出 DATA1 数据线上输出的负脉冲个数。

4. 电子脚环感应踏板在赛鸽竞翔运动中的作用是什么? 可以采用什么办法解决多个感应踏板磁场之间的干扰问题?

5. 什么是 ETC 系统? ETC 系统的关键技术有哪些?

6. 什么是 EAS 系统? 说明 EAS 系统的组成和工作原理。

< 175 >

第 10 章 RFID 标准体系

10.1 RFID 标准体系概述

目前，RFID 技术在全球范围内发展迅速，其应用也是全球性的，因而标准化工作非常重要。由于当前还不存在全球统一的 RFID 国际标准化组织，因而各厂家依据不同标准推出的 RFID 产品存在许多兼容性问题，造成了 RFID 产品在市场和应用上的混乱，这势必对 RFID 产品互通造成障碍。

通过对 RFID 技术国际标准的研究，可以跟踪国际 RFID 技术的发展动态及标准化进程，指导和推进 RFID 技术在我国各领域的应用，为我国制定 RFID 技术的国家标准奠定坚实基础。

10.1.1 RFID 标准化组织

目前全球并没有形成统一的 RFID 国际标准化组织，公认比较有影响力的 RFID 标准化组织有 5 个，分别为 ISO/IEC、EPCglobal、UID、AIM Global 和 IP-X。

1. ISO/IEC

国际标准化组织（International Organization for Standardization，ISO）和国际电工委员会（International Electrotechnical Commission，IEC）都是全球性的非政府组织，具有较高的公信力。ISO/IEC 制定的 RFID 标准涉及 RFID 的各个频段。

2. EPCglobal

EPCglobal 是一个中立的、非营利性标准化组织。EPCglobal 由欧洲物品编码协会（European Article Number，EAN）和美国统一代码委员会（Uniform Code Council，UCC）两大标准化组织联合成立。EPCglobal 以欧美为主体阵营，其标准主要采用 UHF 频段。

3. UID

泛在识别中心（Ubiquitous ID Center，简称 UID）是日本主导的 RFID 标准化组织，得到了绝大多数日本厂商（如索尼、日立、NEC 等）及韩国厂商（如三星、LG 等）的支持。UID 的 RFID 标准使用的频段主要是 2.45GHz 和 13.56MHz。

4．AIM Global

国际自动识别制造商协会（Automatic Identification Manufacturers Global，AIM Global）是一个相对较小的 RFID 标准化组织，目前在全球几十个国家与地区有分支机构，是可移动环境中自动识别、数据搜集及网络建设方面的专业协会。

5．IP-X

IP-X 也是一个较小的 RFID 标准化组织，其标准主要在非洲、大洋洲和亚洲推广。目前，南非、澳大利亚等采用 IP-X 标准。

10.1.2　RFID 标准分类

如图 10.1 所示，RFID 标准可以分为技术标准、数据内容标准、应用标准和性能标准 4 部分，其中技术标准和数据内容标准是 RFID 标准的核心。

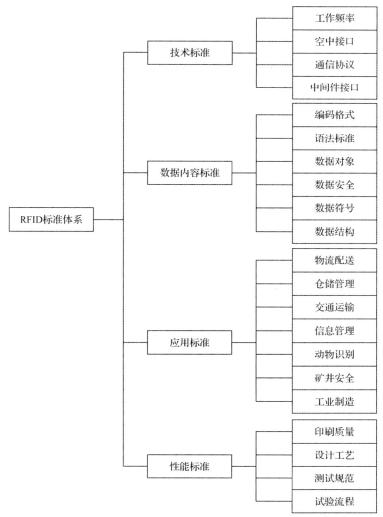

图 10.1　RFID 标准分类

< 177 >

RFID 技术标准主要定义了读写器和电子标签之间的通信参数，包括通信使用的工作频率、空中接口、通信协议等。RFID 技术标准也定义了中间件接口。RFID 数据内容标准涉及数据协议、数据编码规则和语法，主要包括编码格式、语法标准、数据对象和数据安全等。RFID 应用标准主要规定在特定的应用环境下 RFID 的架构规则和应用规范，如 RFID 在物流配送、信息管理、动物识别、工业制造等领域的应用规范。RFID 性能标准主要涉及设备性能测试和一致性测试，包括设计工艺、测试规范和试验流程等几个方面。

10.1.3 ISO/IEC 标准体系总览

ISO/IEC 是信息技术领域最重要的标准化组织之一，是 RFID 标准的主要制定机构。ISO/IEC 制定的部分 RFID 标准见表 10.1。

表 10.1 ISO/IEC 制定的部分 RFID 标准

标准分类	标准编号	标准说明
技术标准	ISO/IEC 10536	密耦合非接触式 IC 卡标准
	ISO/IEC 14443	近耦合非接触式 IC 卡标准
	ISO/IEC 15693	疏耦合非接触式 IC 卡标准
	ISO/IEC 18000	涵盖低频、高频、微波频段的 RFID 空中接口参数协议
	ISO/IEC 18000-1	空中接口一般参数
	ISO/IEC 18000-2	频率低于 135kHz 的空中接口参数
	ISO/IEC 18000-3	频率为 13.56MHz 的空中接口参数
	ISO/IEC 18000-4	频率为 2.45GHz 的空中接口参数
	ISO/IEC 18000-5	频率为 5.8GHz 的空中接口参数（已被否决）
	ISO/IEC 18000-6	频率为 860MHz～960MHz 的空中接口参数
	ISO/IEC 18000-7	频率为 433MHz 的空中接口参数
数据内容标准	ISO/IEC 15424	数据载体/特征标识符
	ISO/IEC 15418	GS1 应用标识符和 ASC MH10 数据识别符及维护
	ISO/IEC 15434	大容量 ADC 媒体用的传送语法
	ISO/IEC 15459	物品管理的唯一识别码（UID）
	ISO/IEC 15961	数据协议：应用接口
	ISO/IEC 15962	数据编码规则和逻辑存储功能的协议
	ISO/IEC 15963	射频电子标签（应答器）的唯一标识
性能标准	ISO/IEC 18046	RFID 设备性能测试方法
	ISO/IEC 18047	有源和无源的 RFID 设备一致性测试方法
	ISO/IEC 10373	识别卡测试方法
应用标准	ISO/IEC 10374	货运集装箱识别标准
	ISO/IEC 18185	货运集装箱密封标准
	ISO/IEC 11784	动物电子标签的代码结构
	ISO/IEC 11785	动物 RFID 的技术准则
	ISO/IEC 14223	动物追踪的直接识别数据获取标准
	ISO/IEC 17363	RFID 供应链应用——货运集装箱
	ISO/IEC 17364	RFID 供应链应用——装载单元

< 178 >

ISO/IEC 已出台的 RFID 标准主要关注基本的模块构建、空中接口、涉及的数据结构及其实施。用户可以根据自己的需求查阅相关的标准。本书以下内容主要详细介绍 RFID 研发人员常用的部分 ISO/IEC 技术标准。

10.2　ISO/IEC 14443

国际标准 ISO/IEC 14443 主要定义了近耦合集成电路卡（Proximity Integrated Circuit Card，PICC）的作用原理和工作参数。PICC 是指工作距离为 0～15cm 的非接触式 IC 卡。本节主要介绍 ISO/IEC 14443 中物理特性与射频能量、信号接口等相关内容。

10.2.1　ISO/IEC 14443 的物理特性与射频能量

1．物理特性

ISO/IEC 14443-1 规定了近耦合卡的物理特性。近耦合卡应具有 ISO/IEC 7810 中规定的 ID-1 型卡的规格和物理特性，其尺寸与国际标准 ISO/IEC 7810 的规定相符，即 85.72mm×54.03mm×0.76mm±容差。此外，ISO/IEC 14443-1 还包括对 PICC 弯曲和扭曲试验的附加说明，以及使用紫外线、X 射线和电磁射线进行辐射试验的附加说明等。

在实际应用中，除了符合 ISO/IEC 14443 标准的卡片，还存在大量其他形状的电子标签，它们同样遵循 ISO/IEC 14443 标准。

2．射频能量

ISO/IEC 14443-2 规定了耦合场的性质与特征，该耦合场提供近耦合设备（Proximity Coupling Device，PCD）和 PICC 之间双向通信的通道以及通信所需的能量，但该标准并未规定如何产生耦合场及如何使耦合场符合各国的电磁场辐射和人体辐射安全条例。

PCD 必须产生为 PICC 提供能量并用于通信的射频场，射频场的载波频率为 13.56MHz±7kHz，磁场强度最小不低于 1.5A/m，最大不超过 7.5A/m，PICC 在此磁场强度范围内能连续不间断工作。

3．PCD 和 PICC 之间的对话流程

（1）PCD 的射频场激活 PICC。
（2）PICC 等待来自 PCD 的指令。
（3）PCD 传输相关指令。
（4）PICC 回送对命令的响应。

在 PICC 进入 PCD 的射频场得电复位成功后，PCD 与 PICC 之间的通信采用 RTF 模式，即每次由 PCD 发出命令，PICC 收到命令后执行命令并返回应答。没有 PCD 的命令，PICC 不得主动发起通信。

10.2.2　ISO/IEC 14443 的信号接口

ISO/IEC 14443 定义了存在于 PCD 和 PICC 之间的两种完全不同的信号接口，分别称为 Type A 和 Type B，PICC 支持其中一种即可。

< 179 >

1．Type A 的 PCD 发送数据的信号接口

如图 10.2 所示，Type A 的 PCD 向 PICC 发送数据时，数据传输速率为 106kbit/s，采用修正的米勒码的 100%ASK 调制。为了保证对 PICC 不间断地进行能量供应，载波间隙（Pause）为 2～3μs。

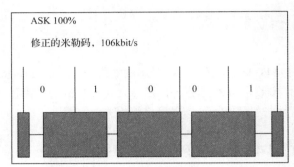

图 10.2　Type A 的 PCD 发送数据的信号接口

定义以下时序。

（1）时序 X：整个位周期（$128/f_c$）的 $64/f_c$ 处，产生一个 Pause。

（2）时序 Y：在整个位周期不发生调制。

（3）时序 Z：在整个位周期的开始处产生一个 Pause。

用以上时序进行信息编码的规则如下。

（1）逻辑 1 用时序 X 表示。

（2）逻辑 0 用时序 Y 表示。

（3）假如有 2 个或更多的 0 相邻，从第 2 个 0 开始（包括其后面的 0）采用时序 Z。

（4）通信开始用时序 Z 表示。

（5）通信结束用逻辑 0 开始，跟随其后的为时序 Y。

（6）假如在帧的起始位后的第 1 位为 0，则用时序 Z 来表示这一位和直接跟随其后的 0。

（7）无信息时至少有 2 个时序 Y。

2．Type A 的 PICC 返回数据的信号接口

如图 10.3 所示，PICC 应答时利用接通或断开负载的方法实现副载波调制曼彻斯特编码，副载波的频率 f_s 等于 $f_c/16$（约 847kHz）。在初始化和防碰撞期间，1 位时间等于 8 个副载波时间，数据传输速率为 106kbit/s。

定义以下时序。

（1）时序 D：载波被副载波在位宽度的前半部分调制。

（2）时序 E：载波被副载波在位宽度的后半部分调制。

（3）时序 F：在整个位宽度内载波不被副载波调制。

用以上时序进行信息编码的规则如下。

（1）逻辑 1 用时序 D 表示。

（2）逻辑 0 用时序 E 表示。

（3）通信开始用时序 D 表示。

（4）通信结束用时序 F 表示。

（5）无信息时无副载波。

< 180 >

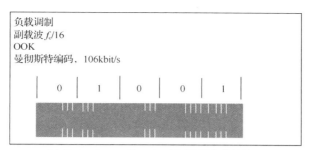

图 10.3 Type A 的 PICC 返回数据的信号接口

3．Type B 的 PCD 发送数据的信号接口

如图 10.4 所示，Type B 的 PCD 向 PICC 传输数据时，采用 10%的 ASK 调制和 NRZ 编码，数据传输速率为 106kbit/s。

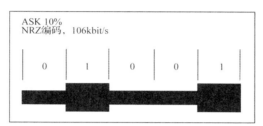

图 10.4 Type B 的 PCD 发送数据的信号接口

4．Type B 的 PICC 返回数据的信号接口

如图 10.5 所示，Type B 的 PICC 向 PCD 返回数据时，也使用了有副载波的负载调制，数据传输速率同样为 106kbit/s。副载波频率为 847kHz（13.56MHz/16），调制是通过对副载波进行二进制相移键控（Binary Phase Shift Keying，BPSK）完成的。

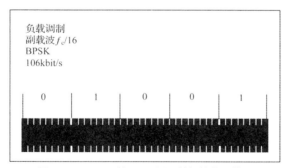

图 10.5 Type B 的 PICC 返回数据的信号接口

10.2.3 ISO/IEC 14443 的 Type A 的帧格式与防碰撞

ISO/IEC 14443-3 对 Type A 和 Type B 的初始化和防碰撞规范分别进行了规定。如果一个 PICC 处于某 PCD 的作用范围内，PCD 和 PICC 之间就可以建立通信关系。为了检测是否有 PICC 进入 PCD 的作用范围，PCD 将重复发出请求信号，即轮询（Polling），并判断是否有响应。Type A 和 Type B 的命令和响应不能相互干扰。

ISO/IEC 14443-3 规定了协议帧的结构，协议帧由数据位、帧起始位和帧结束位等基本要素构成。

< 181 >

1．Type A 的 PICC 的初始化

如果 Type A PICC（又称为 IC 卡）位于读写器的作用范围内，且有足够的电能可供使用，则 IC 卡中的芯片开始工作。在执行一些预置程序（在复合卡的预置程序中，还必须测试 IC 卡是处于非接触工作模式还是接触工作模式）后，IC 卡即处于闲置状态。此时，读写器可以同作用范围内的其他 IC 卡交换数据，处于闲置状态的 IC 卡不能干扰读写器与其他 IC 卡之间的通信。

PCD 将重复发出请求信号 REQA 帧来检测其作用范围内是否有 IC 卡，相邻两个 REQA 帧的帧起始位之间的最小时间被定义为请求保护时间，其值为 $7000/f_c$，约为 516μs。

2．Type A 帧格式

Type A IC 卡共有 3 种不同的帧格式，简述如下。

（1）REQA 帧和 WAKE-UP 帧，如图 10.6 所示。这种帧应用于卡请求。

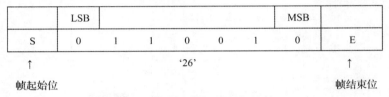

图 10.6　REQA 帧和 WAKE-UP 帧

该类帧包含 1 个帧起始位和 1 个帧结束位，7 个数据位，没有校验位，先发送 LSB。其中 26H 用于 REQA 请求，52H 用于 WAKE-UP 请求。

（2）标准帧，如图 10.7 所示。这种帧用于数据交换。

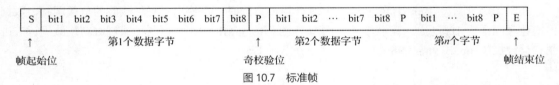

图 10.7　标准帧

该类帧包含 1 个帧起始位和 1 个帧结束位，每帧可包含 n（$n \geq 1$）个数据字节，每个数据字节包括 8 个数据位和 1 个奇校验位。每个字节的数据都先发送 LSB。

（3）防碰撞帧。该类帧用于 Type A 的防碰撞过程。

ISO/IEC 14443-3 规定了为选择某个指定 PICC 而采取的防碰撞算法。Type A 和 Type B 防碰撞算法的原理不同：Type A 采用位检测防碰撞协议，其原理是基于序列号的二进制树型搜索算法；Type B 则通过一组命令来管理防碰撞过程，采用动态时隙 ALOHA 算法。

在 Type A 中，当至少有两个 PICC 发出不同的位样本到 PCD 时，PCD 就能检测到碰撞。

在这种情况下，由于数据使用曼彻斯特编码，因此至少有 1 位的载波在整个位宽度内都被副载波调制。Type A 防碰撞的实现方法是一个完整的标准帧由读写器和射频卡前后接力各自发出一部分组成。

标准帧由 7 个数据字节共 56 位组成，包括 1 个字节命令码、1 个字节数据长度、4 个字节 UID 和 1 个字节校验码。56 位数据被分成两部分，第 1 部分从 PCD 发送到 PICC，第 2 部分从 PICC 发送到 PCD。命令码和数据长度这两个字节始终由 PCD 发出，因而第 1 部分的最小长度是 16 个数据位，最大长度是 55 个数据位；第 2 部分的最小长度是 1 个数据位，最大长度为 40 个数据位。由于这两部分可在任意位置上分开，因此出现了两种情况。

< 182 >

第一种情况是在一个完整的数据字节之后分开，即第 1 部分的最后 1 个数据位之后有 1 个校验位，如图 10.8 所示。这种情况下读写器和电子标签发出的都仍然是标准帧。

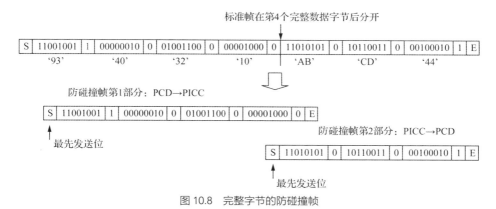

图 10.8　完整字节的防碰撞帧

第二种情况是在一个数据字节内分开，如图 10.9 所示。在这种情况下读写器和电子标签发出的都不再是标准帧。第 1 部分的最后 1 个数据位之后不加校验位，第 2 部分在第 1 个不完整的字节后面需要填充 1 个校验位，PCD 收到这个校验位后将其忽略。

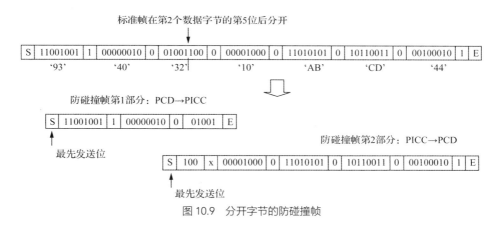

图 10.9　分开字节的防碰撞帧

3．Type A 的工作状态

如图 10.10 所示，Type A 在整个工作过程中一共有 5 种工作状态。

（1）POWER OFF：断电状态，PICC 未获取满足芯片工作所需的能量。

（2）IDLE：休闲状态，PICC 进入磁场得电复位，等待来自读写器的卡请求命令。

（3）READY：就绪状态，PICC 收到 REQA 或 WAKE-UP 命令，此状态下 PICC 可以执行防碰撞循环。

（4）ACTIVE：激活状态，PICC 的 UID 被 PCD 选中。

（5）HALT：停止状态，PICC 收到 HALT 命令或其他不在 ISO/IEC 14443 Type A 规定范围内的命令，此状态下 PICC 仅接受 WAKE-UP 命令。

4．初始化和防碰撞流程

ISO/IEC 14443 Type A 初始化和防碰撞流程如图 10.11 所示。

< 183 >

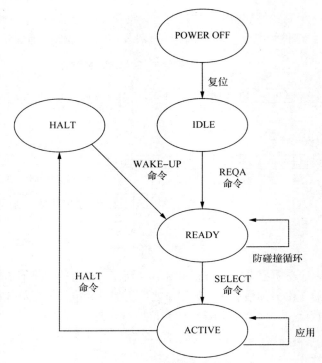

图 10.10 Type A 的工作状态

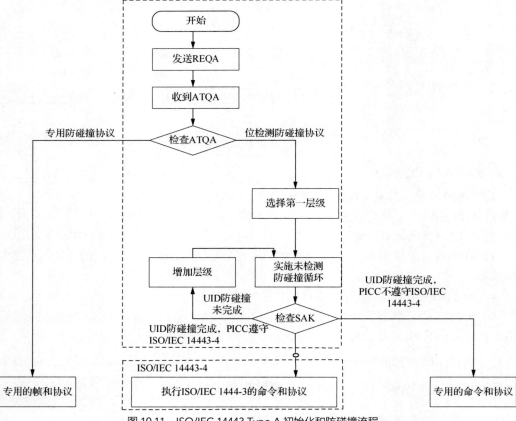

图 10.11 ISO/IEC 14443 Type A 初始化和防碰撞流程

< 184 >

每一层级的防碰撞循环流程如图 10.12 所示。

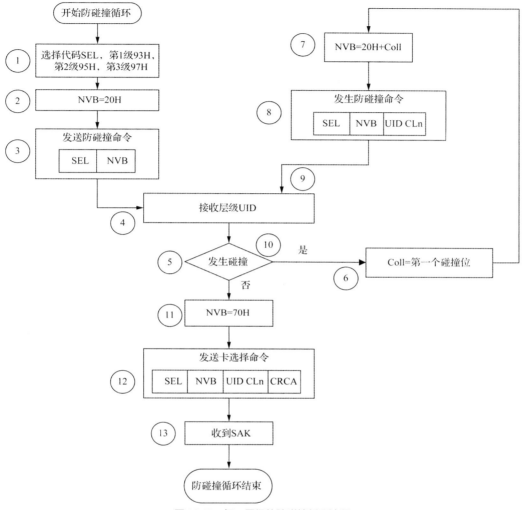

图 10.12　每一层级的防碰撞循环流程

5．防碰撞举例

图 10.13 所示为一个 Type A PICC 从卡请求到卡选择命令的初始化和防碰撞实例。PCD 的射频场中有两张卡片，其中一张卡片的序列号为 4 个字节，另一张卡片的序列号为 7 个字节，整个防碰撞循环需要两个层级。为简单起见，图 10.13 中未标出起始位、结束位和奇偶校验位。

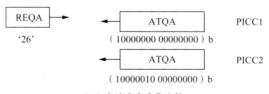

（a）卡请求命令集应答

图 10.13　Type A 的 PICC 初始化和防碰撞实例

< 185 >

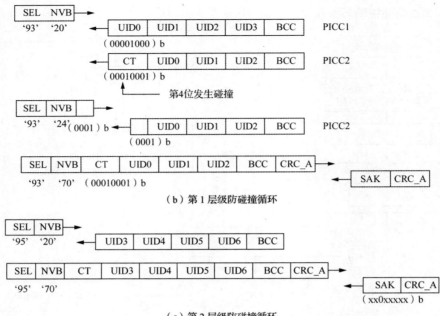

（b）第 1 层级防碰撞循环

（c）第 2 层级防碰撞循环

图 10.13　Type A 的 PICC 初始化和防碰撞实例（续）

10.2.4　ISO/IEC 14443 的 Type A 的命令集

ISO/IEC 14443-3 的 Type A 中规定的 PCD 管理进入其射频场的多张卡片的命令有 REQA、WAKE-UP、ANTICOLLISION、SELECT、HALT。所有命令都由 PCD 发出，PICC 收到后产生应答。通过这些命令，PCD 可以从进入其射频场的多张卡片中选中 1 张，完成防碰撞选择。

1．REQA 命令和 WAKE-UP 命令

REQA 命令和 WAKE-UP 命令都是卡请求命令，都将使卡片进入 READY 状态，其差别在于 REQA 命令使卡从 IDLE 状态进入 READY 状态，而 WAKE-UP 命令使卡从 HALT 状态进入 READY 状态。卡请求命令编码见表 10.2。

表 10.2　卡请求命令编码

bit7	bit6	bit5	bit4	bit3	bit2	bit1	说明
0	1	0	0	1	1	0	'26'=REQA
1	0	1	0	0	1	0	'52'=WAKE-UP
0	1	1	0	1	0	1	'35'=可选的时隙方法
1	0	0	×	×	×	×	'40'to'4F'=专用
1	1	1	1	×	×	×	'78'to'7F'=专用
所有其他值							RFU

PICC 收到 REQA 命令或 WAKE-UP 命令后，天线范围内的所有 PICC 同步发出 ATQA 应答，其长度为 2 个字节，其编码如图 10.14 所示。

< 186 >

MSB
bit16	bit15	bit14	bit13	bit12	bit11	bit10	bit9	bit8	bit7	bit6	bit5	bit4	bit3	bit2	bit1
LSB

| RFU | UID长度标识 | RFU | 防碰撞标识 |

图 10.14　ATQA 编码

（1）bit5～bit1 中有且仅有 1 位置 1，表示采用的是 ISO/IEC 14443-3 Type A 规定的防碰撞方式，其他值保留未用。

（2）bit8 和 bit7 表示 UID 的长度。如表 10.3 所示，UID 的长度不是固定的。表 10.3 中的级联是指在卡片防碰撞时不同的 UID 长度需要的防碰撞级数：4 个字节的 UID 只需要 1 级防碰撞，命令码为 93H；7 个字节的 UID 需要 2 级防碰撞，第 1 级命令码为 93H，第 2 级命令码为 95H；10 个字节的 UID 需要 3 级防碰撞，第 1 级命令码为 93H，第 2 级命令码为 95H，第 3 级命令码为 97H。

表 10.3　UID 的长度

ATQA 的 bit8 bit7	最大级联	UID 长度
00	1	4
01	2	7
11	3	10

（3）bit6 和 bit9～bit16 保留未用，所有位均置 0。

PCD 接收 ATQA 应答，PICC 进入 READY 状态，开始执行后续的防碰撞循环操作。

2．ANTICOLLISION 命令和 SELECT 命令

ANTICOLLISION 命令和 SELECT 命令用于 Type A 的防碰撞循环，其格式如图 10.15 所示。

SEL	NVB	第n级UID	BCC
（1个字节）	（1个字节）	（4个字节）	（1个字节）

图 10.15　ANTICOLLISION 命令和 SELECT 命令的格式

（1）1 个字节的选择代码 SEL。第 1 级防碰撞时命令码为 93H，第 2 级防碰撞时命令码为 95H，第 3 级防碰撞时命令码为 97H，其格式如图 10.16 所示。

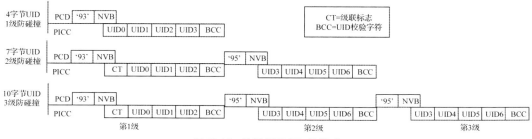

图 10.16　选择代码 SEL 的格式

（2）1 个字节的有效位数（Number of Valid Bits，NVB），标识本命令帧有多少有效的数据位。NVB 字节的含义如图 10.17 所示，其高 4 位代表字节数，低 4 位表示除字节数外剩余的位数。SEL

< 187 >

字节与 NVB 字节也包括在字节数内，因此最小的字节数为 2，此时 NVB 后面有 0 个数据位；最大的字节数为 7，此时 NVB 后面有 40 个数据位。Type A 的防碰撞算法是一个完整的 7 个字节的标准数据帧由读写器和射频卡前后接力各自发出一部分，当 NVB=70H 时，整个命令帧中的数据都由读写器发出，说明读写器已经确定了所要选择的卡片在该层级完整的 UID，此时该命令为 SELECT 命令；小于 7 个字节则为 ANTICOLLISION 命令。

bit8	bit7	bit6	bit5	字节数
0	0	1	0	2
0	0	1	1	3
0	1	0	0	4
0	1	0	1	5
0	1	1	0	6
0	1	1	1	7

bit4	bit3	bit2	bit1	位数
0	0	0	0	0
0	0	0	1	1
0	0	1	0	2
0	0	1	1	3
0	1	0	0	4
0	1	0	1	5
0	1	1	0	6
0	1	1	1	7

图 10.17　NVB 字节的含义

（3）由 NVB 指定第 n 级 UID 及 BCC（块校验字符，0～40 位），BCC 为第 n 级 UID 的校验位，是 4 个 UID 字节的"异或"值。

每一层级参与防碰撞的 UID 均为 4 个字节，当 UID 不足 4 个字节时，则在第 1 个字节的位置补充一个级联标志字节 88H。

需要特别说明的是，当 NVB=70H 时，命令变为 SELECT 命令，此时需要在命令尾部增加 2 个字节的 CRC_A。

PICC 收到 SELECT 命令后，返回 SAK（Select Acknowledge，选中确认）应答，同时卡片由 READY 状态转换为 ACTIVE 状态。SAK 和 CRC_A 的组成如图 10.18 所示。

SAK	CRC_A
（1个字节）	（2个字节）

图 10.18　SAK 和 CRC_A 的组成

SAK 编码见表 10.4。

表 10.4　SAK 编码

bit8	bit7	bit6	bit5	bit4	bit3	bit2	bit1	说明
×	×	×	×	×	1	×	×	还有需要防碰撞的 UID 层级
×	×	1	×	×	0	×	×	所有 UID 层级防碰撞完成，PICC 遵守 ISO/IEC 14443-4
×	×	0	×	×	0	×	×	所有 UID 层级防碰撞完成，PICC 不遵守 ISO/IEC 14443-4

PCD 发出防碰撞命令的目的是从 PICC 中得到其第 n 级 UID 的一部分或全部，从而在多张卡片中选出一张卡片进行操作。

< 188 >

3．HALT 命令

HALT 命令格式如图 10.19 所示，HALT 命令由 4 个字节组成，该命令可以使先前被选中的 PICC 进入停止状态。

图 10.19 HALT 命令格式

10.2.5 ISO/IEC 14443 的 Type B 的帧格式与防碰撞

1．Type B 帧格式

Type B 的 PCD 的命令和 PICC 的应答都是以帧的形式出现的，Type B 的帧格式如图 10.20 所示。每一个数据帧都是由帧起始符（SOF）、字符串和帧结束符（EOF）三部分组成的。字符串总是以 2 个字节的 CRC_B 结尾，CRC_B 是由前面所有字节计算而来的。CRC_B 位于数据字节之后，EOF 之前。

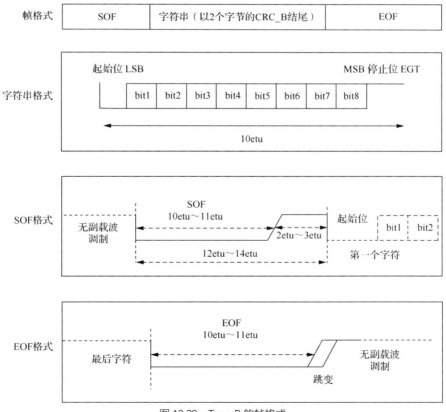

图 10.20 Type B 的帧格式

字符串中的每一个字符都由 1 个起始位、8 个数据位和 1 个停止位组成。每个数据位的持续时间称为位元时间（etu），即每传送一个字符最少需要 10etu。

为了区分相邻的 2 个字符，在每个字符的停止位后通常会增加额外保护时间（Extra Guard

< 189 >

Time，EGT）。

SOF 从一个下降沿开始，维持 10etu～11etu 的逻辑 0 和 2etu～3etu 的逻辑 1 之后发送第一个字符。

EOF 从一个下降沿开始，维持 10etu～11etu 的逻辑 0，到下一个 etu 中的任意位置的上升沿结束。

2．PCD 与 PICC 通信的时序配合

（1）PICC 的副载波开启与 SOF 发送。如图 10.21 所示，PICC 每次收到 PCD 的命令后，必须经过 TR0+TR1 的时间间隔才能做出应答。其中，TR0 是从 PCD 的 EOF 上升沿到 PICC 的副载波开启之间的时间，TR1 是从 PICC 的副载波开启到 PICC 发送数据的 SOF 下降沿之间的时间。TR0 和 TR1 的值可以在执行防碰撞的过程中由 PCD 和 PICC 协商定义。

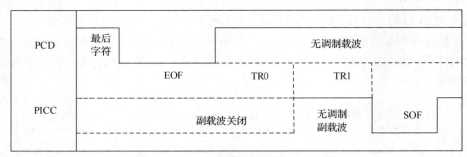

图 10.21　PICC 的副载波开启与 SOF 发送

（2）PICC 的 EOF 发送与副载波关闭。如图 10.22 所示，PICC 的应答数据传送完毕后要关闭副载波。副载波必须在 EOF 发送完毕后不大于 2etu 的时间内关闭。PCD 若要继续发送下一个命令，其 SOF 的下降沿距上一个命令 PICC EOF 的下降沿的时间不小于 14etu。

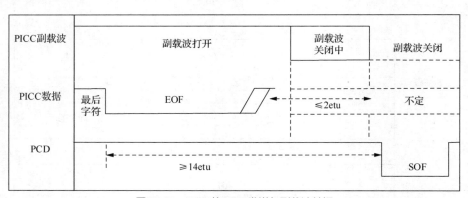

图 10.22　PICC 的 EOF 发送与副载波关闭

3．PICC 的工作状态转换与防冲突流程

图 10.23 所示为 Type B 的 PICC 的工作状态转换与防碰撞流程。Type B 的 PICC 共有 6 种工作状态，分别描述如下。

（1）POWER OFF：断电状态，PICC 未获取满足芯片工作所需的能量。

（2）IDLE：休闲状态，PICC 进入磁场得电复位，等待来自读写器的卡请求命令。在此状态下，如果收到一个符合要求的 REQB 命令，PICC 将定义一个有效范围内的时隙号用于 ATQB 应答。如果 PICC 定义的时隙是第 1 个时隙，则 PICC 立即向 PCD 发送 ATQB 应答，PICC 进入

< 190 >

READY-DECLARED 状态；如果 PICC 定义的时隙不是第 1 个时隙，则不应答，PICC 进入
READY-REQUESTED 状态。

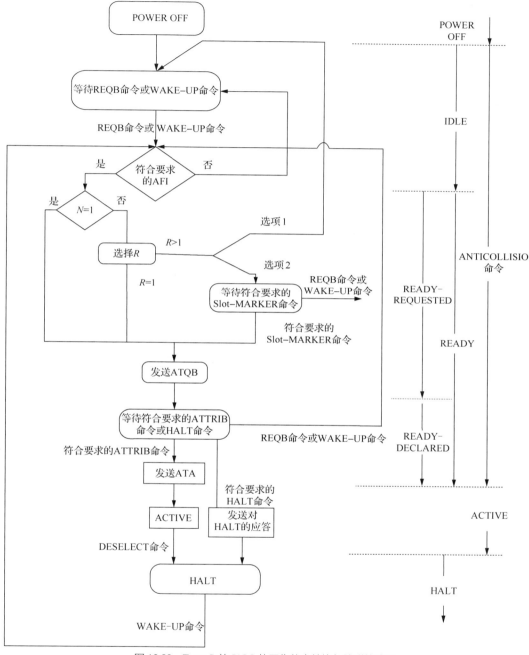

图 10.23 Type B 的 PICC 的工作状态转换与防碰撞流程

（3）READY-REQUESTED：准备请求状态，此状态下 PICC 已经选择好了时隙号，等待 PCD
叫号。PICC 能够识别 PCD 的 REQB 命令和 Slot-MARKER 命令。如果时隙号被叫到，PICC 将回
送 ATQB 应答，并进入 READY-DECLARED 状态。

（4）READY-DECLARED：准备声明状态，PICC 发送 ATQB 应答后进入此状态。在此状态

< 191 >

下，PICC 可以识别 REQB 命令、ATTRIB 命令和 HALT 命令。如果收到符合要求的 ATTRIB 命令，PICC 将进入激活状态；如果收到符合要求的 HALT 命令，PICC 将进入停止状态。

（5）ACTIVE：激活状态，PICC 被分配了一个 CID（Card Identifier，卡标识符），可以执行 PCD 的高层协议命令。此时如果收到 DESELECT 命令（非标准命令，需要通过发送一系列其他命令来实现这一功能），PICC 将进入停止状态；对于符合要求的 REQB、Slot-MARKER 或 ATTRIB 命令，PICC 不予应答。

（6）HALT：停止状态，此状态下 PICC 仅接受 WAKE-UP 命令。

通过与 Type A 的 PICC 的状态对比可知，在防碰撞阶段，Type A 的 PICC 只有一个 READY 状态，而 Type B 则将 READY 状态分为 READY-REQUESTED 和 READY-DECLARED 两个状态，这主要是由二者的防碰撞算法不同造成的。

如果某个 Type B IC 卡位于读写器的作用范围内，则 IC 卡在执行某些预置程序后即处于休闲状态，并等待接受有效的 REQB 命令。对 Type B 的 PICC 来说，通过发送 REQB 命令可以直接启动防碰撞算法，采用的防碰撞机制为动态时隙 ALOHA 算法。对于这种算法，读写器的时隙数可以动态变化，可供使用的时隙数编码位于 REQB 命令的参数中。REQB 命令还提供另外一个参数 AFI（Application Family Identifier，应用族标识符），用这个参数作为检索指针，能够事先规定只有指定应用的 PICC 可以参与防碰撞流程。

整个 Type B 的防碰撞流程可以简述如下。

（1）进入 PCD 天线磁场的 PICC 得电复位。

（2）PICC 等待 REQB 命令。

（3）PCD 发送 REQB 命令，命令包含两个重要的参数：AFI 和 N。其中 AFI 指定了参与防碰撞循环的 PICC 的类别，不符合此类别的 PICC 不能参加此后的防碰撞循环流程。N 规定了 PICC 可选择的时隙号范围（1～N）。

（4）PICC 判断自身是否符合 PCD 指定的 AFI，不符合则返回（2）。

（5）如果 PCD 发出的参数 N=1，则符合 PCD 指定的 AFI 的 PICC 不必选择时隙号，可以直接做出 ATQB 应答；否则，PICC 要选择一个时隙号 R。如果 PICC 选择的时隙号 R=1，则可以在收到 REQB 命令的同时立即做出 ATQB 应答。

（6）如果选择的时隙号 $R \neq 1$，则 PICC 可以返回（2）等待新的 REQB 命令，也可以等待 PCD 的 Slot-MARKER 命令。如果 Slot-MARKER 命令中的时隙号与 R 相符，则做出 REQB 应答；如果收到了 REQB 命令或 WAKE-UP 命令，则返回（4）。

（7）完成 ATQB 应答的 PICC 等待 PCD 的 ATTRIB 命令，收到有效的 ATTRIB 命令后 PICC 发送 ATA（Answer To ATTRIB）并进入激活状态，可以进行高层协议的数据交换。如果等待 ATTRIB 命令期间收到了 REQB 命令或 WAKE-UP 命令，则返回（4）；如果收到了 HALT 命令，则在做出应答后进入停止状态。

（8）处于停止状态的 PICC 如果收到 WAKE-UP 命令，则返回（4）。

10.2.6　ISO/IEC 14443 的 Type B 的命令集

ISO/IEC 14443 的 Type B 国际标准仅规定了 PICC 从卡呼叫到卡进入激活状态所需要的命令，并没有规定高层应用命令。为了区别防碰撞命令和高层应用命令，所有防碰撞命令的开始第 1 个字节的最低 3 位设置成二进制的 101，而在高层应用命令中避免用 101 结尾。因此，根据命令的第 1 个字节即可区分两类命令。

< 192 >

1．REQB/WUPB 命令

处于 IDLE 和 READY 状态的 PICC 将处理这一命令，REQB/WUPB 命令格式如图 10.24 所示。

APf	AFI	PARAM	CRC_B
（1个字节）	（1个字节）	（1个字节）	（2个字节）

图 10.24　REQB/WUPB 命令格式

（1）APf。前缀字节 APf 为 00000101。PCD 发出命令时 101 在低半字节的最后 3 位，PICC 应答时 101 在高半字节的最后 3 位。

（2）AFI。AFI 代表由 PCD 指定的应用类型，其作用是在做出 ATQB 应答之前预选 PICC，只有 AFI 指定类型的 PICC 才能应答 REQB 命令。

ISO 用 1 个字节的 AFI 来区分不同行业中的 PICC。AFI 的高半字节表示主要行业，低半字节表示主要行业中的细分行业，其编码见表 10.5。如果 AFI=00H，则表示不限定应用类别，所有 PICC 都可以响应 REQB 命令。

表 10.5　AFI 编码

AFI 高半字节	AFI 低半字节	意义	备注
0	0	所有主要行业和细分行业	相当于没有限定行业
X	0	主要行业 X 中的所有细分行业	仅限定了主要行业
X	Y	主要行业 X 中的细分行业 Y	同时限定了主要行业和细分行业

（3）PARAM。PARAM 中 N 值的编码见表 10.6，PARAM 的最低三位用来定义 PICC 可选的时隙号最大值 N，PICC 可以选择 $1\sim N$ 的整数作为本次防碰撞循环的时隙号 R。

表 10.6　PARAM 中 N 值的编码

bit3～bit1	N
000	$1=2^0$
001	$2=2^1$
010	$4=2^2$
011	$8=2^3$
100	$16=2^4$
101	RFU
11×	RFU

PARAM 的 bit4 指示请求命令类别。bit4=0 表示 REQB 命令，处于 IDLE 或 READY 状态的 PICC 可以做出应答；bit4=1 表示 WUPB 命令，处于 IDLE、READY 或 HALT 状态的 PICC 都可以做出应答。bit5 指示是否支持扩展的 ATQB 应答，bit6～bit8 为 RFU。

2．ATQB 应答

对 REQB 和 Slot-MARKER 命令的应答都称为 ATQB 应答，如图 10.25 所示，其中 50H（01010000）为前缀字节，图中均用单引号表示十六进制数。其他部分解释如下。

'50'	PUPI	应用数据	协议信息	CRC_B
（1个字节）	（4个字节）	（4个字节）	（3～4个字节）	（2个字节）

图 10.25　ATQB 应答格式

< 193 >

（1）PUPI。伪唯一 PICC 标识符（Pseudo-Unique PICC Identifier，PUPI）用于区分射频场内的 PICC。PUPI 可以是唯一的 PICC 序列号的缩短形式，或唯一的芯片序列号的缩短形式，或加电复位时 PICC 计算的随机数（保留到断电），或 PICC 接收每一个 REQB 命令后计算而得的随机数。

（2）应用数据。4 个字节的应用数据用来通知 PCD 在 PICC 上安装了哪些应用，PCD 可以据此选择它所需的 PICC。

（3）协议信息。协议信息用来声明可以接受的通信参数。协议信息的长度在基本 ATQB 中为 24 位，在扩展 ATQB 中为 32 位，两种情况下前 24 位协议信息定义相同。协议信息编码如图 10.26 所示。

速率能力	最大帧长度	协议类型	FWI	RFU	FO
（8位）	（4位）	（4位）	（4位）	（2位）	（2位）

图 10.26　协议信息编码

① 速率能力：表示 PICC 可以支持的双向数据传输速率，见表 10.7。例如，00000000 表示 PICC 只支持最基本的双向数据传输速率 106kbit/s。

表 10.7　PICC 可以支持的双向数据传输速率

bit8	bit7	bit6	bit5	bit4	bit3	bit2	bit1	说明
0	0	0	0	0	0	0	0	PICC 仅支持双向数据传输速率 106kbit/s
1	×	×	×	0	×	×	×	从 PCD 到 PICC 和从 PICC 到 PCD 的数据传输速率强制相同
×	×	×	1	0	×	×	×	PICC 到 PCD，1etu=64/f_c，支持的数据传输速率为 212kbit/s
×	×	1	×	0	×	×	×	PICC 到 PCD，1etu=32/f_c，支持的数据传输速率为 424kbit/s
×	1	×	×	0	×	×	×	PICC 到 PCD，1etu=16/f_c，支持的数据传输速率为 848kbit/s
×	×	×	×	0	×	×	1	PCD 到 PICC，1etu=64/f_c，支持的数据传输速率为 212kbit/s
×	×	×	×	0	×	1	×	PCD 到 PICC，1etu=32/f_c，支持的数据传输速率为 424kbit/s
×	×	×	×	0	1	×	×	PCD 到 PICC，1etu=16/f_c，支持的数据传输速率为 848kbit/s

② 最大帧长度：表示 PICC 可以支持的最大数据帧长度，以字节为单位。ATQB 中的最大帧长度代码与最大帧长度的关系见表 10.8。

表 10.8　ATQB 中的最大帧长度代码与最大帧长度的关系

ATQB 中的最大帧长度代码	0	1	2	3	4	5	6	7	8	9～F
最大帧长度	16	24	32	40	48	64	96	128	256	RFU>256

③ 协议类型：如果该值为 0001，则 PICC 支持 ISO/IEC 14443-4；如果该值为 0000，则 PICC 支持的协议不同于 ISO/IEC 14443-4。其他位为 RFU。

④ FWI（Frame Waiting time Integer，帧等待时间整数）：其意义在 ISO/IEC 14443-4 中解释。

⑤ RFU：保留位，所有 RFU 都置 0。

⑥ FO（Frame Option，帧选项）：表示是否支持 NAD 与 CID，其编码见表 10.9。其中，NAD（Node Address，节点地址）主要用于高层的应用协议，用来标识所传送数据块的源地址和目的地址；CID 是 PCD 分配给 PICC 的临时编号，值为 0～14，在 PCD 天线磁场范围内处于激活状态的

< 194 >

PICC 中是唯一的。

表 10.9　FO 的编码

bit2	bit1	说明
×	1	PICC 支持 NAD
1	×	PICC 支持 CID

⑦ 扩展 ATQB 多出 1 个字节，bit4～bit1 为 RFU，bit8～bit5 定义 SFGI（Start-up Frame Guard time Integer，启动帧保护时间整数）。

3．Slot-MARKER 命令

Slot-MARKER 命令用于 PCD 对磁场中的 PICC 进行时隙叫号，其命令格式如图 10.27 所示。$APn=X5H=nnnn0101bit$，其中 $nnnn$ 为时隙号（1～15），实际表示的时隙范围为 2～16，即 0001 相当于呼叫第 2 个时隙，0010 相当于呼叫第 3 个时隙，以此类推。发送的时序号并不一定要按顺序增加。如果磁场中的某个 PICC 所选时隙号 $R=nnnn+1$，则以 ATQB 应答。

APn （1个字节）	CRC_B （2个字节）

图 10.27　Slot-MARKER 命令格式

4．ATTRIB 命令

ATTRIB 命令格式如图 10.28 所示，该命令由 PCD 发出，命令包含选择 PICC 所需的信息。

ID （1个字节）	标识符 （4个字节）	参数1 （1个字节）	参数2 （1个字节）	参数3 （1个字节）	CID （1个字节）	高层INF （可选-可变长度）	CRC_B （2个字节）

图 10.28　ATTRIB 命令格式

（1）标识符：PICC 在 ATQB 应答中发送的 4 个字节的 PUPI。

（2）参数 1：其编码如图 10.29 所示。bit1 和 bit2 保留未用；bit3 表示是否需要帧起始符，0 表示需要，1 表示不需要；bit4 表示是否需要帧结束符，0 表示需要，1 表示不需要，该设置可减少通信开销；bit5 和 bit6 表示 TR1 的最小值（指 PICC 副载波调制开始到数据传输的最小时延）；bit7 和 bit8 表示 TR0 的最小值（指 PICC 响应 PCD 命令的最小时延）。TR0+TR1 规定了 PICC 每次从收到 PCD 的命令到开始回送应答的最小间隔时间。

TR0		TR1		EOF	SOF	RFU	
bit8	bit7	bit6	bit5	bit4	bit3	bit2	bit1

图 10.29　参数 1 编码

（3）参数 2：bit1～bit4 用来编码 PCD 可接收的最大帧长度，以字节为单位，见表 10.10。

表 10.10　PCD 可接收的最大帧长度

参数 2 的 bit1～bit4 的值	0	1	2	3	4	5	6	7	8	9～F
最大帧长度	RFU	RFU	32	40	48	64	96	128	256	RFU

< 195 >

bit5~bit8 用于数据传输速率选择，见表 10.11。

表 10.11　参数 2 的 bit5~bit8

位	值	含义
bit6~bit5	00	PCD 到 PICC，letu=128/f_c，数据传输速率为 106kbit/s
	01	PCD 到 PICC，letu=64/f_c，数据传输速率为 212kbit/s
	10	PCD 到 PICC，letu=32/f_c，数据传输速率为 424kbit/s
	11	PCD 到 PICC，letu=16/f_c，数据传输速率为 848kbit/s
bit8~bit7	00	PICC 到 PCD，letu=128/f_c，数据传输速率为 106kbit/s
	01	PICC 到 PCD，letu=64/f_c，数据传输速率为 212kbit/s
	10	PICC 到 PCD，letu=32/f_c，数据传输速率为 424kbit/s
	11	PICC 到 PCD，letu=16/f_c，数据传输速率为 848kbit/s

（4）参数 3：编码为 00000001，其作用在标准中没有解释。

（5）CID：最低有效半字节（bit4~bit1）定义为 CID，其值为 0000~1110，1111 保留。

（6）高层 INF（Information Field，信息字段）：如果有高层协议命令，可放在此处。不强制要求 PICC 必须成功处理此处的高层协议命令。

5．PICC 对 ATTRIB 命令的应答

PICC 对 ATTRIB 命令的应答如图 10.30 所示。命令长度等于高层响应数据的长度加 3。

CID	高层响应	CRC_B
（1个字节）	（可选–长度可变）	（2个字节）

图 10.30　PICC 对 ATTRIB 命令的应答

如果 PCD 发送的 ATTRIB 命令不包含高层协议命令，PICC 也将回送一条不包含高层响应的应答，如图 10.31 和图 10.32 所示。

ID	标识符	参数1~参数3	CID	CRC_B
（1个字节）	（4个字节）	（3个字节）	（1个字节）	（2个字节）

图 10.31　PCD 发送到 PICC 的 ATTRIB 命令

APf	AFI	PARAM	CRC_B
（1个字节）	（1个字节）	（1个字节）	（2个字节）

图 10.32　PICC 对 ATTRIB 命令的应答

6．HALT 命令及应答

该命令用于将 PICC 置为 HALT 状态，处于 HALT 状态的 PICC 不再响应 REQB 命令，仅对 WAKE-UP 命令做出应答。PCD 发出的 HALT 命令格式及 PICC 对 HALT 命令的应答如图 10.33 和图 10.34 所示，标识符为 PICC 发送的 ATQB 中 PUPI 的值。

< 196 >

CID	CRC_B
（1个字节）	（2个字节）

图 10.33　PCD 发出的 HALT 命令格式

'00'	CRC_B
（1个字节）	（2个字节）

图 10.34　PICC 对 HALT 命令的应答

10.3 ISO/IEC 15693

国际标准 ISO/IEC 15693 主要定义了疏耦合集成电路卡（Vicinity Integrated Circuit Card，VICC）的作用原理和工作参数。

10.3.1　ISO/IEC 15693 的信号接口

1．载波与调制

ISO/IEC 15693 规定疏耦合设备（Vicinity Coupling Device，VCD）的工作频率为 13.56MHz±7kHz；工作场强的最小值为 150mA/m，最大值为 5A/m。VCD 向 VICC 发送数据时采用 ASK 调制，调制深度为 10% 和 100% 两种，VCD 可以选择其中一种，VICC 必须能够针对两种调制深度进行正确解码。

2．VCD 向 VICC 发送信息的数据编码

VCD 向 VICC 传输信号时，编码方式使用 PPM。PPM 的原理比较简单，每次用 $2M$ 个时隙传送 M 位数据，根据脉冲出现的时隙来决定传送的数据。

ISO/IEC 15693 使用了两种 M 值，$M=8$ 和 $M=2$，又称为"256 选 1"和"4 选 1"。这两种 M 值的选择与调制深度无关。

（1）$M=8$。$M=8$ 是在 4.833ms 的时间内传送 256 个时隙，每次传送 8 位数据，脉冲出现的时隙代表传送的数据，数据传输速率是 1.65kbit/s。例如，要传送数据 E1H=$(11100001)_2 = (225)_{10}$，则在第 225 个时隙传送一个脉冲，这个脉冲将时隙的后半部分拉低，PPM 编码如图 10.35（a）所示。

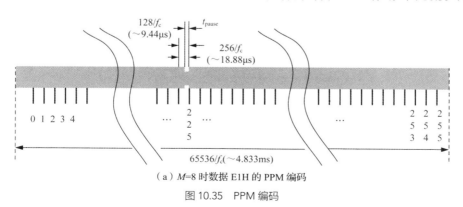

（a）$M=8$ 时数据 E1H 的 PPM 编码

图 10.35　PPM 编码

< 197 >

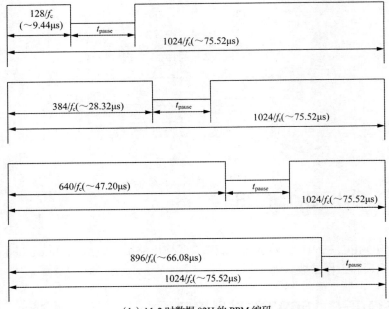

（b）M=2 时数据 02H 的 PPM 编码

图 10.35　PPM 编码（续）

（2）M=2。M=2 是在 75.52μs 的时间内传送 4 个时隙，每次传送 2 位数据，脉冲出现的时隙代表传送的数据，数据传输速率是 26.48kbit/s。例如，要传送数据 02H=（10）$_2$=（2）$_{10}$，则在第 2 个时隙传送一个脉冲，这个脉冲将时隙的后半部分拉低，PPM 编码如图 10.36（b）所示。

这两种速率差了十几倍，具体使用哪种速率，由读写器发送的数据帧的 SOF 波形决定，如图 10.36（a）和图 10.36（b）所示。两种模式的 EOF 则是完全相同的，如图 10.36（c）所示。

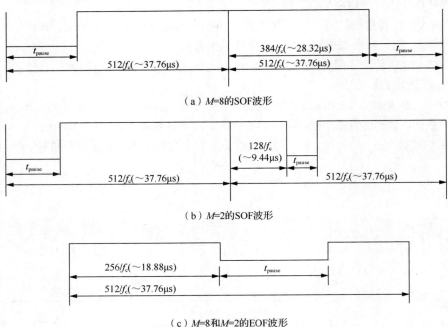

（a）M=8的SOF波形

（b）M=2的SOF波形

（c）M=8和M=2的EOF波形

图 10.36　不同的 SOF 波形确定 M 值

< 198 >

3．VICC 向 VCD 应答信息的数据编码

ISO/IEC 15693 标准的电子标签也使用负载调制的方式向读写器回送数据。负载调制可以产生两种速率的副载波，$f_{s1} = f_c/32$（423.75kHz，2.36μs）和 $f_{s2} = f_c/28$（484.28kHz，2.065μs）。数据采用曼彻斯特编码，可以仅使用 f_{s1}，也可以 f_{s1} 和 f_{s2} 都使用，采用 1 个或 2 个副载波的 SOF 与 EOF 也有差别。

（1）使用 1 个副载波的数据编码。如图 10.37 所示，当仅使用副载波 f_{s1} 时，逻辑 0 使用 f_{s1} 调制左边，不调制右边；逻辑 1 使用 f_{s1} 调制右边，不调制左边。每位数据传输时间为 37.76μs，数据传输速率是 26.48kbit/s。

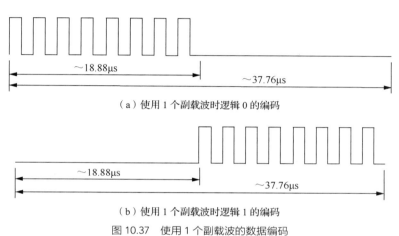

（a）使用 1 个副载波时逻辑 0 的编码

（b）使用 1 个副载波时逻辑 1 的编码

图 10.37 使用 1 个副载波的数据编码

（2）使用 2 个副载波的数据编码。如图 10.38 所示，当同时使用 f_{s1} 和 f_{s2} 时，逻辑 0 使用 f_{s1} 调制左边，使用 f_{s2} 调制右边；逻辑 1 使用 f_{s1} 调制右边，使用 f_{s2} 调制左边。每位数据传输时间为 37.46μs，数据传输速率是 26.69kbit/s。

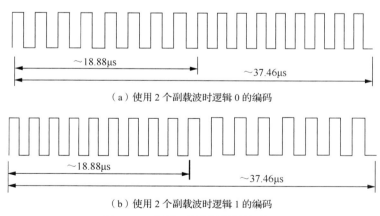

（a）使用 2 个副载波时逻辑 0 的编码

（b）使用 2 个副载波时逻辑 1 的编码

图 10.38 使用 2 个副载波的数据编码

（3）PICC 使用 1 个副载波时的 SOF 与 EOF。如图 10.39（a）所示，PICC 使用 1 个副载波时的 SOF 由 3 部分组成，包括 56.64μs 的无副载波时间、56.64μs 的调制副载波时间和 1 个逻辑 1；如图 10.39（b）所示，PICC 使用 1 个副载波时的 EOF 也由 3 部分组成，包括 1 个逻辑 0、56.64μs 的调制副载波时间和 56.64μs 的无副载波时间。

< 199 >

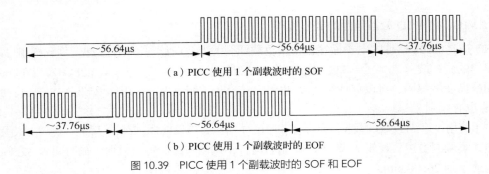

（a）PICC 使用 1 个副载波时的 SOF

（b）PICC 使用 1 个副载波时的 EOF

图 10.39　PICC 使用 1 个副载波时的 SOF 和 EOF

（4）PICC 使用 2 个副载波时的 SOF 与 EOF。如图 10.40（a）所示，PICC 使用 2 个副载波时的 SOF 由 3 部分组成，包括 55.75μs 的无调制 f_{s2} 副载波时间、56.64μs 的无调制 f_{s1} 副载波时间和 1 个逻辑 1；如图 10.40（b）所示，PICC 使用 2 个副载波时的 EOF 也由 3 部分组成，包括 1 个逻辑 0、56.64μs 的无调制 f_{s1} 副载波时间和 55.75μs 的无调制 f_{s2} 副载波时间。

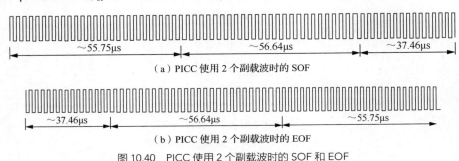

（a）PICC 使用 2 个副载波时的 SOF

（b）PICC 使用 2 个副载波时的 EOF

图 10.40　PICC 使用 2 个副载波时的 SOF 和 EOF

10.3.2　ISO/IEC 15693 的传输协议

ISO/IEC 15693 的传输协议主要包括帧格式、数据元素、VICC 的存储容量和选择模式、VICC 的工作状态转换等。

1. 帧格式

ISO/IEC 15693 的读写器与电子标签之间的数据交流使用"命令—应答"的方式，其命令帧格式如图 10.41 所示。命令帧由 SOF、标志、命令码、参数、数据、校验和 EOF 构成；应答帧中除了没有与命令码对应的内容，其结构与命令帧基本类似。

	标志	命令码	参数	数据	校验	
SOF	FLAG	Command code	Parameters	Data	CRC	EOF
SOF	FLAG		Parameters	Data	CRC	EOF

图 10.41　ISO/IEC 15693 的命令帧格式

命令帧中的标志共有 8 位，用于规范 VICC 的行为并指示命令中的某些域是否出现。例如，最低位 bit1 指定 VICC 用单副载波还是双副载波，bit2 指定双方的数据传输速率等。应答帧中的标志也是 8 位，用于指出 VICC 对命令的执行情况及指示应答中的某些域是否出现。例如，bit1 指示命令执行过程中是否发生了错误，bit4 指示是否有协议格式扩展等。

< 200 >

2．数据元素

VCD 与 VICC 的通信过程中使用的主要数据元素有唯一识别码 UID、AFI 和 DSFID 等。

（1）UID。UID 是 64 位的唯一识别码，在 VCD 与 VICC 之间的信息交换过程中用来标识唯一的电子标签，其组成如图 10.42 所示。UID7 固定为 16 进制的 E0H；UID6 是电子标签制造商的代码，例如，NXP 公司的代码为 04H，TI 公司的代码为 07H；UID5～UID0 为制造商内部分配的号码。

MSB		LSB
64　　　　57	56　　　　　　　　　　49	48　　　　　　　　　　　　1
'E0'	IC 制造商代码	IC 制造商序列号

图 10.42　UID 的组成

（2）AFI。AFI 指明由读写器锁定的应用类型，读写器工作时仅选取该应用类型的电子标签并与之通信。

电子标签是否支持 AFI 是可选的，在收到清点（INVENTORY）命令后，如果电子标签不支持 AFI，则电子标签必须立刻做出应答；如果电子标签支持 AFI，则只有收到的 AFI 与电子标签存储的 AFI 一致才做出应答。

（3）DSFID。DSFID 指明了数据在 VICC 中的存储结构，它被相应的命令编程和锁定，其编码为 1。假如 VICC 不支持 DSFID 编程，则 VICC 以值 0 作为应答。

3．VICC 的存储容量和选择模式

（1）VICC 的存储容量。电子标签的内存最大可达 2MByte，以数据块为单位进行管理，电子标签内最多可以有 65536 个数据块，每个数据块最大可以有 32Byte。数据块的内容可以锁定，以防止被修改。

（2）VICC 的选择模式。当 VCD 的射频场中同时存在多个 VICC 时，VCD 必须指定其中的一个或多个 VICC 并与之通信。指定 VICC 的方法主要有 3 种：地址模式、非地址模式和选择模式。

在地址模式下，VCD 发出的命令中地址标志（Address_flag）被设置为 1，命令中必须有指定 VICC 的 UID，射频场中只有与指定 UID 匹配的 VICC 对 VCD 的命令做出应答，其他 VICC 不能应答。

在非地址模式下，VCD 发出的命令中地址标志（Address_flag）被设置为 0，命令中没有指定 VICC 的 UID，射频场中所有收到命令的 VICC 都需要做出应答。

在选择模式下，VCD 发出的命令中选择标志（Select_flag）被设置为 1，命令中没有指定 VICC 的 UID，射频场中只有处于 Selected 状态或 Selected Secure 状态的 VICC 对 VCD 的命令做出应答，其他 VICC 不能应答。

4．VICC 的工作状态转换

如图 10.43 所示，VICC 共有 5 种工作状态，分别是 Power-off、Ready、Quiet、Selected 和 Selected Secure。其中，前 3 种是强制要求 VICC 支持的，后 2 种可以选择性支持。

（1）Power-off 状态。VICC 没有进入 VCD 的射频场，电子标签处于断电的状态。

（2）Ready 状态。VICC 进入 VCD 的射频场得电复位。在 Ready 状态下，VICC 能处理所有来自 VCD 的 Select_flag 为 0 的命令，VCD 可以通过执行认证命令使 VICC 进入 Selected Secure

< 201 >

状态，也可以通过执行 Select 命令进入 Selected 状态。

（3）Quiet 状态。在 Quiet 状态下，VICC 能够处理所有 Address_flag 置位而 Inventory_flag 没有置位的 VCD 命令。VCD 可以通过执行认证命令使 VICC 进入 Selected Secure 状态。

（4）Selected 状态。在 Selected 状态下，VICC 能够处理所有 Select_flag 置位的 VCD 命令。通过执行 Select-flag 置位的 Reset to Ready 命令，VICC 可以转换为 Ready 状态；处于 Selected 状态的 VICC 如果收到了新的 Select 命令，但命令中的 UID 与自身不符，也将从 Selected 状态转换到 Ready 状态。

当收到含有正确 UID 的 Stay quiet 命令时，VICC 将从 Selected 状态转换到 Quiet 状态。正确执行 VCD 发起的认证命令后，VICC 将从 Selected 状态转换到 Selected Secure 状态。

（5）Selected Secure 状态。在 Selected Secure 状态下，VICC 可以执行一些可选的命令，这些命令中的 Select-flag 必须置位。

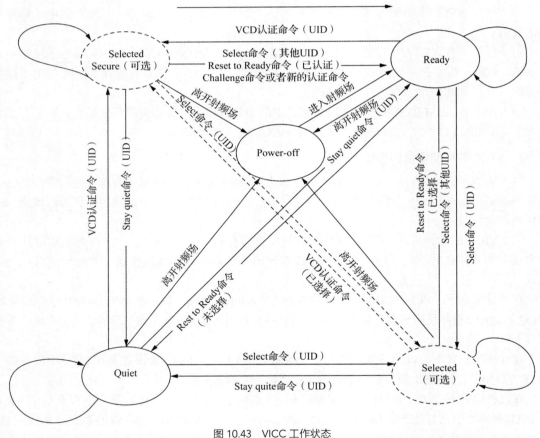

图 10.43　VICC 工作状态

如果执行 Stay quiet 命令，则命令必须使用地址模式，如果 UID 正确，则 VICC 将从 Selected Secure 状态转换到 Quiet 状态。

如果执行 Select 命令，则命令也必须使用地址模式，如果 UID 正确，则 VICC 将从 Selected Secure 状态转换到 Selected 状态。

如果执行了 Select_flag 置位的 Reset to Ready 命令、Challenge 命令、新的认证命令或与 VICC 的 UID 不符的 Select 命令，VICC 将从当前状态转换为 Ready 状态。

< 202 >

图 10.43 中的"已选择"表示 Select_flag 置位,"未选择"表示 Select_flag 没有置位。在任何时刻,射频场中最多只能有一个 VICC 处于 Selected 状态或 Selected Secure 状态,但可以有一个 VICC 处于 Selected 状态,另一个 VICC 处于 Selected Secure 状态。如果 VICC 无法成功执行 VCD 发送的命令,VICC 将保持在当前状态。

10.3.3 ISO/IEC 15693 的防碰撞

如果在同一时间段 VCD 的射频场内有多个 VICC 同时响应,则说明发生了碰撞,需要通过执行防碰撞流程来选择一个 VICC 与之通信。

1. 防碰撞的原理

ISO/IEC 15693 的防碰撞原理如图 10.44 所示,ISO/IEC 15693 使用基于 UID 和时隙轮询的防碰撞协议。读写器使用 Inventory 命令执行防碰撞流程,Inventory 命令包含一个由当前时隙(0 位或 4 位二进制数)和部分低位 UID 组成的标识,如果电子标签的低位 UID 对应位的数据与此标识相同,就回送应答,否则不予响应。

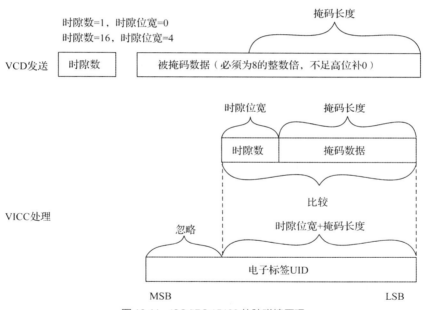

图 10.44 ISO/IEC 15693 的防碰撞原理

读写器通过改变当前时隙和指定的部分 UID 来完成防碰撞功能。时隙数可以是 1 或 16。有效的低位 UID 通过以字节为单位的被掩码数据获得。掩码长度是被掩码数据中有效的低位 UID 的长度,当使用 16 个时隙时,为 0~60 的值;当使用 1 个时隙时,为 0~64 的值。如果被掩码数据的位长不是 8 的整数倍,则要在被掩码数据的高位补 0 凑成 8 的整数倍。被掩码数据先发送最低有效位,再发送高有效位。

读写器发出 Inventory 命令即启动第 1 个时隙,之后读写器通过发出一个 EOF 切换到下一个时隙。

如果读写器未检测到 VICC 应答,那么读写器可以切换到下一个时隙;如果收到一个或多个应答,那么读写器应该在接收完整个数据帧后再发出一个 EOP 切换到下一个时隙。

< 203 >

2．防碰撞的逻辑过程

读写器向其射频场发出 Inventory 命令，命令包含时隙数（1 或 16）、掩码长度和 n 个字节的被掩码数据 Mask。VICC 收到读写器的 Inventory 命令后，应该按以下逻辑步骤做出应答。

（1）根据读写器命令初始化以下参数。

NbS：时隙数，其值为 1 或 16。

SN：当前时隙号。当 NbS=1 时，SN 为 0；当 NbS=16 时，其变化范围为 0～15，初始化为 0。

SN_length：时隙位宽。如果 NbS=1，则 SN_length=0；否则 SN_length=4。

（2）执行以下操作。如果 LSB(UID,SN_length+Mask_length)=LSB(SN,SN_length)&LSB(Mask, Mask_length)，则向读写器回送应答，应答包含完整的 8 个字节的 UID。LSB(value,n)函数表示得到 value 的 n 位最低有效位，"&"为连接符。

（3）等待 SOF 或 EOF。如果等到一个 SOF，则停止防碰撞过程，并准备处理读写器发来的请求，防碰撞序列到此结束。如果等到一个 EOF，若 SN<NbS−1，则将 SN 加 1 并转到步骤（2）继续进行防碰撞循环。

3．防碰撞举例

假设有两个电子标签，第 1 个电子标签的 UID 为 11001010，第 2 个电子标签的 UID 为 10100010，被掩码数据为 10001010，则在防碰撞过程中有以下结论。

（1）若时隙数为 1，掩码长度为 0，则射频场内的所有电子标签立即做出反应。

（2）若时隙数为 1，掩码长度为 4，则射频场内 4 位最低有效位等于 4 位掩码值的电子标签立即做出反应，因而电子标签 1 应答。

（3）若时隙数为 16，掩码长度为 0，则射频场内 4 位最低有效位等于当前时隙号的电子标签立即做出反应，因而在第 2 个时隙电子标签 2 应答，在第 10 个时隙电子标签 1 应答。

（4）若时隙数为 16，掩码长度为 4，则射频场内 8 位最低有效位等于当前时隙号&掩码值的电子标签立即做出反应，因而在第 12 个时隙电子标签 1 应答，任何时隙电子标签 2 都不会应答。

（5）若时隙数为 16，掩码长度为 3，则射频场内 7 位最低有效位等于当前时隙号&掩码值的电子标签立即做出反应，因而在第 4 个时隙电子标签 2 应答，在第 9 个时隙电子标签 1 应答。

10.3.4　ISO/IEC 15693 的命令集

ISO/IEC 15693 使用一个字节长度的命令编码，规定的命令类型共有 4 种，分别为强制、可选、定制和专用。ISO/IEC 15693 的命令见表 10.12。

表 10.12　ISO/IEC 15693 的命令

命令编码	命令类型	命令	命令功能
01	强制	Inventory	清点
02	强制	Stay quiet	保持静止
03～1F	强制	RFU	——
20	可选	Read single block	读 1 个数据块
21	可选	Write single block	写 1 个数据块
22	可选	Lock block	锁定数据块

< 204 >

续表

命令编码	命令类型	命令	命令功能
23	可选	Read multiple blocks	读多个数据块
24	可选	Write multiple blocks	写多个数据块
25	可选	Select	选择
26	可选	Reset to Ready	复位到 Ready 状态
27	可选	Write AFI	写 AFI
28	可选	Lock AFI	锁定 AFI
29	可选	Write DSFID	写 DSFID
2A	可选	Lock DSFID	锁定 DSFID
……	可选	……	……
2E～2F 3E～9F	可选	RFU	——
A0～DF	定制	IC Mfg dependent	由制造商定义
E0～FF	专用	IC Mfg dependent	由制造商定义

（1）强制命令。强制命令的编码值范围为 01H～1FH，所有符合 ISO/IEC 15693 标准的 VICC 都必须支持。

（2）可选命令。可选命令的编码值范围为 20H～9FH，这些命令 VICC 可以支持也可以不支持。如果收到不支持的命令，VICC 可以返回一个错误代码或保持沉默。

（3）定制命令。定制命令的编码值范围为 A0H～DFH，这些命令的功能由 VICC 的制造商定义。

（4）专用命令。专用命令的编码值范围为 E0H～FFH。IC 或 VICC 的制造商使用这些命令实现测试、系统信息编程等功能。

$\mathit{10.4}$ ISO/IEC 18000

ISO/IEC 18000 是目前相对较新的一个系列标准，其工作频率涵盖低频、高频、微波等，即 RFID 的各个频段。ISO/IEC 18000 系列标准由 7 部分组成，本节仅对 ISO/IEC 18000-6 进行简单介绍。

ISO/IEC 18000-6 规定的载波工作频率为 860MHz～960MHz 的 ISM 频段，电子标签采用反向散射模式。标准中一共规定了 4 种工作类型，分别称为 Type A、Type B、Type C 和 Type D。电子标签和读写器至少需要支持其中一种工作类型。本书主要介绍常用的 Type A、Type B、Type C，这 3 种工作类型都使用 RTF 模式。

10.4.1 ISO/IEC 18000-6 的 Type A

1．Type A 的物理接口

（1）读写器到电子标签的数据传输。读写器发送的数据采用 ASK 调制，调制深度为 30%～

< 205 >

100%，数据传输速率为 33kbit/s，数据的编码方式为 PIE，即通过定义下降沿之间的不同宽度来表示不同的数据信号。PIE 定义了 4 种用于通信过程的数据信号，其编码时间长度见表 10.13，编码波形如图 10.45 所示。表 10.13 中 Tari 表示数据 0 的两个下降沿之间的时间间隔，其值为 10～20μs。

表 10.13　PIE 编码时间长度

数据信号	时间长度/Tari
0	1
1	2
SOF	4
EOF	4

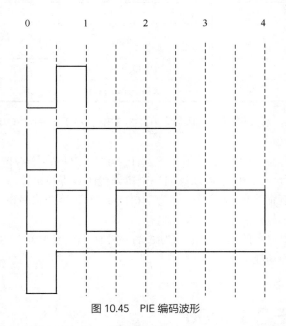

图 10.45　PIE 编码波形

（2）电子标签到读写器的数据传输。电子标签通过反向散射向读写器传输信息，数据采用 FM0 编码，数据传输速率是 40kbit/s～160kbit/s。数据 B1H 的 FM0 编码如图 10.46 所示。

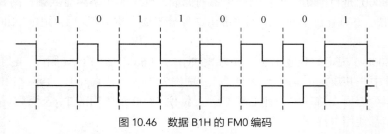

图 10.46　数据 B1H 的 FM0 编码

（3）数据帧结构。读写器发送到电子标签的数据帧格式如图 10.47 所示。在发送数据帧之前，读写器应能保证建立至少 300μs 的无调制载波，称为 Taq。整个数据帧以 SOF 开头（帧头），紧接着是数据和命令部分，最后以 EOF 结尾（帧尾）。在 EOF 后，读写器应该维持一段规定时间的稳定载波，以便电子标签获得足够的能量回送对于命令的应答。

< 206 >

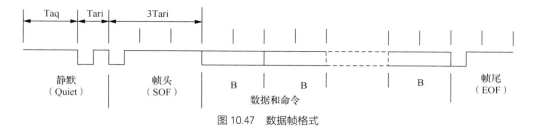

图 10.47　数据帧格式

2．Type A 的协议元素

（1）电子标签 UID。Type A 电子标签的 UID 由芯片制造商在出厂时固化在电子标签内，长度为 64 位，其结构见表 10.14。

表 10.14　Type A 电子标签的 UID 结构

bit64～bit57	bit56～bit49	bit48～bit33	bit32～bit1
固定值 E0H	制造商代码	RFU（0000H）	制造商序列号

在防碰撞操作中，读写器命令和电子标签应答一般使用 UID 的简化格式，称为 SUID（Sub-UID）。SUID 共 48 位，删除了 UID 中 E0H 和 16 位的 RFU 部分，其结构见表 10.15。

表 10.15　SUID 结构

bit40～bit33	bit32～bit1
制造商代码	制造商序列号

（2）AFI 与 DSFID。与 ISO/IEC 15693 类似，ISO/IEC 18000-6 Type A 的通信协议中也使用了 AFI 与 DSFID，它们的长度都是一个字节，作用也与 ISO/IEC 15693 中的规定相同。

（3）电子标签的存储空间。Type A 电子标签的物理存储空间以固定大小的块为单位，最多可以有 256 个块，每个块容量最大可达 256 位，因此 Type A 电子标签的物理存储空间最大可达 8KB。对电子标签的读写也以块为单位，一次可以读写一个或多个块。

（4）防碰撞算法。Type A 使用动态时隙 ALOHA 算法。

（5）带电池的电子标签。电子标签可以有电池。电子标签有无电池对电子标签的普通操作协议没有影响。

3．Type A 的命令

Type A 工作在 RTF 模式下，读写器与电子标签之间的每次通信都由读写器发起，电子标签收到读写器的命令后返回应答。

（1）命令结构。Type A 的命令结构有两种，短命令和长命令。短命令的长度固定为 16 位，其结构见表 10.16。

表 10.16　Type A 短命令结构

SOF	RFU	命令码	参数/标志	CRC-5	EOF
—	1 位	6 位	4 位	5 位	—

长命令的长度不固定，其结构见表 10.17。

< 207 >

表 10.17　Type A 长命令结构

SOF	RFU	命令码	参数/标志	CRC-5	SUID（可选）	数据	数据（可选）	CRC-16	EOF
—	1 位	6 位	4 位	5 位	40 位	8 位	8～n 位	16 位	—

（2）应答结构。Type A 电子标签的应答结构见表 10.18。标志位长度为 2 位，其中 bit2 为 RFU，bit1 表示命令执行的情况，bitl 为 0 说明命令执行正确，bitl 为 1 表示命令执行发生了错误，后面的内容是错误的代码。

表 10.18　Type A 电子标签的应答结构

帧头	标志位	参数	数据	CRC-16

（3）命令分类。Type A 的命令使用 6 位编码，规定的命令类型共 4 种，分别为强制、可选、定制和专用。Type A 的命令分类见表 10.19。

表 10.19　Type A 的命令分类

命令编码	命令类型	命令数
00、02、04、06、0A、0C～0F	强制	9
01、03、05、07、08、09、0B、10～27、38、39	可选	33
28～37	定制	16
3A～3F	专用	6

强制命令要求所有的读写器和电子标签都必须支持。

可选命令的功能由 ISO/IEC 18000 规定，读写器需要全部支持这些命令，电子标签可以支持也可以不支持。如果处于 Select 状态的电子标签收到不支持的命令，电子标签将返回"命令不支持"的错误代码。

定制命令的功能不在 ISO/IEC 18000 中规定，这些命令的功能由电子标签的制造商定义，电子标签可以支持也可以不支持。如果处于 Select 状态的电子标签收到不支持的命令，电子标签将返回"命令不支持"的错误代码。

专用命令的功能由芯片制造商定义，主要用于对电子标签进行测试、对系统信息进行编程等。

10.4.2　ISO/IEC 18000-6 的 Type B

1. Type B 的物理接口

（1）读写器到电子标签的数据传输。读写器发送的数据采用 ASK 调制，调制深度是 10%或 100%，规定数据传输速率为 10kbit/s 或 40kbit/s，采用曼彻斯特编码。

（2）电子标签到读写器的数据传输。同 Type A 一样采用 FM0 编码，通过调制入射波并反向散射给读写器传输信息。数据传输速率是 40kbit/s～160kbit/s。

2. Type B 的协议元素

（1）电子标签 UID。Type B 电子标签的 UID 长度也是 64 位，有两种可选的结构，见表 10.20 和表 10.21。

< 208 >

表 10.20　Type B 的第一种 UID 结构

Byte0（MSB）	Byte1	Byte2	Byte3	Byte4	Byte5	Byte6	Byte7（LSB）
固定值 E0H	制造商代码	制造商序列号					

表 10.21　Type B 的第二种 UID 结构

Byte0（MSB）	Bytel	Byte2	Byte3	Byte4	Byte5	Byte6	Byte7（LSB）		
3 位	47 位						8 位	4 位	2 位
000	制造商序列号						制造商代码	FAB	CK

表 10.21 中的 FAB 由 IC 制造商分配，当它与制造商代码和制造商序列号结合在一起时，得到的数字应该是唯一的；CK 为校验值。

（2）电子标签的存储空间。Type B 电子标签的物理存储空间也以块为单位，最多可以有 256 个块，每个块的长度为 1 个字节，因此 Type B 电子标签的物理存储空间最大可达 256B。

存储空间的 Block0～Block17 被保留用于存储系统信息，其中 Block0～Block7 保存电子标签的 UID。Block18 及以后的块用于普通的用户数据存储。

（3）防碰撞算法。Type B 使用二进制树型搜索算法。

3．Type B 的命令

（1）命令结构。Type B 的命令结构见表 10.22。

表 10.22　Type B 的命令结构

帧头探测	帧头	分隔符	命令	参数	数据	CRC-16

帧头探测是一段持续至少 400μs 的稳定无调制载波，在 40kbit/s 的数据传输速率下，相当于 16 位的通信时长；帧头是 9 位 0 的曼彻斯特编码，就是 01 01 01 01 01 01 01 01 01；分隔符是用来区分帧头和有效数据的，标准中定义了 4 种，经常使用第 1 种——5 位的分隔符 1100111010；命令和参数的内容取决于具体的命令和参数；CRC-16 是 16 位的 CRC 码。

（2）应答结构。Type B 电子标签的应答结构见表 10.23。

表 10.23　Type B 电子标签的应答结构

静默	返回帧头	数据	CRC-16

静默是电子标签持续约 16 位时长的无反向散射，实际的静默时间取决于电子标签应答的数据传输速度；返回帧头是 16 位数据 00 00 01 01 01 01 01 01 01 01 00 01 10 11 00 01。

（3）命令分类。Type B 的命令使用 8 位编码，与 Type A 类似，可以分为强制、可选、定制和专用 4 种命令类型。

10.4.3　ISO/IEC 18000-6 的 Type C

ISO/IEC 18000-6 的 Type C 与 Gen2 协议完全兼容。

1．Type C 的物理接口

（1）读写器到电子标签之间的数据传输。读写器通过对载波的 ASK 调制向一个或多个电子标

< 209 >

签发送数据，数据的编码方式为 PIE，Type C 的 PIE 编码如图 10.48 所示，Tari 范围为 6.25～25μs。

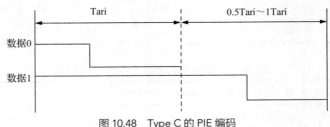

图 10.48　Type C 的 PIE 编码

　　Type C 的 ASK 调制可以是 DSB-ASK、SSB-ASK 或 PR-ASK，调制深度均为 90%，数据传输速率为 26.7 kbit/s～128kbit/s，电子标签支持对上述三种调制的解调。

　　DSB-ASK 的频谱包含上下两个边带；SSB-ASK 则只对 DSB-ASK 中的上边带或下边带进行传送，提高了信道的频带利用率；PR-ASK 中相邻的数字数据间载波相位有 180°跳变，相位跳变时产生幅值调制。

　　（2）电子标签到读写器的数据传输。电子标签从读写器的载波中获取能量，读写器接收电子标签的反向散射应答时要持续向电子标签发送无调制载波，电子标签通过反向散射调制改变载波的幅值或相位来向读写器发送应答信息，其编码方式为使用基带调制的 FM0 编码或副载波调制的米勒码。图 10.49 所示为 Type C 的 FM0 编码，当使用 FM0 编码时，数据传输速率为 40kbit/s～640kbit/s。

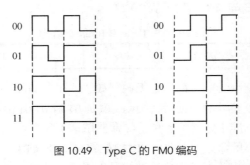

图 10.49　Type C 的 FM0 编码

　　副载波调制的米勒码，数据传输速率为 5kbit/s～320kbit/s，数据位中间有相位跳变表示数据 1，无跳变表示数据 0，当发送连续的 0 时，从第 2 个 0 开始在数据位起始处有相位跳变。每一位数据可以包含 2、4 或 8 个副载波。图 10.50 所示为每一位数据包含 2 个副载波的情形。

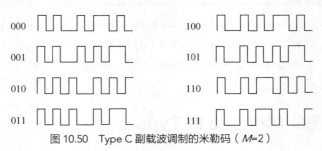

图 10.50　Type C 副载波调制的米勒码（M=2）

2．Type C 的协议元素

　　（1）电子标签 UID。Type C 使用长度可变的 UID，最短为 32 位，最长可达 192 位。

　　（2）电子标签的存储空间。Type C 电子标签的存储空间没有限制，可分为 4 个区（Bank），分别称为 Reserved 区（Bank 0）、UI 区（Bank 1）、TID 区（Bank 2）和 User 区（Bank 3）。

① Reserved（保留）区。Reserved 区用于存放灭活密码和（或）访问密码。其中灭活密码存放在内存地址 00H～1FH，长度为 32 位，主要用于"杀死"一个电子标签，电子标签被"杀死"后将无法使用；访问密码存放在内存地址 20H～3FH，长度也为 32 位，用于对电子标签的访问控制。

② UI（电子编码）区。UI 区用来存放物品的唯一识别码。在 EPCglobal 应用中，UI 区存放物品的 EPC。

③ TID（厂商编码区）区。TID 区用来存放电子标签的唯一识别码。

④ User（用户存储）区。User 区用来存放用户数据。

（3）防碰撞算法。Type C 使用时隙随机防碰撞算法。

3．Type C 的命令

Type C 同样定义了强制、可选、定制和专用 4 种命令类型，其中强制命令和可选命令在标准中定义，定制命令和专用命令由制造商定义。

< 211 >

参考文献

[1] 潘春伟. RFID 技术原理及应用[M]. 北京：电子工业出版社，2020.

[2] 单承赣，单玉峰，姚磊，等. 射频识别（RFID）原理及应用[M]. 3 版. 北京：电子工业出版社，2021.

[3] 甘泉. 物联网 UHF RFID 技术、产品及应用：微课视频版[M]. 北京：清华大学出版社，2021.

[4] 青岛东合信息技术有限公司. RFID 开发技术及实践[M]. 西安：西安电子科技大学出版社，2014.

[5] 黄从贵，王荣，平毅. RFID 技术及应用[M]. 北京：高等教育出版社，2019.

[6] 罗志勇，杨美美，李永福，等. 物联网射频识别（RFID）原理及应用[M]. 北京：人民邮电出版社，2019.

[7] 张崇琪. 无芯片射频识别标签的设计与研究[D]. 上海：上海工程大学，2020.

[8] 薛静，杨超，王颖舒，等. 基于射频识别技术的电力一二次融合测温系统[J]. 电力与能源，2021，42（5）：531-535.

[9] 郭依帆，高军伟. 基于 RFID 和互联网的轮对振动监测识别系统设计[J]. 制造业自动化，2021，43（10）：57-60.

[10] 阳丽，邓芳明. 基于 RFID 传感和 DBN 的人体活动识别技术研究[J]. 电子器件，2021，44（5）：1274-1280.

[11] 朱力. 面向振动与温度监测的 RFID 传感器设计[D]. 重庆：重庆大学，2022.

[12] 张祖伟，李军，李小飞，等. 基于新型 RFID 的无线无源气体传感器研究[J]. 压电与声光，2021，43（5）：620-623.

[13] 邹建章，邓芳明，曾晗，等. 基于 RFID 传感标签和 MEC 算法的 MOA 在线监测研究[J]. 高压电器，2021，57（12）：126-169，176.

[14] 包宋建，陈文波，杨文耀. 基于 SAW 技术的压力传感器设计研究[J]. 西南师范大学学报（自然科学版），2020，45（11）：66-72.

[15] 张海涛，唐敦兵，许芹. 基于声表面波的车辆驱动轴动态扭矩测量系统研究[J]. 农业机械学报，2014，45（10）：29-33.

[16] 魏新路. 高温轴承应变测试的声表面波传感器温度应变解耦研究[D]. 哈尔滨：哈尔滨工业大学，2022.